# HISTOIRE

ET

# DOCTRINES ÉCONOMIQUES

# DE L'ANGLETERRE

BIBLIOTHÈQUE INTERNATIONALE D'ECONOMIE POLITIQUE
publiée sous la direction de Alfred BONNET

# HISTOIRE
ET
# DOCTRINES ÉCONOMIQUES
## DE L'ANGLETERRE

PAR
**W. J. ASHLEY**
PROFESSEUR D'HISTOIRE ÉCONOMIQUE
A HARWARD UNIVERSITY

I

## LE MOYEN AGE

*Traduit sur la 3e édition anglaise, revue par l'auteur*

PAR
**P. BONDOIS**
PROFESSEUR D'HISTOIRE AU LYCÉE BUFFON

PARIS
V. GIARD & E. BRIÈRE
LIBRAIRES-ÉDITEURS
16, RUE SOUFFLOT, 16

1900

*A la mémoire d'Arnold Toynbee.*

# PRÉFACE POUR LA TRADUCTION FRANÇAISE

*Je ne peux considérer, que comme un honneur signalé, la proposition qui m'a été faite de traduire mon livre en français. La renaissance des études économiques, qui a accompagné les réformes universitaires de ces quelques dernières années, permet d'espérer, avec confiance, que la France, avant longtemps, prendra dans le mouvement de la pensée européenne une place digne du pays qui a vu la naissance de l'Economie politique en tant que science systématique. Pour cette tâche, elle possède, dans sa langue, un instrument d'une lucidité sans rivale.*

*Ce sera, pour moi, un plaisir de contribuer, dans une mesure si petite qu'elle puisse être, aux études d'une génération d'étudiants français dont on attend tant de choses, et je suis heureux de payer ainsi, bien que mon offrande soit légère, la dette de reconnaissance que je dois, comme historien, à ce grand maître de la méthode historique, feu M. Fustel de Coulanges et, comme observateur des conditions économiques contemporaines, en Angleterre et en Amérique, aux soigneuses investigations de M. Paul de Rousiers.*

*J'ai saisi l'occasion de modifier quelques passages qui, d'après des recherches postérieures, m'ont paru avoir besoin de revision, et de faire quelques additions aux notes et à la bibliographie.*

*Hampstead (Angleterre) avril 1899.*

# PRÉFACE

Deux causes, au-dessus de toutes les autres, agissant tantôt séparément, tantôt réunies, ont modifié graduellement le caractère de la science économique. Ces deux causes sont : l'importance croissante des études historiques, et l'application à la Société de l'idée de l'évolution. La première qui se fit sentir, fut l'histoire. Dans les mains de Savigny, elle devint le fondement d'une nouvelle méthode de Jurisprudence, dont la valeur a été tout particulièrement élucidée, de notre temps, par Maine. Des légistes, la méthode historique est passée aux économistes. Cependant les leçons de Roscher, d'Hildebrand et de Knies ont été négligées pendant plus d'un quart de siècle, et elles n'ont pas commencé à peser de leur poids légitime, avant que les besoins pratiques de la vie moderne eussent démontré les lacunes des vieilles méthodes économiques. Mais, en même temps, l'idée d'une évolution régulière de la Société s'était fait peu à peu sentir. Cette idée, soit qu'elle ait été conçue (Hegel, par exemple) comme la révélation progressive de l'intelligence, ou comme le progrès naturel de l'humanité (Comte), soit, ainsi que le pense Spencer, comme l'adaptation de l'organisme social à son milieu, eut également pour effet d'ouvrir aux économistes, sur le passé et sur l'avenir, des perspectives auxquelles ils n'avaient pas songé.

On percevra la nature de cette transformation, si nous examinons les principes par lesquels les recherches sont guidées aujourd'hui. On peut les établir ainsi :

1° L'économie politique n'est pas un corps de doctrines absolument vraies, révélées au monde à la fin du dernier siècle et au commencement du siècle actuel, mais elle se compose d'un certain nombre de théories et de généralisations, dont la valeur est plus ou moins grande.

2° Il n'y a pas d'époque, depuis que les hommes ont commencé à méditer, qui ait été sans idées économiques. L'économie politique ne naquit pas toute armée du cerveau d'Adam Smith ou de tout autre penseur. Son apparition, en sa qualité de science indépendante, n'eut pas d'autre signification que son affranchissement des spéculations de la philosophie et de la politique.

3° Précisément, de même que l'histoire de la Société, en dépit des régressions apparentes, révèle un développement régulier, de même il y a eu un développement régulier dans l'histoire de la pensée humaine, et par conséquent dans ce que les hommes ont pensé sur le côté économique de la vie.

4° Comme les économistes modernes ont pris pour bases de leurs suppositions les conditions qui n'ont commencé à exister que dans les temps modernes, de même les théories économiques des temps anciens étaient fondées, consciemment ou non, sur les conditions qui étaient alors actuelles. D'où il suit que les théories du passé doivent être jugées par rapport aux faits du passé, et non pas par rapport aux faits du temps présent.

5° L'histoire semble tendre à prouver qu'il n'y a point de grande institution qui n'ait été utile pour un temps, et qu'on ne puisse justifier relativement. Semblablement, il commence à apparaître que toute grande idée, tout grand corps de doctrines qui, pendant une longue période, a eu une réelle influence sur la Société, n'a pas été sans contenir une part de vérité, ni sans valeur, eu égard aux circonstances contemporaines.

6° Les théories économiques modernes, par conséquent, ne sont pas universellement vraies. Elles ne sont vraies, ni pour le passé, lorsque les conditions, qu'elles eussent exigées pour se produire, n'ont pas existé, ni pour l'avenir, lorsque les conditions de la vie auront changé, à moins que la Société ne devienne stationnaire.

Voilà les principes que tous les économistes admettront entièrement, et il est à peine besoin de faire remarquer combien l'effet de conceptions de cette nature doit être considérable, même sur ceux qui croient que l'économie politique d'il y a trente ou quarante ans reste encore le fil-conducteur le plus sûr dans les questions d'aujourd'hui.

Mais ces deux mêmes influences ont produit encore des effets plus lointains, et en particulier une divergence d'opinion sur la méthode convenable à suivre dans l'investigation des phénomènes actuels.

Il y a beaucoup de nuances intermédiaires d'opinions, beaucoup de tentatives intéressantes pour un compromis éclectique ; mais, en somme, les économistes tendent vers l'une ou l'autre des directions opposées. Ou bien ils usent de la méthode de déduction, pratiquée par Ricardo et défendue par John Stuart Mill et Cairnes, ou bien ils procèdent par voie d'enquête historique et par l'observation des faits actuels.

Les premiers partent de certaines présomptions. Ainsi : « L'homme est gouverné par l'intérêt personnel, la concurrence doit être libre, le capital et le travail peuvent se transférer de l'un à l'autre ». De ces présomptions, ils déduisent des conclusions *hypothétiques*, conclusions, il faut le dire, qui ne sont vraies qu'autant que les présomptions le sont aussi. Ils espèrent aussi, en posant telle et telle limite aux questions posées, arriver à une explication des problèmes particuliers. Les seconds essayent d'affranchir leur esprit des idées préconçues, de toutes les théories *a priori*, et de voir les choses comme elles sont actuellement et comme elles ont été. Ils n'usent du raisonnement déductif, que pour s'en aider, par occasion, dans l'interprétation des résultats de leurs recherches. Parmi ces derniers, il y a encore une divergence considérable d'opinion, sur la nature des résultats qu'on doit viser, et sur la forme que l'Economie politique doit assumer. Un nombre croissant d'économistes — c'est l'*école historique* dans le sens strict du mot — considère qu'il n'est plus nécessaire désormais de perdre son temps à construire des formules générales pour exprimer les relations entre les *individus* dans une société donnée : telles, par exemple, les vieilles « lois » sur la rente de la terre, sur les salaires, sur les profits. Ils pensent que ce qu'il faut chercher à découvrir, ce sont les lois du développement social, c'est-à-dire des généralisations en rapport avec les différentes phases, à travers lesquelles la vie économique de la Société a dû se mouvoir jusqu'à nos jours. Ils pensent qu'une connaissance telle que celle-là ne leur donnera pas seulement des éclaircissements sur le passé, mais leur permettra de comprendre d'autant mieux les difficultés du présent.

*Bibliographie.*

Pour l'histoire récente des discussions économiques, voyez :

J. S. Mill. — *Essais sur quelques questions controversées d'Économie politique* (*angl.* 1844), spécialement *Essai V.*

Cairnes. — *Méthode logique d'Économie politique* (*angl.* 2e édition 1875), spécialement *Leçon II et IV.*

Cliffe Leslie. — *Essais de philosophie politique et morale* (*angl.* 1879), spécialement les *Essais X, XI, XIV.*

Bagehot. — *Études économiques* (*angl.* 1880).

Ingram. — V° *Economie politique* (*angl. Encyclopédie Britannique*, 9e édition et publié à part ; trad. franc. sous le titre Histoire de l'économie politique).

H. Sidgwick. — *Principes d'Économie politique* (*angl.* 1883), *Introduction.*

Pour l'état actuel de la pensée en Allemagne voyez :

Nasse. — *Journal trimestriel économique* (*angl.* Boston U. S. A. Juillet 1887.

En France, voyez :

Gide. — *Revue d'Économie politique*, (N° 1. 1887. *Chronique*).

On trouvera le point de vue *historique* présenté de la façon la meilleure et aisément accessible dans :

Knies. — *Die politische Œkonomie vom geschichtlichen Standpunkte* (2e édition 1883), spécialement l'*Introduction.*

Schmoller. — *Ueber einige Grundfragen des Rechts und der Volkswirthschaft* (1875), spécialement la deuxième partie.

Oxford, Avril 1888.

# PRÉFACE DE LA TROISIÈME ÉDITION

Dans la présente édition, on a saisi l'occasion, aussi bien de modifier quelques passages, que de supprimer certaines inconséquences entre la première et la seconde partie, enfin, de faire un certain nombre de changements de mots, dans l'intention d'obtenir une plus grande précision. Mais le lecteur se souviendra que, bien qu'on n'ait pas fait des découvertes très considérables dans les six ans qui se sont écoulés depuis l'apparition de la première édition, la littérature du sujet s'est enrichie de plusieurs côtés. Le Professeur Maitland dans l'*Introduction* aux *Placita in Curiis Magnatum Angliæ* (Selden Society, 1889) et M. Blakesley dans la *Revue trimestrielle de législation* (angl. avril 1889) ont plus que confirmé les suppositions exprimées ici (p. 63, n. 1), par exemple au sujet de la doctrine juridique des cours de manoir ; en particulier, ils ont donné de bonnes raisons de croire que la cour baronale ne datait pas de l'origine primitive, mais n'était que le résultat relativement tardif du progrès de la franche tenure. Le livre du professeur Vinogradoff, *Le vilenage en Angleterre* (angl. Oxford, 1892), a jeté un flot de lumière sur les usages agraires et les théories juridiques du treizième et du quatorzième siècle. La *Gilde de*

*Commerce* (angl. Oxford, 1890) du professeur Gross, a présenté, sous une forme beaucoup plus complète, les conclusions de son premier travail *Gilda Mercatoria;* et, dans son second volume (*Preuves et éclaircissements*), il a donné une grande quantité de matériaux, non imprimés avant lui.

En même temps, à l'étranger, le second volume du Docteur Inama-Sternegg, *Deutsche Wirtschaftgeschichte* (1891), nous a fourni le secours de nombreux parallèles et de nombreux contrastes très suggestifs. A la même époque, les écrits des professeurs Karl Hegel (*Städte und Gilden der germanischen Völker*, 1891) et Georg von Below (*Entstehung der deutschen Stadtgemeinde,* 1889 ; *Ursprung der deutschen Stadtverfassung*, 1892), avec la littérature de critique et de controverse à laquelle ils ont ouvert la voie, ont ajouté un nouvel intérêt à l'histoire primitive des villes. Pour une grande partie de cette littérature récente, anglaise ou allemande, l'étudiant peut se référer provisoirement à une série de Chroniques de l'auteur du présent livre, dans la revue trimestrielle *la Science politique* (angl. New-York) et dans *le Journal économique* (angl. Londres) depuis 1890.

On peut ajouter, pour ce qui regarde les deux sujets si importants de l'organisation des métiers et des théories des canonistes, que des études plus complètes ont conduit l'auteur à un jugement quelque peu différent, et, croit-il, dans la seconde partie, à un exposé mieux adapté au sujet.

Aussi, les résultats donnés dans la première partie de l'histoire primitive de ces questions, bien qu'ils ne soient pas incorrects, comme on l'espère, ont besoin d'être complétés par la discussion de leur histoire postérieure dans les derniers chapitres.

Cambridge (Mass.) 19 mai 1894.

Note additionnelle à la traduction française.

Un flot de lumière a été jeté, depuis 1895, sur beaucoup de parties des institutions et de la vie économique au Moyen Age en Angleterre, par le grand ouvrage du professeur F. W. Maitland et de Sir Frederick Pollock, *L'histoire de la législation anglaise, avant le temps d'Edouard I* (*angl.* 1895).

On peut aussi appeler l'attention de l'étudiant sur la nouvelle édition, qui est au fond un nouveau travail, de *Progrès de l'industrie et du commerce anglais* de M. William Cunningham (angl. vol. I, le *Moyen Age*, 1892). C'est un ouvrage plein de science et très suggestif.

De même : *Liste classée de matériaux originaux imprimés, pour l'histoire de l'Agriculture et du manoir en Angleterre pendant le Moyen Age*, mise en ordre par Miss. F. G. Davenport, *Radcliffe College Monographie VI* (angl. Cambridge, Massachussets, U. S. A., 1894).

Une description des conditions agraires en Europe dans la première partie de ce siècle nous est donnée par Richard Jones, dans un chapitre de sa *Distribution de la richesse* (angl. 1831). Elle nous fournit des comparaisons très instructives avec les conditions économiques du Moyen Age en Angleterre. (Réimprimé séparément sous le titre : *Fermages des paysans*. angl. 1895.)

On trouvera une critique, par l'auteur du présent livre, des publications récentes en Angleterre et en France sur l'histoire primitive des villes du Moyen Age, dans un article sur les *Commencements de la vie urbaine au Moyen Age*, dans le *Journal trimestriel économique* (angl. Harvard, 1896).

Oxford, 6 février 1899.

# HISTOIRE ET DOCTRINES ÉCONOMIQUES DE L'ANGLETERRE

## CHAPITRE PREMIER

### LE MANOIR ET LA COMMUNAUTÉ DE VILLAGE

*Sources.* — Le témoignage le plus important, antérieur à la conquête normande, est le document anglo-saxon, *Rectitudines Singularum Personarum*, imprimé avec une ancienne version en latin, probablement du XII^e siècle, dans Thorpe, *Lois et Institutions anciennes* (angl. 1840), et avec une traduction allemande, dans Schmid, *Gesetze der Angelsachsen* (1858). Il rappelle les devoirs du *thegn*, du *geneat* (dans la version latine, *villanus*) du *cotsetla* et du *gebur*, et semble avoir été rédigé au X^e siècle pour servir de guide à ceux qui étaient chargés d'administrer les domaines.

Le *Domesday Book*, 1086 (imprimé en 1783 ; deux volumes de supplément en 1816) établit, pour chaque manoir, la valeur, l'étendue, le nombre des tenanciers, à trois époques : 1) au temps du Confesseur ; 2) immédiatement après la conquête ; 3) à la date même du cadastre ; mais ce n'est que par exception et seulement pour le Middlesex qu'il nous informe de l'étendue des tenures non nobles.

Puis vient une série de pouillés et d'états de revenus des manoirs de plusieurs grandes corporations ecclésiastiques. Les plus importants sont : le *Cartulaire de Burton*, entre 1100 et 1113, dans les *Collections pour l'histoire du Staffordshire*, V. (1884) ; le *Livre noir de Peterborough*, entre 1125 et 1128, dans l'Appendice au *Chronicon Peterburgense*, éd. Camden Soc. (1849) ;

le *Livre de Boldon*, 1183, pour les domaines de l'évêque de Durham, dans le *Domesday Book*, IV (1816), édité aussi par Greenwell, Surtees Soc. (1852) ; pour les domaines de Saint-Paul, un fragment du *Domesday de Ralph de Diceto*, 1181, une *Enquête* de 1222, *Un état des Revenus* de 1240, et un *Compotus Maneriorum et Firmorum* de 1300, dans le *Domesday de Saint-Paul*, éd. Hale, Camden Soc. (1858) ; *Le registre du prieuré de Worcester*, 1240, éd. Hale, Camden Society (1865) ; beaucoup de *terriers* de manoirs dans le *Cartulaire du Monastère de Ramsey*, 1251-52, I, Rolls'Series (1886), et dans le *Cartulaire du monastère de Gloucester*, III, Rolls'Series (1867) ; Les *Coutumiers de l'Abbaye de la Bataille*, 1282-1312, éd. Scargill-Bird, Camden Soc. (1887) ; le *Rotulus redituum* 1290, in *Registrum Cartarum de Kelso*, II, éd. Bannatyne Club (1846) ; un *État des revenus* de 1298, dans la *Correspondance de Coldingham*, éd. Surtees Soc. (1841) ; le *Magnus Rotulus* de l'évêque Bec de Durham (1307), dans le *Livre de Boldon* de Greenwell, Appendice ; et un extrait à part pour le manoir de *Bleadon*, tiré du *Coutumier de Saint-Swithun*, Winchester, dans les *Mémoires de l'Institut archéologique* (angl. 1849).

On pourrait, d'ailleurs, penser que les domaines ecclésiastiques différaient des domaines laïques, ou les grands domaines des petits, pour ce qui est du caractère et des occupations de leurs habitants. Cette opinion est réfutée par les *Rotuli Hundredorum* de 1279 (imprimés en 1818), l'autorité la plus importante de beaucoup pour l'histoire sociale après le *Domesday*. Ces rôles donnent les comptes détaillés de chaque manoir et de chaque tenancier sur une grande étendue de l'Angleterre centrale. Les *Extenta Manerii*, de date incertaine, mais ordinairement attribués à la quatrième année d'Edouard I, (*Statuts du Royaume*, I, 242) ne sont autre chose qu'une liste d'instructions, applicables à tous les cas d'une manière générale, pour la rédaction du terrier d'un manoir. Le traité du légiste *Bracton*, du règne de Henri III, nous fournit des définitions de la situation des différentes classes ; mais le texte ordinaire contient des interpolations incompatibles avec son sens général, et jusqu'à ce que nous ayons une édition critique de l'ouvrage, on ne peut le considérer comme une autorité à laquelle on puisse se fier. (Voyez Vinogradoff, *Le texte de Bracton*, dans la *Revue trimestrielle de législation* (angl. Avril 1885). — *Fleta*, manuel de droit, populaire au Moyen âge, ajoute des couleurs à la peinture par la description des devoirs de l'Intendant, du Bailli et du Reeve (1),

(1) Cette fonction seigneuriale ne peut se rendre par un terme équivalent en français (*Note du trad.*).

et d'autres serviteurs du manoir. Il a été imprimé par Selden (1647), et par Houard dans les *Coutumes anglo-normandes*, III, 1776.

Il a été récemment montré par M. Cunningham, dans son introduction à l'édition de l'*Agriculture de Walter Henley* (angl.), publiée par Miss Lamond, 1890, que l'auteur de *Fleta* avait emprunté des paragraphes à Walter. Un *État de revenus* de 1298, et un *Compte de Bailli* pour 1316-1317, ont été insérés dans Rogers, *Histoire de l'Agriculture* II (angl. 1866), et un *État de comptes* et un *Coutumier* de 1340, de grande valeur, dans Scrope, *Histoire du château de Combe* (angl. 1852). On verra l'étroite ressemblance de la Normandie et de l'Angleterre, par rapport aux relations des classes, en se référant à Léopold Delisle, *Études sur la condition de la classe agricole, etc... en Normandie* (1852) ; voyez surtout l'*État des revenus de l'abbaye du Mont Saint-Michel*, p. 673 et suiv.

Des écrivains modernes le premier qu'il faut mentionner est John Mitchell Kemble, *Les Saxons en Angleterre* (angl. 1848). Il décrit la *marche* comme une association volontaire d'hommes libres (freemen), et affirme « que c'est là la base originale, sur laquelle repose toute société teutonique ». Cette théorie fut mise en œuvre, surtout pour ce qui regarde l'Allemagne, par George von Maurer, dans une série d'ouvrages, dont les plus importants furent : *Einleitung zur Geschichte der Mark-,Hof-,Dorf-, und Stadt-Verfassung* (1854), et *Geschichte der Fronhöfe, der Bauernhöfe, und der Hof-Verfassung in Deutschland* (1862-68). Des recherches sur l'histoire exclusivement agricole ont été faites avec grand succès par Georges Hanssen, dont les articles sont réunis dans *Agrarhistorische Abhandlungen* (I. 1880 ; voyez spécialement sa critique de Nasse, p. 484 et suiv.). Ce fut Nasse qui appliqua le premier avec quelque détail la théorie de la marche à l'Angleterre, dans *la Communauté agricole au Moyen Age et les Biens clos au* XVI^e^ *siècle en Angleterre*, traduit en anglais pour le Cobden-Club par Ouvry (1871). Sir Henry Maine, acceptant les conclusions générales de Maurer et de Nasse, fit un commentaire sur leurs résultats, et essaya de les confirmer, en les comparant aux coutumes indiennes dans *Les Communautés de village dans l'Est et dans l'Ouest* (angl. 1871). Pendant quelque temps, la théorie que le manoir était sorti de la communauté d'une marche franche régna souverainement en Angleterre. L'évêque Stubbs eut soin, il est vrai, dans son *Histoire Constitutionnelle* (angl. 1873) de ne pas s'engager, sans réserves, sur cette question. Mais son argumentation générale au sujet de la formation des relations de dépendance, conduisait à cette conclusion, que le pouvoir du seigneur du manoir s'était développé, généralement parlant, tardivement et graduellement.

En même temps, au milieu du succès apparent des recherches allemandes, une autre voie d'investigation, représentée surtout par les savants français, avait été singulièrement négligée. Guérard (1844), dans ses Prolégomènes du *Polyptique* de l'abbé Irminon, registre des terres de l'abbaye de Saint-Germain-des-Prés sous Charlemagne, tenta de faire remonter tous les caractères essentiels du manoir à la législation de l'ancien Empire Romain. Depuis la guerre franco-allemande, son œuvre a été reprise par une école de critiques français, qui, sur l'histoire du Moyen Age, ont remis en question beaucoup des positions qui paraissaient avoir été conquises par l'activité de la science allemande. Son chef est M. Fustel de Coulanges, qui déclare (*Recherches sur quelques problèmes d'histoire*, 1885) que la communauté primitive de la marche franche n'est qu'une imagination du cerveau teutonique (Voyez la critique par Elton, *Forme primitive de la tenure de la terre*, dans *Engl. Historical Review*, juillet 1886). Mais l'ouvrage qui nous intéresse le plus est la *Communauté de village en Angleterre* de Seebohm (1883), qui a pour but de prouver « que l'histoire économique de l'An« gleterre *commence* avec la servitude des masses de la popu« lation rurale sous la domination saxonne, servitude dont elle a « mis un millier d'années à s'affranchir. » Son livre a rouvert pour l'Angleterre la question entière de l'origine du manoir ; et quelle que doive être la conclusion définitive sur ce sujet, il a été certainement le premier qui ait fait comprendre réellement quel était le système de culture et de tenure de la terre. Sur la vie intérieure du manoir du XIV^e^ au XVI^e^ siècle, Rogers donne beaucoup d'informations, *Histoire de l'Agriculture* et *Six siècles de travail et de salaires*. On trouvera le point de vue d'un légiste d'Elisabeth sur la matière, avec des particularités intéressantes, dans le recueil populaire de textes, *La court leete (de centurie) et la court baronale, réunis par John Kytchen*, en français, 1580, et fréquemment réimprimés ; publiés en anglais sous le titre de *Juridictions ou autorité légale des Cours leetes* (1653).

## SECTION I. — Le système seigneurial (manorial).

Jusque vers la fin du XIVe siècle, l'Angleterre fut exclusivement un pays agricole. Les seules fabriques qu'elle possédât, étaient entièrement destinées à la consommation intérieure ; pour les marchandises de qualité supérieure, elle dépendait de l'importation étrangère. Les seuls articles d'exportation étaient les produits bruts de la contrée, et, de ces produits, le plus important de beaucoup était le produit agricole par excellence, la laine. Aussi, pour comprendre quelle était l'intensité de la vie rurale en Angleterre pendant cette période, il faut entendre qu'elle comportait les neuf dixièmes de son activité économique.

Au XIIe siècle, et longtemps après, tout le pays, en dehors des grandes villes, était divisé en manoirs, c'est-à-dire en districts, dans chacun desquels une seule personne appelée le *Lord* (seigneur) possédait des droits importants et de grande valeur sur tous les autres habitants. Quelquefois un village était partagé entre deux manoirs, quelquefois une partie de village avait formé un manoir mouvant de celui dont il avait été arraché ; mais de telles conditions étaient toujours exceptionnelles, et sont moins fréquentes à mesure que nous remontons en arrière : la très grande majorité des manoirs ne consistait qu'en un seul village et dans les terres cultivées par ses habitants, et situées autour de lui ; nous pouvons regarder cette situation comme l'état normal des choses.

Représentons-nous un manoir du XIIe siècle au centre de l'Angleterre méridionale. Une rue de village et, de chaque côté, tout du long, les maisons des cultivateurs du sol, avec de petites cours autour d'elles ; donc il n'y avait pas encore de ces *fermes* éparpillées, telles qu'il devait en apparaître plus tard. S'étendant à l'écart, hors du village, était la terre arable, partagée ordinairement en trois champs, l'un semé de froment et de seigle, l'autre d'avoine et d'orge, tandis que le troisième était laissé en jachère. Les champs étaient une seconde fois subdivisés en ce qu'on appelait ordinairement des « furlongs » (mesure d'environ 200 mètres carrés), et chaque furlong en parcelles d'une acre ou d'une demi-acre, séparées non par des haies, mais par des billons de gazon non labourés. Ces parcelles étaient distribuées entre les cultivateurs, de telle façon que la tenure de chacun fût formée de pièces de terre éparses, çà et là, dans les trois champs principaux, et que personne ne pût recevoir deux fractions contiguës. Chaque tenancier individuel était obligé de cultiver ses parcelles en se conformant au roulement des récoltes, observé par ses voisins. Outre les terres arables, il y avait aussi des prairies, closes pour le temps de la fenaison, divisées par lots, soit au hasard, soit par roulement, ou selon la coutume. La fenaison achevée, elles étaient de nouveau tenues ouvertes pour que le bétail y put pâturer (1). Dans beaucoup de cas il y avait aussi des pâtures permanentes et de bois, où le bétail était conduit, soit « sans aucune restriction », soit en nombre proportionnel à l'étendue de la tenure de chaque cultivateur.

Dans les temps modernes, les terres arables ainsi partagées ont été connues sous les noms de « communautés », « communaux », « terres publiques », « champs entremêlés », et les prairies sont souvent appelées « terres d'août », nom du mois à partir duquel les clôtures sont enlevées (2).

(1) Seebohm, 1-4, 7-13, 21-29.

(2) Maine, *Village Communities*, 85-87, « mais il est inexact de parler de « champs communs, divisés en *trois* longues par-

En supposant que ces champs et ces prairies fussent possédés en commun par un groupe d'hommes libres, l'état des choses serait ce qu'on appelle le *système de la marche*.

Mais le système du manoir était quelquefois très différent. Car, dans un manoir, la terre était regardée comme la propriété, non pas des cultivateurs, mais d'un seigneur. Elle était divisée entre la part cultivée pour le bénéfice immédiat du seigneur, le *domaine* ou « inland » (1) (terre intérieure), et celle que tenaient de lui les tenanciers, la terre en *vilenage*, celle-ci formant ordinairement les trois cinquièmes ou les deux tiers du tout. Le domaine consistait, partie en clos séparés, partie en champs épars au milieu des terres des tenanciers dans les terres communes (2) ; plus tard, nous trouverons peut-être une raison de croire que la part du seigneur, à l'origine, avait consisté entièrement en des pièces de terre éparpillées de cette façon, et en plus, ce qui était bien possible, autour de sa maison, une cour de ferme un peu plus grande que celle du reste des villageois. Quant à la terre en vilenage, pour la partie la plus grande de beaucoup, elle était tenue en *verges* ou *carrés entiers*, ou bien en *demi-*

celles ». Il y avait *trois grands champs*, ou trois grands et trois petits comme à Hitchen (voyez la carte au commencement de Seebohm, et page 450) et chaque champ était divisé en plusieurs parts formées de parcelles d'une acre.

(1) *Dominium* ou *dominicum* ou *villenagium* sont les termes usuels. *Inland* est plus rare. Le mot apparait dès 956, Seebohm, 149 : on le rencontre quelquefois dans le *Domesday*, par exemple dans le Yorkshire, en trois cas p. 317, col. I ; c'est le terme usuel pour le domaine dans le *Burton Chartulary*, pp. 18, 19, 20. ; on le retrouve jusqu'en 1240 « terræ de dominico, quas vocant Inlandes » *Domesday of S. Paul's*, LXXII.

(2) Dans une carte datée de 1624, en possession du Lincoln College à Oxford, représentant le manoir de Pollicot, comté de Buckingham, le collège qui occupait la position de seigneur du manoir est désigné comme possédant des parcelles dans les uns et les autres des champs communs. Cf. Seebohm, 38.

*verges* ou *en demi-carrés,* connus dans le nord sous le nom de *labours* (1) et en quelques endroits du sud sous le nom de *wistas* (2). La verge était une tenure formée de parcelles d'une acre ou d'une demi-acre, éparses dans les trois champs, avec des dépendances et des droits proportionnels sur les prairies et sur les pâtures. Et l'étendue de cette mesure de surface, on ne saurait en douter, était généralement de trente acres, bien que dans quelques manoirs elle ne fût que de seize, et que dans quelques autres elle atteignit jusqu'à quarante-huit acres. Quelle que fût son étendue, sa valeur économique était probablement partout environ la même (3). Les tenanciers de ces verges ou demi-verges formaient une classe d'hommes socialement égaux entre eux, et tous, dans chaque manoir particulier, avaient les mêmes obligations de services à l'égard du seigneur. Ils étaient connus sous le nom de *villani*, c'est-à-dire de villageois *par excellence* (en français dans le texte) ; au XIIIe siècle on les appelait *virgarii*, en anglais *yardlings* (hommes des carrés), tandis que, dans le nord, ils portaient souvent le titre de *laboureurs* (husbands).

Au-dessous, il y avait une classe de *bordiers* et de *cottagers*, dont la plus grande partie n'avaient pour tenure qu'un cottage et une ou deux acres, bien que quelquefois ils s'élevassent jusqu'à cinq, huit ou dix acres, naturellement dans les terres communes. Ils semblent

(1) Seebohm, 61. Pour un emploi du mot « yardlan », dans un statut d'Elizabeth, voyez 35. Elizabeth, c. 7, § 8.

(2) *Cust. Battle*, XIII.

(3) Dugdale, parlant de Stoneleigh en Warwickshire décrit chaque tenancier comme tenant un yardland, « et payant 30 pence, c'est-à-dire un penny par acre, puisque chaque yardland contenait 30 acres et non plus » *Antiq. of Warwicksh*, 254 ; cf. Gomme, *Primitive Folk-Moots*, 128. Pour les verges consistant en 16 acres, voyez *Ramsay Chartulary*, 284 ; en 18 acres, *ibid.*, 295 : voyez aussi *Worcester Reg.*, LXXV, LXXX ; cf. Hanssen, *Abhandlungen*, I, 10, sur l'unité territoriale danoise, le *bool*.

s'être distingués des vilains proprement dits, en ce qu'ils ne possédaient ni bœufs, ni charrue, et probablement, dans bien des cas, ils étaient employés par les vilains. Pendant les deux premiers siècles qui suivirent la conquête, le mot « bordarius », qui était peut-être d'importation normande, fut remplacé par le vieux nom anglais « cotmann » ou « cottager » (1). En certains cas, entre les yardlings et les cottagers il y avait une classe intermédiaire de tenanciers d'une demi-verge, les *demi-vilains* et les *demi-yardlings* (2), comme on les appelait. L'ensemble de la terre et du manoir, c'est-à-dire et le domaine et le vilenage, était cultivé d'après un système préétabli de travail collectif. Les seuls travailleurs permanents sur le domaine lui-même étaient quelques esclaves (3). Tout ou presque tout le travail

(1) Les personnes auxquelles était appliqué le terme *bordarii* semblent ordinairement avoir été dans une position un peu meilleure que les *cotseti* et *cotmani* : mais on se sert réciproquement des deux termes. Ainsi le *Liber Niger of Peterborough*, 161, où, après la division des tenanciers d'un certain manoir en *pleni villani*, *dimidii villani* et *cotsetes*, les services des pleni villani et des demi-vilains sont énumérés, puis ceux des *bordarii*. Dans le *Domesday*, selon les listes d'Ellis, *Introd. to Domesday* (1833), II, 511, on trouve inscrits 108,456 vilains et demi-vilains : 82,624 bordarii, et seulement 6819 cotarii, coteri, et coscets. Cependant la division de la population servile, dans ce qu'on appelle *Leges Henrici primi*, est la suivante : « villani, *vel cotseti*, vel ferdingi », Stubbs, *Select Charters*, 106, XXIX. Comparez, avec l'Angleterre du Moyen Age, l'exposition de la situation des Scotch Cottars d'Adam Smith, *Wealth of Nations*, liv. I, ch. 10.

(2) Outre les exemples ci-dessus de *dimidii villani*. Cf. « Isti subscripti vocantur Halferdlings », *Cust. Battle*, 77.

(3) De huit manoirs dans le Northamptonshire appartenant en 1086 au monastère de Peterborough, il n'y avait qu'un esclave dans quatre, dans un qu'une seule *ancilla*, dans un, trois esclaves, et quatre dans les deux autres, *Domesday*, I, 221, 221b. Dans les comtés de l'ouest, il est vrai, il y en avait une plus grande proportion ; mais sur cette question on donnera plus tard des références.

nécessaire dans cette partie du manoir était fourni par les vilains et les cottagers, selon les conditions de leurs tenures, et sous l'inspection du bailli du seigneur. Le *Domesday Book* lui-même ne rappelle pas les services exigibles des vilains ; mais le *Liber Niger* de Peterborough, plus récent de plus de quarante ans, donne ponr chaque manoir de ce monastère un état détaillé des corvées dues par les tenanciers, en stricte concordance avec les énumérations de services dans le *Rectitudines singularum personarum* (1), plus ancien en date d'un siècle et demi. Dans tous les autres cadastres, enquêtes, états des revenus, pour les trois siècles suivants, la partie la plus importante et la plus caractéristique est formée par les énumérations de services de cette nature (2). Tout à fait désorientants dans leur complexité au premier abord, les services qu'ils enregistrent, peuvent bientôt se distinguer comme se rangeant sous deux chefs principaux : 1° travail d'un homme, pour deux ou trois jours par semaine pendant toute l'année, appelé *travail de semaine* (week work), *travaux journaliers* (daily works), et, 2° travail additionnel de quelques jours au

(1) Les *Rectitudines* donnent d'abord la loi du *thegn*, puis les devoirs du *geneat*, terme qui s'explique mieux lorsqu'on sait qu'il s'applique à tous les cultivateurs serviles, puis les devoirs du *cotsetla*, puis ceux du *gebur*, qui peuvent être considérés comme des sous-divisions du chapitre concernant le *geneat* (Seebohm, 129 sqq.) Comparez les services du *gebur*, « lourds en quelques endroits, plus légers et modérés en d'autres. Sur certaines terres, il doit le travail de semaine de deux jours, pour quelque tâche qu'il soit réquisitionné et chaque semaine pendant toute l'année, trois jours de travail de semaine en moisson, et de la Chandeleur jusqu'à Pâques », avec des déclarations telles que celles-ci, « quæque virga operatur III diebus in ebdomad », *Chron. Petrob.*, 158.

(2) « On sumen lande is paet he sceal wyrcan to *wic-weorce*, II dagas » ; dans la traduction latine « operatur *opus septimane* », *Rectitudines*, 375. (Schmid). Trois siècles plus tard, on trouve l'expression « opera diurna », *Cust. Battle*, VIII.

moment des labourages de printemps et d'automne et au temps de la moisson. Dans ces occasions le seigneur demandait le travail de toute la famille, à l'exception de la ménagère (1). Ces services additionnels étaient connus sous le nom de *precariæ* ou *precationes* (c'est-à-dire rendus à la requête du seigneur, *ad precem*), et pour les désigner, les expressions anglaises les plus communes étaient *boondays*, *loveboons* et *bedrips* (2) (le moissonnage « *reaping* » étant spécialement exigé). Outre ces services, il y avait ordinairement quelques petits paiements trimestriels, exigibles en argent, et des redevances mélangées, en nature, et différant de manoir à manoir, tant de poules et d'œufs, tant de boisseaux d'avoine à certaines saisons, aussi bien des services de corps, très mêlés de même, différant semblablement dans les divers manoirs. L'un des plus fréquemment mentionnés est le droit de charroi (*carting*) « *averagium*, *summagium* ». Pendant les boondays, il était d'usage que le seigneur nourrît les travailleurs. Dans les derniers Coutumiers, on trouve la désignation précise des jours pendant lesquels les cultivateurs devaient ou ne devaient pas être nourris aux frais du seigneur, et plus minutieusement encore, des jours où ils devaient avoir à boire et rien d'autre, où on leur devait du pain et non de la boisson, « un re-

(1) « Omnes firmarii fac' IIII p'eac' (c'est-à-dire peccationes) in autump' cu' tota familia ex[ta] husewiva », *Boldon Book*, in *Domesday*, IV, 570, 571. Cf. les coutumes de Bright Walton, 12 Ed. I : « Nec licebit alicui metere in eadem villa eodem die quo dominus habet magnam precariam nisi in campo domini », *Cust. Battle*, 59 ; et un exemple dans les *Hundred Rolls*, Seebohm, 43.

(2) En traçant cette distinction entre les *week-work* et les *boondays*, je suis Seebohm, 41, 78, et elle semble justifiée par des phrases comme celle-ci « facit *aruras*, *lovebones*, averagia (carting), in *Chartulary Ramsey*, 314. Mais en certains cas le terme *precariæ* ou *precationes* est donné seulement à un ou deux jours additionnels dans l'année, et ils sont distingués même des plus lourds services, de la moisson.

pas *sec* », du pain noir, ou du pain blanc, ou de la viande, ou du bouillon, ou du fromage. Ces détails animent ces tristes documents d'un rayon de gaîté. Quelque part, en effet, on nous dit que les deux derniers jours de la moisson, chaque travailleur pouvait amener un camarade à souper (1).

Nous avons peu d'informations sur la façon dont les terres étaient alors cultivées ; mais l'exposé des attributions du bailli et du reeve, dans la *Fleta*, jette quelques lueurs sur ce système de culture collective, qui probablement n'a pas varié dans ses traits principaux pendant des siècles. Le principal défaut des renseignements qui nous sont donnés dans ce document, c'est qu'il est écrit pour la commodité des seigneurs des manoirs et de leurs intendants. Aussi ne parle-t-il que de la culture du domaine et ne dit-il rien de la manière dont la terre en vilenage était travaillée. Cependant, lorsque nous considérons que le domaine et le vilenage étaient souvent, sinon toujours, formés de champs entremêlés, il est clair que la culture du domaine et celle du vilenage ne pouvaient pas être menées à bien, séparément l'une de l'autre.

Le travail le plus pénible était le labourage. Le do-

(1) *Custum. Battle*, XXXIX. Nous avons un passage amusant en latin sur un autre cas. « Percipiet per diem in dicto prato II panes nigros et dimidium, potagium, et potum (id est galonem communiter) et medietatem unius ferculi et caseum, » *ib*, 5 ; quelquefois on distinguait les jours selon que l'on donnait de la viande ou seulement de l'ale, *mete-bedrip* ou *ale-bedrip*, Hale, *Domesday of S. Paul's*, CXXXV. Dans un cas, le *hunger-bedripe* (service de jeûne), jour où on ne donnait pas de nourriture, est distingué des lovebones « metet etiam unum sellionem ad hunger-bedripe, et unum sellionem pro lovebone », *Chartulary of Ramsey*, I, 470. On peut étudier la signification de ces constatations dans Walter of Henley, et autres traités anciens, où l'auteur de *Fleta* les a empruntées, ou dans l'édition de *Walter of Henley* de Miss Lamond (1890).

maine et le vilenage semblent avoir eu chacun leurs charrues particulières. Celles du domaine étaient ordinairement plus lourdes et nécessitaient plus de bétail pour les traîner. Pour le labourage du domaine, les charrues du seigneur recevaient l'aide de celles des vilains, qui devaient fournir des bœufs et des hommes, selon un roulement et une proportion fixes. La règle invariable dans les terriers était celle-ci : ou ils établissaient d'une manière générale les services dûs par *chaque* vilain, puis ceux qui étaient dûs par chaque cottager (dans ce dernier cas on exigeait moins de jours de travail par semaine, un ou deux, au lieu de deux ou trois ; et jamais de labourage, puisque les cottagers ne possédaient pas de bœufs) (1) ; ou bien les terriers indiquaient en détail les services du premier tenancier d'une verge, d'une demi-verge ou du cottager, dont le nom était mentionné d'abord, et ajoutaient, à chaque nom suivant, que le cultivateur devait le même travail que A, que B, dont les obligations avaient été détaillées plus haut (2).

Le rédacteur de la *Fleta* nous dépeint chaque manoir appartenant à un grand Lord ou à une communauté comme dirigé par trois officiers, un intendant, un bailli et un reeve (3). L'intendant ou sénéchal n'était pas pré-

(1) Cela est prouvé abondamment dans le *Liber Niger* et dans le *Boldon Book*, dont nous avons des traductions dans Seebohm, 73, 68.

(2) Celui-ci est le dernier modèle. Il est éclairci dans le *Domesday of S. Paul*, 3, où, parmi les tenanciers per *villenagium*, Robert le forgeron est mentionné d'abord comme occupant la moitié d'une verge, et ses services sont fixés : puis sont enregistrés les noms de cinq autres personnes occupant une demi-verge, avec cette addition pour chaque cas, *per idem servicium*. Dans le *Chartulary of Ramsey* l'énumération des services donnée pour modèle occupe souvent trois pages (ainsi 298-301), et on ajoute aux noms suivants « et facit in omnibus sicut dictus N ». Dans le *Chartulary of Gloucester* l'expression est *eadem facit*, 29, 38.

(3) On trouvera les paragraphes sur le bailli et le reeve imprimés dans l'appendice de *Growth of English Industry and Commerce* par Cunningham (1re édition, 614).

cisément un officier du manoir, mais le représentant du seigneur dans un certain nombre de manoirs, et sa principale fonction, outre un contrôle général des baillis, consistait à présider la cour du manoir. Mais pour accomplir convenablement ces fonctions administratives, il devait acquérir la connaissance de la condition de chaque manoir. Il devait assurer, dit la *Fleta*, les services coutumiers dûs par chaque tenancier, rechercher si quelqu'un d'entre eux s'était acquitté de sa tenure sans permission, et, dans ce cas, quel était le bailli responsable à cette époque. Il devait savoir le nombre d'acres à labourer, le compte des graines nécessaires pour l'ensemencement, pour que son maître n'eût pas à subir les fraudes de « reeves fripons ». Il devait savoir aussi combien de charrues de tenanciers pouvaient aider au labourage du domaine, et combien de fois elles pouvaient être réquisitionnées. Mais surtout il devait veiller sur la conduite des baillis, voir à ce qu'ils n'abusassent pas de leur autorité, ou qu'ils ne fissent point tort aux intérêts de leur maître. « Il recherchera comment le « bailli se comporte envers les voisins et les tenanciers « du seigneur ; s'il se mêle aux querelles, s'il passe ses « nuits dans les tavernes. Si le bailli cause de la perte « au seigneur par sa mauvaise conduite, il doit l'indem- « niser; si ses torts se répètent fréquemment, l'intendant « le révoquera ». Il n'y avait sans doute que les grands propriétaires qui eussent des intendants ; le seigneur d'un seul manoir, vivant dans le village, pouvait présider sa cour lui-même, et tenir le bailli en respect.

Le bailli était le représentant du seigneur résidant dans le manoir ; il était spécialement chargé de la culture du domaine. « Le bailli se lèvera le matin de « bonne heure, il verra à ce que les attelages de char- « rue soient liés ; puis il fera sa ronde et inspectera les « champs labourés, les bois, les prairies et les pâtures. « Il visitera aussi les charrues et le travail, et prendra

« soin que les bœufs ne soient pas déliés avant que le « travail d'un jour plein n'ait été accompli ». Il doit diriger la moisson, la formation des meules, les charrois, tout le travail enfin ; voir si la terre est convenablement marnée et fumée, empêcher que les chevaux ne soient fourbus par un travail exagéré, et surveiller les batteurs dans la grange.

Le reeve, d'autre part, est représenté comme une sorte de contre-maître (1) des villageois. Il devait être, selon la *Fleta*, choisi par la *villata*, ou corps des vilains, comme l'homme le plus expert en agriculture ; il devait être présenté à l'acceptation du seigneur ou de son intendant. Responsable devant le seigneur de la stricte observance des services du vilenage, il était aussi considéré comme le représentant des *vilains* et en leur nom, « il tenait une taille des jours de travail, et en faisait le compte avec le bailli à la fin de la semaine (2) ». Il devait veiller à ce que les charrues du domaine et du vilenage fussent mises au travail de bon matin, à ce que la terre fût convenablement ensemencée et non trop légèrement, et qu'elle fût bien fumée. M. Wallace nous dit que dans les villages russes d'aujourd'hui, on a généralement la plus grande répugnance à accepter l'office d'Ancien, et à devenir, en conséquence, responsable des impôts auprès du gouvernement. Ainsi, un paysan, qui pour quelque léger délit, avait été informé par un magistrat qu'il avait perdu désormais la capacité de remplir aucun office communal, « salua très

(1) Dans un manoir appartenant à Saint Paul, il y a un exemple dans lequel on ne voit pas clairement si « forman » est un nom de charge ou un surnom. Probablement le nom passait de l'office à la personne. « Johannes forman V acras pro I opera-« tione qualibet septimana et averat Lond' ad cibum domini « quum dominus jubet....... et furem captum in curia custodiet « et judicatum suspendet », *Domesday of S. Paul's*, : 8.

(2) Voyez l'exposé de Hale, Introduction au *Domesday Book of S. Paul's*, 38.

« bas et exprima respectueusement ses remerciements « pour le nouveau privilège qu'il avait acquis (1) ». Sans aucun doute l'office de reeve était regardé en Angleterre avec des sentiments semblables. Autrement il n'aurait pas été nécessaire d'insérer cette note que nous trouvons quelquefois dans les rôles coutumiers : chaque tenancier d'une verge ou d'une demi-verge pourra être contraint d'accepter l'office (2). C'était un usage cependant de récompenser le reeve, en le dispensant partiellement ou totalement des corvées de travail pendant l'exercice de sa charge, ou même de lui donner une pièce de terre supplémentaire (3). On peut douter, il est vrai, que la description de la *Fleta* pour les temps contemporains de ce document ait répondu à la pratique générale, et qu'il y ait eu à la fois dans chaque manoir un bailli et un reeve. Il est plus vraisemblable que c'était une généralisation de jurisconsulte, qui

(1) *Russia*, ch. VIII.

(2) « Par le cadastre de 1279 (non encore imprimé) nous apprenons que certains tenanciers (dans les manoirs de S. Paul) pouvaient être forcés d'accepter cet office : il était annuel, et que pendant l'accomplissement de leur charge, ils étaient exonérés des autres services » Hale, *Introduction to S. Paul's Domesday*, XXXVI. Pour d'autres exemples de l'obligation de la charge de reeve, Voyez le *Custumal of Bleadon*, 209 ; *Cust. of Battle*, 66 (memorandum quod dominus potest pro voluntate « sua quem voluerit de custumariis eligere in Prepositum et « qui tenet integram virgatam terræ relaxabitur ei de redditu suo « quinque solidorum decem) ; et *Castle Combe*, 146, où dans un État de revenus de 1340, après les noms de quatre tenanciers occupant chacun une verge, et après celui du meunier, on ajoute « et erit prepositus », tandis qu'après le nom d'un autre meunier il y a « et non debet esse prepositus » ; et après les noms de douze tenanciers de verges « in bondagio » il est dit « et erit « prepositus vel messor si domino placuerit, et tunc erit quietus « de V solidis et de omnibus operibus suis in autumno ».

(3) Pour les exemptions de services, voyez la note ci-dessus. Pour la terre attachée à l'office, voy. *Cust. of Bleadon* « Habebit unum ferdellum terræ sine messuagio quod vocatur *revelong* ».

n'avait jamais été vérifiée dans la réalité, ou qui, si elle avait jamais été réalisée, avait cessé déjà de l'être au temps où le livre fut écrit ; ce qui est certain, c'est qu'au commencement du XIVe siècle il n'y a ordinairement, semble-t-il, qu'une seule personne ayant la haute surveillance de la culture du manoir ; on l'appelait indifféremment reeve ou bailli (1). Mais cette personne remplissait clairement les mêmes fonctions que celles qui sont attribuées au bailli dans la *Fleta* ; nous n'avons donc pas besoin de mettre en doute l'exactitude générale de la description de la culture coopérative qui nous y est donnée.

Sur l'autre aspect de la vie du village — le travail des tenanciers sur leurs propres terres — nous n'avons pas de renseignements ; nous pouvons seulement conjecturer qu'il reposait aussi sur un système de travail collectif, chaque tenancier contribuant en bœufs et en hommes aux labourages communs, en proportion de sa tenure, et s'unissant à ses compagnons pour mettre le foin en meules et pour récolter le grain d'après un certain plan commun.

(1) Ainsi le Compte de 1316 dans Rogers, *Hist. of Agric.*, II, 617, est présenté par « Rodbertus Oldman *prepositus* de Cuxham », et les mêmes documents donnent des exemples de l'élection du reeve en 1286 « Clemenes Henewy electus ad officium præpositi de Stockton *de communi assensu totius villæ* », 609, et en 1331 « *per totum homagium electus* », 613 ; il y est question aussi de son amende et de sa révocation pour avoir présenté des comptes non satisfaisants, « pro pluribus celamentis et transgressionibus in computo suo inventis », 610, et « amotus est super hunc compotum », 613. Depuis que ce passage a été écrit, le professeur Vinogradoff, dans *Eng. Hist. Review*, VIII (1893), a donné des raisons pour ne pas croire à l'existence d'une *folkland*, dans le sens attaché à ce mot par le docteur Stubbs et d'autres, et il a expliqué le malentendu sur lequel ils fondaient leur théorie.

## Section II. — Origine du manoir. Circonstances spéciales à l'Est et au Sud-Ouest de l'Angleterre.

Il était nécessaire de commencer par cette esquisse du système du manoir pour qu'on pût comprendre la nature du problème de l'histoire de la société primitive en Angleterre. On peut maintenant retourner en arrière, et expliquer pourquoi il a paru prudent de commencer au XIIe siècle, et non plus tôt, et pourquoi on a pris la précaution de limiter la description, donnée plus haut, aux comtés du centre et du sud.

Il est bon de commencer au XIIe siècle, parce qu'il n'y a aucune raison de douter qu'à cette époque tout le centre de l'Angleterre ne fût couvert de manoirs ayant en substance le même caractère, et nous ne pouvons remonter plus haut, parce que, en aucune façon, on n'est d'accord sur la manière dont les choses se sont produites. La question qui domine toutes celles qui ont trait à l'histoire de la société primitive en Angleterre, est encore en discussion, à savoir si elle a commencé par une population d'hommes libres ou par une population de serfs. Etant donnée la nature du problème, ce sujet doit pour l'instant rester dans le domaine des recherches. Mais il est impossible d'éviter tout à fait la controverse ; et la fixation des points qui ont donné un résultat, montrera plus clairement le caractère du système du manoir lui-même.

Un savant traitant ce sujet il y a dix ans se serait fait probablement honneur d'affirmer avec confiance que la plus grande partie de la population anglaise était d'abord groupée en libres communautés de village, se gouvernant elles-mêmes. Il aurait, il est vrai, accordé que quelques-uns des grands lords, ayant beaucoup de vassaux, avaient peut-être, dès les tout premiers temps, créé, dans quelques districts isolés, des établissements ressemblant, en quelque chose, aux manoirs de l'époque postérieure, et aussi que les établissements des cultivateurs, sur la terre appartenant au peuple, avaient pris une forme semblable. Mais il aurait considéré ces établissements comme exceptionnels, par comparaison ; et, d'une manière générale, l'organisation du manoir aurait été regardée comme ayant été superposée à la vieille communauté libre. Il aurait décrit le pouvoir du seigneur comme ayant grandi, très lentement, et comme étant dû aux concessions royales de juridiction, aux dangers qui forçaient l'homme libre à se recommander à quelque voisin plus puissant, enfin à l'assimilation d'une communauté libre, sous la juridiction du seigneur, avec une communauté dépendante vivant sur la terre du seigneur. Il aurait donné pour argument que cette transformation fut hâtée par la conquête normande et que les jurisconsultes normands, avec leur terminologie étroite de *villanus* et de *bordarius*, ont donné un semblant d'uniformité à un état de choses, dans lequel il y avait encore des différences très considérables de conditions.

Telle était la forme que la prudence de l'évêque de Chester (1) avait donnée à l'affirmation absolue des historiens allemands modernes, à savoir que l'histoire des Teutons commence par des groupements d'hommes libres. Mais, dans ces dernières années, cette construction a été attaquée de deux côtés. M. Fustel de Coulanges et un cercle de savants français ont montré combien étaient insignifiantes et ambiguës les preuves sur lesquelles les théories allemandes étaient bâties, et en particulier, que tous les traits essentiels du manoir, en tant que groupe *agricole* soumis à un seigneur, à l'exception de la juridiction seigneuriale, pouvaient être raisonnablement rapportés aux dernières lois romaines.

(1) Stubbs.

Encore plus important est le travail récent de M. Seebohm, qui vise à établir que la masse du peuple, dans ce qui est aujourd'hui l'Angleterre, était, dès l'origine, de condition servile, et que son histoire avant la conquête normande, et au-delà, est celle d'une amélioration progressive. La force de son argumentation ne réside pas dans les exemples contemporains, qu'il a fournis pour une époque antérieure au XIe siècle, et qui peuvent tous être considérés comme exceptionnels, parce qu'ils sont pris dans le domaine royal, mais en ce qu'elle nous fait comprendre la véritable organisation intérieure du manoir et nous montre combien il y avait d'uniformité dans ses principaux traits caractéristiques. C'est l'uniformité du système agricole, le système du travail collectif forcé, qu'il est si difficile d'expliquer d'après la vieille hypothèse. Car même en accordant, comme le feraient peut-être les adhérents de l'ancienne théorie, qu'un quart des manoirs peuvent avoir existé dès l'origine, il est difficile de croire que les trois quarts restants soient nés de communautés libres, devenues graduellement soumises à des charges si extraordinairement onéreuses. Nous devrions d'ailleurs nous attendre à trouver beaucoup d'échelons intermédiaires, des cas dans lesquels le seigneur, par ses propres serviteurs, aurait cultivé le domaine, sans recevoir de ses tenanciers autre chose que le service de cour, puis des cas dans lesquels il aurait reçu le service de cour et une rente sans travail, d'autres cas enfin, dans lesquels les services de corps seraient seulement exceptionnels. Nous ne pourrions pas nous attendre, d'après la théorie de la chute graduelle des communautés libres, à ce que les services des tenanciers aient été si lourds et si uniformément les mêmes. Mais il faut reconnaître que l'hypothèse de la servitude originelle du gros de la population (soit anglaise, soit celtique romanisée) ne va pas sans difficultés. Les districts, dont sont venus les Angles, les Saxons et les Jutes, sont des localités dans lesquelles on ne trouve pas le système du triple champ, ni celui du double champ, qu'on rencontre aussi fréquemment au Moyen Age ; mais le système d'un champ unique y a existé pendant des siècles, et le procédé de culture y consistait à faire pousser les mêmes récoltes, dans la même terre, sans jachère (1). Il faut supposer par conséquent que les envahisseurs anglais ont trouvé le système du triple champ déjà établi en Grande-Bretagne. M. Seebohm semble croire que la masse des provinciaux ou celtes romanisés fut épargnée par les conquérants (2). Les hommes les plus importants parmi les envahisseurs seraient devenus les seigneurs des manoirs, les soldats ordinaires auraient reçu des lots de terres franches, ou même auraient été établis dans des communautés libres de village : mais ils auraient été si peu nombreux qu'ils n'auraient pu avoir d'influence fondamentale sur le développement postérieur de la société (3). M. Freeman a répondu que, dans ce cas, le langage des conquérants aurait été vaincu, comme en Gaule et en Espagne, et que le christianisme n'aurait pas aussi complètement disparu, comme cela s'était produit, lorsque St Augustin aborda en Angleterre. Ces arguments seraient sans réponse, si nous pouvions supposer que la Bretagne avait été aussi profondément romanisée, ou aussi profondément christianisée, que les autres provinces romaines. Mais ce n'était certainement pas le cas.

Quelque supposition qu'on puisse adopter sur l'origine du manoir, qu'il ait surgi de la liberté ou de la servitude, il n'est pas très difficile d'expliquer la cause de cette dispersion si curieuse de la tenure de chaque cultivateur en champs épars. Dans les lois galloises, nous

(1) Voyez Hansen, cité par Seebohm, 372, 373.

(2) *Ibid.*, 418.

(3) *Ibid.*, 22-423.

trouvons des règlements, applicables à une période plus ancienne qu'aucune de celles dont nous avons des preuves documentaires chez les Anglais, et qui règlent le labourage en commun du groupe agricole. Ces règlements établissent que. chaque année, la première parcelle labourée sera attribuée au laboureur lui-même ; la suivante *aux fers*, c'est-à-dire à celui qui a fourni le soc de la charrue, la suivante au premier bœuf, c'est-à-dire à son propriétaire ; et ainsi de suite pour les sept autres bœufs, le toucheur, et la charrue elle-même, c'est-à-dire pour le charron qui l'a faite et qui l'a réparée. Celui qui a fourni un bœuf aurait donc une parcelle sur dix, ou à peu près ; ceux qui en ont fourni deux, deux fois autant (1). Nous avons de nombreuses indications que la contribution d'un *vilain complet* (*full*) à l'attelage de la communauté était de deux bœufs. (2) Si l'état postérieur des choses, qui comportait la possession permanente et individuelle de champs particuliers, était sorti d'un système primitif de partage annuel, nous pouvons comprendre facilement qu'il y aurait eu uniformité dans la quantité de la tenure de tous ceux qui fournissaient deux bœufs (les *virgarii*, ou *pleni villani*), et de ceux qui n'en fournissent qu'un (les *semi-virgarii dimidii villani*), et que ceux qui ne fournissaient pas de bœufs du tout n'auraient que des parts insignifiantes, ou rien de plus qu'un cottage, à moins qu'ils n'aient travaillé en qualité de laboureurs ou de charrons. Dans les terriers plus récents, nous trouvons constamment que les parcelles d'un cultivateur touchent celles d'un tenancier de tenure égale (3), ce qui renforce l'hypothèse que le mélange des champs provenait de ce que la distribution était faite dans l'ordre des bœufs, de façon à ce que chaque cultivateur pût avoir à la fois

(1) Voyez Seebohm, 117-125.
(2) *Ibid.* 61, 62.
(3) *Ibid.* 24-26, 113.

sa part de bonne et de mauvaise terre, dans la proportion du nombre de ses bœufs.

La description du manoir, dans notre dernière section, à été limitée à l'Angleterre du centre et du sud, et cela, parce que deux autres classes, en dehors des vilains et des cottagers, apparaissent dans l'est et dans le sud-ouest. Dans la population enregistrée par le *Domesday*, vilains et bordiers sont dispersés assez également dans la campagne, le pourcentage en moyenne des premiers étant de 38, des seconds, de 32, ce qui fait, pour les deux classes, les sept dixièmes du tout (1). Mais les *servi* ou esclaves, dont le pourcentage en moyenne est de 9, ou qui dans quelques comtés de l'est et du centre n'apparaissent pas du tout, ou tombent à un pourcentage de 4 ou 5, atteignent dans la campagne qui forme la frontière galloise et dans le sud ouest, 17, 18, 21 et 24 pour cent. Nous ne pouvons expliquer cela qu'en supposant que, dans les dernières périodes de la conquète anglaise, un plus grand nombre de cultivateurs bretons furent épargnés. Ainsi, dans ces districts, les esclaves en vinrent à former une partie considérable de la population. L'esclavage absolu cependant disparut en moins d'un siècle après la conquète, et les *servi* devinrent des tenanciers coutumiers de petites terres, comme les cottagers autre part, mais dans des conditions plus onéreuses (2).

D'un autre côté, dans les contrées de l'est et du centre-

(1) J'ai pris les pourcentages dans les tableaux de M. Seebohm, p. 86 ; la population totale enregistrée, telle que la donne Ellis, *Introd. to Domesday*, II, 511 est de 283.242. Les uns, 108.407 sont portés comme *villani*, 49 comme *dimidii villani*. Il y a 82 119 *bordarii*, 490 *bordarii pauperes*, 15 *dimidii bordarii*, 5.054 *cotarii*, 16 *coteri* (simplement une appellation différente), 1.749 *coscets ;* le nombre des *servi* est de 25.156.

(2) C'est l'explication très claire de l'expression « baux (*copyholds*) d'imparfaite tenure » qu'on trouve encore fréquemment dans les comtés de l'Ouest, Pollock, *Land Laws*, 203.

est, les *socmen* et les *liberi homines,* qui ne forment pas plus de quatre pour cent de toute la population anglaise, et qui, dans le sud et dans la plus grande partie du pays central, sont entièrement absents, s'élèvent jusqu'à 27, 28, 32, 40 et 45 pour cent (1). Aussi sûrement que les esclaves de l'ouest sont apparentés aux bretons, aussi sûrement les socmen et les hommes libres (*freemen*) de l'est sont en rapport direct avec les établissements danois, et il n'y a que peu de doute que les noms de socman (c'est-à-dire homme soumis au soc, ou juridiction du seigneur) et de freeman (c'est-à-dire homme affranchi de tout ce qui était regardé comme les conditions serviles de la tenure, quelles qu'elles pussent être) n'eussent très sensiblement la même signification.

Le fait que le *Domesday* compte en Suffolk 35 pour cent comme socmen, en Norfolk 16 pour cent de chaque catégorie, en Lincoln 45 pour cent de socmen et point du tout de freemen, ne peut s'expliquer qu'en supposant que les « *barones regis* », rédacteurs du cadastre, ont souvent inscrit comme socmen dans un comté des personnes que leurs égaux appelaient freemen dans le comté voisin. On peut conclure de la preuve insuffisante, fournie par le *Domesday*, en la comparant à celles qui nous sont données par le *Liber Niger* de Peterborough pour les manoirs de ce monastère, que le mot *socmen* s'étendait à deux classes largement différentes, c'est-à-dire à des hommes dont la tenure occupait des portions très considérables de manoirs et ayant des vilains dans leur dépendance, et à des hommes dont la tenure était d'une seule verge ou d'une portion de verge, et qui formaient une partie de la communauté des travailleurs du village. Les premiers, cependant, n'étaient que peu nombreux. On peut les regarder comme des propriétaires fonciers

(1) Ellis donne 10.097 *liberi homines*, dont 5.344 pour le Suffolk ; 2.041 *liberi homines commendati*, dont 1.895 pour le Suffolk, et 23.072 *sochemanni*.

qui, jusqu'à la conquête normande, n'avaient été considérés en aucune façon comme les tenanciers des voisins plus puissants, à la juridiction desquels ils étaient soumis. Cependant, comme pour les *hommes libres recommandés,* qui sont aussi décrits à l'occasion comme tenant de grands domaines, sur lesquels vivaient des vilains et des bordiers, le résultat de la conquête normande doit avoir été de transformer les socmen en sous-tenanciers, occupant ce qui a pu être dans la suite des *sous-manoirs* (1).

Mais la situation du grand corps des *socmen* était assez clairement en bien des choses la même que celle des vilains, avec deux importantes différences. Ils n'étaient pas astreints au travail hebdomadaire (2), cette marque la plus caractéristique de la tenure en vilenage, et ils étaient fréquemment, en tous cas, obligés au service militaire (3). Mais ils étaient forcés de prendre leur part des *precariæ*, de coopérer au hersage et à la moisson, d'assister le seigneur de leurs charrues pour quelques jours, à l'automne et au printemps (4). Leurs tenures,

(1) Pour des exemples de socmen avec des domaines considérables, voyez *Domesday*, I, 314 b (Yorksh.) ; I, 336 b. (Stamford) ; II, 182 (Norfolk). Pour un *freeman* dans une position semblable, II, 345 (Suffolk).

(2) Il y a un exemple du contraire dans le *Liber Niger*, *Chron. Petrob.*, 164, « et ibi sunt XXIX sochemani et operantur I die in ebdomada per totum annum ».

(3) « In Estona IX sochemani... et serviunt cum militibus « quantum illis jure contingit », *Chr. Pet.*, 172 ; p. 173, l'expression « serviunt cum militibus », est suivie trois fois du terme socmen : deux fois il n'y a que « cum militibus ». P. 169, il y a un curieux cas de fractionnement de service militaire : « Ricardus Enganie II hidæ in Hamtonascira et servit pro I mi- « lite. Sed socemanni faciunt quartam partem militis, et ipse III « partes unius militis ».

(4) Ainsi le *Liber Niger*, *Chr. Petrob*, 158, compte dans un seul village seulement 8 vilains, mais 44 socmen « et omnes isti « sochemanni habent VIII carrucas, et inde arant III vicibus

bien que n'étant pas toujours en verges tout entières, sont souvent estimées en verges, d'où il suit qu'elles étaient formées de parcelles éparses dans les champs communs. Comme les vilains, ils ne pouvaient vendre leurs terres (1), ni quitter le manoir sans le consentement de leur seigneur (2). Ainsi le grand corps des socmen faisait partie des groupes de village, et coopérait au système de l'agriculture en commun, mais avec des services moins lourds et des devoirs plus honorables. Nous pouvons raisonnablement conjecturer que cet état de choses fut l'œuvre des chefs danois, qui se saisirent des manoirs et qui mirent leurs fidèles à la place d'un certain nombre des vilains saxons, et que les nouveaux arrivants, tout en consentant à assister leurs seigneurs dans les moments de presse, ne voulaient pas consentir à travailler pour eux pendant certains jours de la semaine, comme ceux dont ils avaient pris la place.

### Section III. — Accroissement du nombre des francs-tenanciers.

Conservant dans notre esprit le manoir-type avec sa division en domaine et en vilenage, et ses classes de

« per annum. Et quisquis eorum metit in Augusto de blado do-
« mini dimidiam acram et II vicibus in Augusto precationem. Et
« quisquis herciat I die ad tremeis (au printemps) ».

(1) Ainsi dans le *Domesday*, II, 317 (Suffolk) : « Huic manerio pertinent V sochemani de LVI acris... Hi V non potuerunt vendere terram suam nec dare alicui », et *ibid.* 324, « In eadem I sochemanus cum XXX acris et non potuit vendere nec dare ».

(2) Ainsi dans le *Domesday*, II, 66 (Essex) : « Isti sochemani, « sic comitatus testatur, non poterant removere ab illo ma- « nerio ».

vilains et de cottagers distingués d'une manière bien tranchée, cherchons à suivre les changements qui se sont produits graduellement durant les trois siècles qui ont suivi la conquête normande. En procédant ainsi, il sera bon de restreindre notre point de vue aux preuves fournies par les coutumiers et les états de revenus, et de ne point prêter attention aux définitions des jurisconsultes, et cela parce que ces définitions ont répandu un voile trompeur d'uniformité sur des circonstances absolument différentes. Une autre raison, c'est que les jurisconsultes du XIII^e siècle ont vu les faits purement anglais par les yeux de la loi romaine (1) ; bien plus enfin, et par rapport spécialement à Bracton, parce que l'ouvrage qu'on place sous son nom est plein d'interpolations incompatibles avec son argumentation générale.

Lorsque nous comparons la simplicité relative du *Domesday Book*, dans lequel, pour la plus grande partie de l'Angleterre, les vilains, les cottagers ou bordiers et les esclaves forment l'ensemble de la population, avec la division compliquée en six, huit ou même dix classes des coutumiers de la dernière partie du XIII^e siècle (2), les changements, par leur complexité

(1) Maine parle de Bracton « comme ayant accrédité auprès « de ses compatriotes, comme un compendium de lois exclusi« vement anglaises, un traité dont la forme tout entière et le « tiers du fonds étaient directement empruntés au *Corpus Juris* », *Ancient Law*, 82.

(2) Ainsi dans un manoir du Wiltshire, appartenant à l'abbaye de la Bataille, il y avait sous le règne d'Edouard I^er des « liberi « tenentes, Majores Erdlinges scilicet Virgarii, Minores Erdlinges, « Halferdlinges et majores Cotarii, Minores Cotarii et Coteriæ », *Custum Battle*, 72-81 ; et une enquête de l'année 19 d'Edouard I^er présente la hiérarchie suivante : « Liberi tenentes per cartam, Liberi tenentes qui vocantur fresokemen, Sokemanni qui vocantur molmen, Custumarii qui vocantur werkmen, Consuetudinarii tenentes 4 acras terræ et Consuetudinarii tenentes 2 acras terræ », Vinogradoff, in *English historical Rewiew* I, 757. Dans les manoirs du monastère de Gloucester, il y avait des Liberi tenentes, Consuetudinarii, Lundinarii, Tenentes Honilond,

et leur variété, nous semblent désorientants. Mais on trouvera que la plupart d'entre eux peuvent se grouper sous quatre chefs : 1) l'accroissement d'une classe considérable de francs-tenanciers, 2) la transformation du travail hebdomadaire en paiements en espèces, 3) la transformation des *boondays* et autres services spéciaux, 4) l'apparition d'une classe d'hommes vivant entièrement ou en partie des gages qu'ils recevaient pour le travail agricole.

I (α). — L'accroissement rapide des francs-tenanciers, après la conquête, est un des faits les plus certains et des plus importants. Désormais, le terme *libere tenentes* est assez élastique pour s'étendre à des hommes de situation différente, depuis le vassal militaire ayant obtenu un fief considérable en retour de ses services sur les champs de bataille, jusqu'à l'homme libre ayant reçu, contre une rente en argent, une ou deux acres du domaine ou du sol nouvellement défriché. Mais le plus grand nombre de ceux qu'on connaissait sous ce nom étaient assurément les vilains, tenanciers d'une verge, ou les descendants des hommes de cette condition qui avaient changé leurs corvées de deux ou trois jours par semaine, plus onéreuses, contre des paiements en espèces, et avaient été affranchis de ce qu'on regardait comme les « *incidents* » (circonstances) les plus serviles de leur situation (1). — Qu'étaient-ils exactement, ou, en fait, qu'entendait-on

Ferendelli, Tenentes Penilond *ad vitam* et *ad voluntatem domini*, Medii, Cotlandarii (et Cotarii), Tenentes forlonde, Akermanni, *Historia Glouc.*, III, CV, 121-149; mais quelques-uns de ces noms étaient probablement équivalents.

(1) Ainsi dans certains articles de l'Inspection de 1320 on trouve cette clause, « Item, an aliqua terra, quondam custu- « maria, teneatur libere a serviciis et consuetudinibus quas « facere consueverunt : quæ, per quem, qualiter, et a quo tem- « pore ; et qualiter nunc teneatur, per quæ servicia », *Domesday of S. Paul's*, 157*.

par franche tenure? cela est difficile à déterminer aujourd'hui, précisément parce que les jurisconsultes et les propriétaires fonciers du temps ne le savaient pas eux-mêmes (1). L'idée la plus largement répandue était que l'incapacité de marier sa fille, ou de vendre un bœuf ou un cheval sans le consentement seigneurial, pour lequel il fallait payer un droit, était la marque certaine d'une tenure servile. Ces incapacités étaient peut-être des survivances du temps où soit un mariage, soit une vente de cette nature diminuait le pouvoir de travail du manoir (2). La distinction, qu'elles impliquaient entre la tenure franche et la tenure servile, fut confirmée par des décisions judiciaires. En effet, dans la quinzième année

(1) Le droit payé pour donner sa fille en mariage s'appelait *mercheta*, *maritagium* et *culage*. Qu'il fût considéré comme une marque distinctive des tenures serviles nous le voyons par la déclaration des *Hundred Rolls* pour le Bedfordshire (II, 329). « Sunt illi villani ita servi, quod non possunt maritare filias nisi « ad voluntatem domini » (Seebohm, 41 et n. I). Des indications de paiement se rencontrent fréquemment dans les rôles des manoirs. Rogers en donne des exemples, *Hist. of Agric.*, II, 608, 399.

(2) Le fils devait abandonner le manoir pour se marier, bien moins volontiers que la fille, et c'est peut-être la raison pour laquelle le droit était exigé seulement dans le dernier cas. Plus tard le droit semble avoir été plus lourd quand la femme quittait le manoir, que quand elle épousait un de ses habitants. Ainsi dans un cas donné par M. Rogers, une femme paye un shilling en 1308 « pro se maritanda *infra manerium* », tandis qu'une autre paye deux shillings en 1318 « ut possit maritari *extra libertatem* domus », *Hist. of Agric.*, II, 611. Cf. *Articles of Visitation*, 1320 : « Item, an nativi custumarii maritaverint filias « suas *intra manerium vel extra*, vel vendiderint vitulum pulla- « num vel bovem de propria nutritura sine licencia domini, « vel arbores in haiciis suis extirpaverint vel succiderint sine « licencia », *D. of S. P.*, 157*. De même pour les domaines de l'abbaye normande du Mont Saint Michel, le droit pour « licentia maritandi » n'existait que « si maritaverit filiam suam extra terram S. Michaelis », Delisle, 679.

de Jean-sans-terre, on souleva la question de savoir si un certain individu était ou non franc-tenancier; les jurés, pris dans le voisinage, témoignèrent qu'il était obligé de labourer trois acres de la terre de son seigneur, de faucher et de charrier une certaine quantité de foin, et d'assister son seigneur en automne; mais « qu'ils « n'avaient jamais entendu dire qu'il eût payé un droit « pour marier sa fille ou vendre un bœuf » ; alors les juges décidèrent que des services tels que ceux-là ne constituaient pas tenure de vilain (1). — Cependant nous trouvons des cas dans lesquels des hommes, sans être astreints au travail de semaine, et qui étaient regardés sans aucun doute comme des francs-tenanciers, étaient encore soumis à ces restrictions vexatoires (2). Nous

(1) Le cas relaté dans la *Placitorum Abbreviatio* (éd. 1811) p. 90 est assez important pour qu'on le cite entièrement « Assisa venit « et recognovit si Cicilia, etc., injuste, etc., disseisiavit Baldwi- « num juvenem, de libero tenemento suo. Jurati dicunt quod « ipsi certi sunt quod predictus Baldivinus fuit seisitus de « I *virgata* terræ... et quod ipsi eum disseisiatum, sed nesciunt « si sit liberum tenementum vel non. Quia si ipse habuerit « carrucam, ipse arabit domino suo tres acras ad cibum suum « proprium, ita tamen quod in estate dum arat habeat herba- « gium ad boves suos tantummodo dum arat. Dicunt etiam « quod ipse et alii debent falcare tres turnos et introducent « fenum in grangiam domini sui, et habuerunt pro hoc melio- « rem multonem quem eligere possint in falda domini sui. « Debent etiam in autumno facere precarias ad cibum domini et « reddere ad Pasca de qualibet acra quam tenent unum ovum. « Dicunt etiam quod *numquam audiverint dici de filiabus eorum « quod finem facerent cum domino de eis maritandis, neque de bobus « suis vendendis*. Dicunt etiam quod antiquitus in septennio « solebat dominus eorum petere auxilium, et ei auxiliebantur. « Consideratum est quod *per servicia illa non est tenementum illud « villanum*. Et ideo ipse habeat seisinam. »

(2) Ainsi dans le *Chartulary of Gloucester, Hist.*, III, 134, parmi quatre personnes d'un manoir qui « tenent per cartam in perpetuum » il est spécifié tout particulièrement d'un tenancier d'une demi-verge qu'il « non potest vendere equum, nec bovem

avons une autre preuve de l'incertitude des conditions qui constituaient la franche tenure, dans ce fait que les tenanciers, connus sous le nom de *molmen* ou *malmen*, parce qu'ils avaient obtenu l'exemption des « principaux services » contre le paiement d'une rente appelée *mol* ou *mail* (redevance), étaient quelquefois comptés parmi les francs-tenanciers, bien qu'ils fussent ordinairement enregistrés comme serviles (1).

En fait, voici ce qu'on peut dire : la permanence de la tenure, dans les cas serviles, n'était garantie que par la coutume et le degré de moralité du temps, mais elle pouvait, dans le cas où le tenancier arrivait à prouver aux juges que sa tenure n'était pas servile, être confirmée par une action dans les cours royales. D'ailleurs cela ne nous montre pas comment l'existence même de la franche tenure était déterminée.

De tels procès ont dû se rencontrer rarement, et probablement les interprétations légales n'étaient pas toujours les mêmes. Au treizième siècle, sinon plus tôt, les francs-tenanciers obtenaient souvent de leurs seigneurs des chartes qui leur conféraient la possession « pour toujours » ou « pour eux-mêmes et pour leurs hoirs », de sorte que la tenure par « *charte* » en arriva bientôt à être regardée par le peuple comme un signe de liberté (2). Mais il y avait des francs-tenanciers qui n'avaient pas de charte (3).

« sine licentia domini, et si vendiderit dabit tonnutum (taxe) « pro equo quatuor denarios : et non potest maritare filiam suam, « nec filium alienare. »

(1) Vinogradoff, in *Engl. Hist. Review*, I, 736, 737.

(2) Voyez note 2, p. 40 et cf. la citation du *Registre de saint Edmundsbury* de la 18e année d'Edouard Ier où, parmi les arguments par lesquels on soutenait que certains *molmen* étaient *servilis conditionis* en dépit du fait que les abbés « relaxarunt eis servicia majora et « consuetudines pro certa pecunia », il est allégué qu'ils ne tenaient pas « per cartam, sed per virgam in curia », *Hist. Rev.* I, 736.

(3) Ceci ressort clairement de l'article des *Extenta Manerii*

Les progrès de la transformation avaient probablement commencé avant la conquête, et s'il en est ainsi, cela nous aidera à expliquer les listes du cadastre du *Domesday* relatives à quelques centaines de personnes inscrites sous le nom de *censores, censarii* (1), *coliberti* (2). Les barons itinérants qui ont rédigé le cadastre, ont dû rencontrer des hommes dont la position était la même que celle des vilains, sauf qu'ils payaient une rente au lieu du service journalier, et, à l'égard de ces hommes, ils se seront naturellement servis des termes d'un usage général sur le continent, pour définir les tenanciers intermédiaires entre les tout à fait libres et les tout à fait serviles. La conquête normande n'a pas pu empêcher, mais a plutôt hâté les progrès de la transformation. Il y a bien

(*Statutes of the Realm*, I, 242) : « De libere tenentibus... inquirendum est... qui tenent *per cartam* et qui non ». Il y a un exemple digne de remarque dans l'État de revenus d'Ibstone de 1298, imprimé dans Rogers, *Hist. of Agric.*, II, 656, où parmi trente et une franches tenures de toute étendue, en commençant par une verge au moins, huit seulement sont dites tenues « per cartam », tandis que quatre sont expressément désignées comme tenues « ad terminum vitæ », « ad voluntatem domini », et une « sine scripto ».

(1) Selon Ellis, le nombre de ceux qui sont enregistrés est de 159, dont 54 dans le Yorkshire, 42 en Derbyshire, 36 en Essex, plus de 14 en Lincoln, 11 en Dorsetshire, 2 en Nottinghamshire. En quelques cas, comme les plus importants socmen et liberi homines, dont on a déjà parlé, ils ont des tenanciers vilains. « Ibi II censores habent IX villanos cum III carrucis », *Domesday* I, 331 (Yorkshire). Pour l'emploi de ce terme sur le continent, voyez Ducange : V° *Censarii* (qu'il définit ainsi, « villani censui obnoxii, qui censum præstant), et *Censualis*.

(2) D'un total de 858 *colliberti* dans le *Domesday*, 260 sont dans le Wilts, 216 en Somerset, 103 en Gloucestershire, 98 en Hampshire, 49 en Cornwall, et le reste épars sur les autres comtés de l'Ouest. Ducange discute très soigneusement le mot *Colliberti*, avec cette conclusion qu'ils occupaient une situation moyenne entre ceux qu'il appelle « servi » et « liberi », et qu'ils payaient *census*.

des cas isolés d'hommes dégradés injustement par les nouveaux seigneurs, et rejetés du rang de francs-tenanciers dans celui de vilains (1) ; mais les actes d'oppression de cette nature ne sont pas des conséquences particulières de la conquête, et peuvent aisément s'être produits bien avant cet événement, comme nous savons qu'ils se sont produits longtemps après (2). En réalité, quand nous arrivons à comprendre le caractère du système agricole, nous pouvons voir que, du côté des seigneurs, ce n'était pas une question de sentiment, dont il s'agissait pour ou contre la franche tenure, mais seulement une question d'intérêt relatif. L'homme, qui devenait franc-tenancier, continuait à fournir à son seigneur le travail aux saisons où il en avait le plus besoin, et l'argent qu'il payait en échange de son travail hebdomadaire, pouvait être plus utile au seigneur que le travail lui-même. En conséquence, nous devons nous attendre, grâce à la sécurité plus grande apportée par l'administration normande, à l'augmentation de la population, à la diminution du prix du travail, suite naturelle de cet accroissement, à une transformation de plus en plus rapide. Et c'est en fait ce que nous trouvons exactement. Par exemple, sous le règne de Henri I, tous les manoirs de l'abbé de Burton (3) étaient partagés en *domaine*, terre *de*

(1) *Domesday*, II, 1, « In hoc manerio erat tunc temporis quidam liber homo de dimidia hida, qui modo effectus est unus « de villanis ». Cf. *Ibid*. 350 b. « Huic manerio addidit normanus « filius tanredi III liberos homines regi commendatos ».

(2) *Rotuli curiæ regis*, I, 357. Les jurés déclarent, dans un cas de procès du commencement du règne de Jean, « Wilhelmus et « antecessores ejus tenuerunt illam terram libere usque X annos « obitum suum, et tunc *intravit in consuetudinem* nesciunt utrum « vi vel aliter ».

(3) Outre les exemples des domaines de Burton et de saint Paul commentés plus bas, on peut remarquer que dans douze manoirs appartenant au prieuré de Sainte-Marie de Worcester, trois hommes libres seulement sont enregistrés dans le *Domesday*

*travail*, terre de *rente (ad opus* et *ad malam)* (1) ; les tenanciers de cette dernière, inscrits aussi, selon l'expression du *Domesday*, sous le nom de *censarii* (2),

et apparemment pas du tout de socmen, tandis que, en 1240, il y avait 55 liberi et 85 socmen, Hale, *Introd. to Register of Worcest*, VI, XVII. — L'archidiacre Hale en effet, en cet endroit, comme en ses autres écrits, prétend que l'omission des francs-tenanciers dans le *Domesday* ne prouve pas qu'ils n'existaient pas. Mais il ne donne pas des preuves suffisantes de son affirmation, qui jetterait d'ailleurs l'histoire sociale primitive dans une confusion inextricable, et, pour ne pas mentionner d'autre objection, elle est incompatible avec la déclaration de la chronique anglaise que pas un « yard-land » n'a été omis dans le cadastre.

(1) *Malmen, molmen* et *molland* apparaissent dans beaucoup de parties de l'Angleterre, et leur position a été récemment discutée dans l'*Engl. Hist. Rev.* ; voyez surtout Vinogradoff, I, 734. Mais on n'a pas remarqué que *mails* et *duties* étaient, peut-être jusqu'au XVIIIe siècle, le terme commun pour exprimer la rente en Ecosse ; voyez Stair, *Institutions*, 326, 376. Walter Scott se sert souvent des mots « mail », « mail-duties » et « mailing ». Ainsi dans l'endroit où il fait ordonner par Dumbiedikes mourant à son fils « de maintenir les créatures à un *mailing* modéré », *Heart of Midlothian*, ch. VII. Le mot « mailen » avait souvent le sens de « ferme », comme dans les vers de Burns, commençant ainsi : « *Le dernier mai, un brave amoureux* ».

(2) Un des passages où le terme se rencontre, peut servir aussi à définir le partage entre les fils d'un tenancier antérieur. « Terra quæ fuit Ormi, habent III filii ejus hoc modo. Uivetus « habet II bovatas pro II solidis, et debet facere *consuetudines* « (les services de travail occasionnels) *ceterorum censariorum*. Ra- « ven et Leysingus habent ceteram terram, id est VI bovates de « Warlanda et IIII de Inlanda pro VIII solidis quoque anno et « debet ad Offelawe hundred et præter hoc facere omnia *sicut* « *alii censarii* », *Collections for History Staffordsh.*, v, 19. Le sens de *warland* fréquemment employé dans ce document n'est pas clair. Il sembla opposé souvent à *inland* ou domaine. Ainsi « In terra warlanda sunt XXXII bovatæ ad opus, et inter warlanda et inlanda XXXII ad malam, id est totum LXIII bovatæ terræ ». D'où il apparaît que « warland » est la même chose que terre en vilenage. Peut-être était-ce une terre soumise spécialement à

étaient affranchis du travail de semaine, mais étaient encore astreints à prêter leurs charrues deux fois par an, et à aider trois fois aux récoltes.

D'ailleurs le développement général et l'usage de l'expression « francs-tenanciers » pour des hommes dans la position des *censarii*, seront mieux éclairés par l'étude d'un manoir spécial, que nous avons d'excellents moyens de connaître pendant deux siècles. Le manoir de Beauchamp, dans l'Essex, possession du chapitre de saint Paul, apparaît dans le cadastre de 1086, dans un *Domesday* partiel que le doyen et l'historien Ralph de Diceto ont fait dresser en 1181, et dans le *Domesday de saint Paul* de 1222 ; nous avons aussi un rôle des rentes pour certaines des terres de l'abbaye en 1240 ; enfin il existe un cadastre de 1279, dont on n'a imprimé, il est vrai, que quelques détails (1). Or, dans le *Domesday Book*, les tenanciers de Burton sont fixés au chiffre de 24 vilains, 10 bordarii, 3 servi. On n'y trouve ni francs-tenanciers, ni socmen d'aucune sorte. Mais en 1181, il n'y a plus seulement 35 tenanciers dans le domaine, dont plusieurs possèdent de très petites pièces de terre, et peuvent être considérés, non sans raison, comme les descendants des servi, auxquels de petites tenures avaient été données ; au contraire, il y a 18 *libere tenentes*, dont les tenures sont calculées en verges ou fractions de verges, et tous,

une charge militaire, ou à une taxe pour un but militaire. Cf. « Liberi ab omnibus armorum oneribus, quod *warscot* Anglici dicunt », dans le recueil apocryphe, *Constitutions of the Forest* de Canute (Cf. III, 9, Schmid, 319), et dans ce cas en rapport avec le « hidage ». Mais la question toute entière des mesures et de la terminologie foncières des Saxons est encore dans la plus grande obscurité Pour d'autres exemples de *censarii*, voyez *Staf. Collect.*, v, 24, où dans un *extent* ou cadastre de 1114, les tenanciers sont divisés régulièrement en *villani* (astreints aux pleins services) et *censarii* (astreints à « bis in anno præstare aratrum « et ter in augusto secare cum suis »).

(1) *Domesday of St. Paul's*, XXII, 114, 27, 118, LV.

bien qu'ils payent personnellement des sommes considérables pour leurs terres, sont encore astreints aux « precariæ », et par conséquent sont évidemment les descendants des vilains inscrits dans le *Domesday* (1). De plus, il y a 10 tenanciers de *terræ operariæ,* correspondant à la *terre de travail* des autres documents (2). A cet endroit, le registre s'arrête brusquement, et nous ne savons combien il y a pu avoir en plus de tenanciers de demi-verges, et combien de cottagers, avec des parts encore plus petites. Dans les listes de 1222, le nombre des tenanciers domaniaux a augmenté ; il en est de même pour les francs-tenanciers, qui s'élèvent de 18 à 24 ; d'ailleurs, comme la superficie occupée par eux a seulement passé de 667 à 744 acres, ce plus grand nombre d'hommes doit être dû surtout à la subdivision des parts. Mais les deux derniers noms cités semblent être, dans un des cas, celui d'un homme qui avait tenu lui-même une *terre de travail* en 1181, et dans l'autre, celui du fils d'un homme placé dans la même position. Ainsi, nous pouvons regarder ces deux tenanciers comme s'étant élevés à la franche tenure dans les 40 ans qui venaient de s'écouler.

Après les francs tenanciers, suivent les noms de seize tenanciers de *terres de travail*, chacun possesseur d'une demi-verge. Cette dernière liste est significative, car nous trouvons, dans certains districts au moins, un

(1) Les tenures des *libere tenentes* étaient précisément l'une de 50 + 30 + 15 + 15 + 10 + 1 acres + 1 verge 1/2, une autre de 4 verges, une autre de 3 verges + 5 acres, une autre de 2 verges, trois d'une verge, une autre de 22 acres et demie, une autre de 10 + 7 acres et demie, deux d'une demi-verge, une autre de 15 acres, trois de 10 acres, deux de 7 acres et demie et une de cinq acres.

(2) *Mollond* et *Werklond* sont distingués l'une de l'autre dans un article d'une Enquête de St Paul de 1279, « Terra cum pertinenciis de mollond et werklond », Hale, *Dom. of St Paul's*, LXXV. Cf. *werkmen* dans une note plus haut.

accroissement très marqué, pour le siècle qui a suivi la conquête, du nombre des *dimidii virgarii*, tenanciers de demi-verges (1), accroissement dû peut-être à l'augmentation de la terre passée à la charrue, ou à la division des verges entre deux personnes ; et, comme nous pouvons nous y attendre, tandis que les *yardlings* pouvaient souvent transformer leurs services et devenir francs-tenanciers, les *demi yardlings*, comme dans le cas du manoir de Beauchamp que nous venons de citer, ainsi que dans beaucoup d'autres, restaient longtemps astreints au *travail de semaine* (2).

L'état des revenus de Beauchamp éclaircit un autre point très important ; le voici : tandis que les tenures serviles conservent la même étendue dans chaque manoir, c'est-à-dire continuent à consister en carrés (*yardlands*), ou en demi-carrés, les franches tenures, situées sur un domaine, diffèrent considérablement l'une de l'autre par la contenance. Mais il faut noter que quelles

(1) Ainsi pour le manoir de Thorp, appartenant au monastère de Peterborough, dans le *Domesday Survey* il y avait 12 villani, 2 bordarii, 4 servi. A la même époque, lorsque le *Liber Niger* fut rédigé (1125-28), il y avait outre deux francs-tenanciers avec des vilains dans leur dépendance, et un socman, six bordarii, douze plene villani, et six dimidii villani ; mais là, le plene villanus n'occupe que 11 acres, *Chron. Petrob.*, 158. Cf. aussi, la transformation dans les manoirs de Castre, Werminton, Esctona et Stannige. A Werminton, tempore *Liber Niger*, « XX pleni villani et XXIX semi villani tenent XXXIV virgas et dimidiam » (p. 160). Ce qui fait naturellement une verge pour chaque plein-vilain, et une demi-verge pour chaque demi-vilain.

(2) Ainsi, sur un manoir appartenant au monastère de Saint-Pierre-de-Gloucester (*Hist.*, III, 137) dix *consuetudinarii* tiennent chacun « dimidiam vergatum *terræ servilis* » et quatorze tiennent une demi-verge, c'est-à-dire conjointement une verge pour deux. Ainsi, jusqu'en 1298, sur un manoir appartenant au Merton College, il y a treize tenanciers de demi-verges, inscrits sur le rôle lui-même comme *custumarii*, mais dans la rubrique de la marge comme *nativi*, Rogers, *Hist. Agric.*, II, 654 ; cf. aussi 658.

que soient les tenures, et quelques-unes d'entre elles sont très petites, elles sont toutes des multiples ou des sous-multiples de trente acres, c'est-à-dire de la verge. Certaines des tenures, en effet, sont d'une contenance qu'on ne peut expliquer que par des fractions de la verge, par exemple de 22 acres et demie, et de 7 acres et demie, qui forment les trois quarts et le quart de cette unité de surface. Dans quelques cas, elles sont plus grandes : un tenancier occupe 50 acres, c'est-à-dire une verge deux tiers, et en même temps deux verges entières, deux demi-verges et un tiers de verge ; deux autres ont chacun deux verges. Les cas dans lesquels apparaît une pareille différence de contenance se rencontrent fréquemment (1).

Les tenures, curieusement fractionnées, doivent rarement provenir d'une autre cause que du partage entre enfants, et leur agglomération peut avoir été le résultat d'héritages ou de ventes. Cette explication vaut, même si nous n'acceptons pas la théorie de M. Seebohm, que l'égalité de la tenure est en elle-même une marque de son origine servile (2) ; il est clair que la franche te-

(1) Outre l'exemple de la note ci-dessus, voyez le *Worc. Reg. 60 a.*, où les trois francs-tenanciers d'un manoir occupent respectivement une verge et demie, trois, et deux verges, 81 a. où les franches tenures sont de 2, 3, 2 1/2, 1, 2, 1, 2, 1 1/2, 3 1/2 verges. Le dernier cas est très intéressant, car la plupart des tenures semblent avoir passé à des tenanciers chevaliers, qui les occupaient « pro homagio », ou « per homagium » ; en certains cas on trouve cette addition « sine servicio » ou « nihil inde solvit », en d'autres cas « solvit inde annuatim » un certain droit. Mais il est très clair que toutes les tenures franches et serviles étaient estimées en verges, c'est-à-dire astreintes à la fois au roulement obligatoire des récoltes, et probablement à un système coopératif d'agriculture : ainsi « XI virgatæ terræ tam « liberorum quam villanorum sunt geldantes » et « *summa virgatarum liberarum* » etc.

(2) *English Vill. Community*, 178, 309.

nure tendait à provoquer la subdivision et l'agglomération des terres par succession ou autrement.

L'accroissement de la liberté personnelle, en cela comme en beaucoup d'autres choses, a apporté avec elle de plus grandes inégalités économiques. Cette tendance devait être tenue en échec, aussitôt que, à la place du partage, le droit d'aînesse deviendrait la règle de succession pour les tenures libres non militaires, changement qui semble avoir pris place assez généralement avant le xive siècle (1). Nous n'en connaissons pas la cause, nous pouvons conjecturer seulement qu'il faut l'attribuer à l'exemple contagieux du droit d'aînesse dans les fiefs de chevalerie.

β) Il y eut aussi une augmentation dans une autre classe d'hommes, affranchis des charges les plus serviles du vilenage, je veux dire la classe des socmen (2), et cet accroissement fût si marqué, que le mot *socage* devint le terme employé par les jurisconsultes pour désigner la tenure libre non militaire. On a vu que, dans beaucoup de cas, on parlait d'une tenure comme étant libre, bien que le tenancier fût encore astreint aux *precariæ*, à aider au labourage, à la moisson, etc..., mais, cela semble-t-il, dans les districts où il n'y avait pas de socmen. Dans les districts où l'on trouve les deux classes, où les

(1) Voyez la discussion dans Pollock, *Land Laws* 206-209. Il est vrai que le « Boroug English », c'est-à-dire l'héritage passant au plus jeune fils, était considéré très généralement dans « l'Angleterre du moyen âge comme impliquant tenure servile », Vinogradof, in *Engl. Hist. Review*, I, 736 ; mais cette coutume semble avoir prévalu seulement dans certains districts, de Kent, Surrey, Sussex, autour de Londres, dans le Somerset, et d'une manière moins étendue encore dans l'Essex, l'Est Anglia, le Hampshire. (Elton, *Orig. of English History*, 118-119).

(2) Par exemple dans les domaines du prieuré de Worcester, page 43 note 3. Dans un des manoirs, Pillesgate (Northamptonshire), appartenant au monastère de Peterborough, il y avait en 1086, 26 socmen ; quarante ans plus tard, 44.

situations peuvent être comparées, la distinction paraît porter sur ce que le terme « francs-tenanciers » est employé exclusivement pour ceux qui étaient affranchis entièrement du travail, tandis que le terme de *socmen* servait pour ceux qui étaient encore astreints aux *precariæ*, bien que relevés des autres services de corps. De là ce fait qu'une enquête de la fin du XIIIe siècle fait une distinction entre les deux classes, qu'elle place à la tête des tenanciers, « les « francs-tenanciers par charte », et « les francs-tenanciers appelés libres socmen » (1).

γ) Dans un certain nombre de manoirs, il se peut que le nombre des franches tenures se soit élevé par un accroissement de l'étendue de la terre cultivée. Auprès de beaucoup de villages, il y avait un écart de terres « vagues », couvertes d'arbres et de buissons, et qui servaient de commune pâture. Comme l'accroissement de la population renforçait la puissance de travail du manoir, l'intérêt du seigneur devint d'enclore des parties de la « friche », et de les ajouter au domaine, ou de les abandonner aux villageois. Par le statut de Merton de 1235, en effet, le droit seigneurial d' « approver », c'est-à-dire d'amendement des terres, fut limité par cette condition, qu'on devrait laisser un terrain de pàture suffisant pour « les chevaliers et les francs-tenanciers... du « manoir, dont les fiefs consistaient en petites tenures (2) » ; et une coutume, qui se développa dans beaucoup d'endroits, rendait le consentement de l' « hommage », c'est-à-dire du corps des francs-tenanciers, nécessaire pour qu'une concession pût être accordée sur les terrains vagues (3). Mais comme les francs-tenanciers étaient peu

(1) *Worc. Reg.*, 52b, 67a, 78a, 80b. Dans quelques cas ils étaient enregistrés, de même que les vilains, comme tenant selon l'expression technique *à volonté*, *loc. cit.* « de sokemannis at placitum », *Ib.* 176. Cf. Vinogradoff, u. s.

(2) *Statutes of the Realm*, I, 2.

(3) Ainsi dans une *Présentation de manoir*, qui ne remonte pas

nombreux, la liberté des seigneurs des manoirs n'était que très peu gênée par cette restriction. Les concessions semblent avoir été invariablement de peu d'étendue ; les cas dans lesquels elles atteignent dix ou douze acres sont très rares. Ordinairement elles sont seulement de cinq, de quatre, de trois ou de deux acres, très fréquemment d'une seule, ou même d'un quart d'arpent (*rood*) ; elles étaient toujours concédées contre une rente en argent, et n'étaient jamais soumises aux obligations du travail de corps. Parmi les noms des tenanciers de l'*essart* ou défrichement, nous en trouvons beaucoup qui occupaient, en même temps, ou des verges en franche tenure, ou de la terre en vilenage ; mais dans bien des cas, les tenures nouvelles étaient données aux fils des tenanciers, — des cottagers spécialement — qui autrement n'auraient pas eu de terre du tout (1). C'était là, et dans le domaine, que l'on trouvait des cottages et des pièces de terre pour les artisans, surtout les tisserands (2), qui commencent à se montrer dans les villages au XIII^e^ siècle. C'est même là un signe de la division croissante du travail. Car, avant ce temps, les ménagères avaient toujours tissé le drap nécessaire pour leurs familles (3).

plus haut que 1819, se trouve la clause « l'hommage représente « de nouveau que, selon la coutume, le lord peut, *avec le con-« sentement de l'hommage*, accorder par acte de la cour des rôles « une partie de la friche de l'endroit, pour être tenue à ferme « selon la coutume du manoir, pour une rente raisonnable et les « services coutumiers, il peut aussi, avec le même consentement, « accorder ou donner à bail la même terre pour une rente ou des intérêts moindres », Seebohm, 117.

(1) Des exemples de « tenentes de veteri essarto » et « novo essarto » sont très fréquents dans le *Domesday of St. Paul's* (*Loc. cit.*, 6, 8, 11, 12) et le *Worc. Register*.

(2) Pour les tisserands, voy. *Dom. St Paul's*, 28, 30 ; *Cust. Battle*, 63 ; *Hist. Glouc.*, III, 167 ; *tailleur*, in *Reg. Worc.*, 89 b., *Battle*, 63.

(3) Sir Henry Maine, *Village Communities*, 122, 135-136, compare la friche du village au folkland national. il représente les

δ) Jusqu'ici toutes les franches tenures décrites étaient celles qui avaient été créées sur la terre en vilenage, ou sur la terre dont les vilains s'étaient d'abord servis en commun. Cependant on a déjà fait allusion aux tenanciers qui occupaient la terre du domaine. La concession de parts du domaine contre une rente en argent s'était produite tout à fait aussi anciennement que les autres transformations qui ont été exposées (1). Mais on a pensé qu'il était bon de réserver l'examen de cette question pour le moment où nous sommes arrivés, afin de maintenir, clairement marquée, la distinction entre les deux parties dont étaient formées les terres de chaque manoir : les terres du vilenage et les terres du domaine. On a vu que toute l'organisation du manoir n'avait qu'un but : assurer le travail de la culture dans la partie que le

droits du seigneur sur la friche comme semblables à ceux du roi sur le domaine royal, et étant dus à l'usurpation. Mais il n'y a pas de preuve directe de cette opinion, et le statut de Merton, aussi bien que la coutume exigeant le consentement de l'hommage pour la clôture, peuvent très bien être représentés comme limitant un ancien pouvoir arbitraire du seigneur.

(2) Il y a d'abondants exemples. Comme type, voyez le *Domesday* de Ralph de Diceto 1181, dans *Domesday of St Paul's*, 114. Là, l' « Inquisitio » de Beauchamp commence ainsi : « Isti tenent de dominio », 35 en tout, tenant 158 acres; « remanent in dominio de terra arabili circiter CCCCC acras », ainsi que de la prairie et du bois : 40 ans plus tard, il y avait 44 tenanciers de la terre domaniale, occupant 180 acres. — En 1181 « Robertus persona » occupe plus de 34 acres, Ralph le Reeve 24 acres, et une certaine veuve, une demi-verge ; mais les autres tenures sont très petites. L'expression « in augmentum terræ suæ » se rencontre 12 fois. Les énumérations mentionnent quelquefois la personne à qui est due la transformation, *loc. cit.* « Michaël, filius Adæ 1 acram pro II denariis, quas (quam ?) Nicholaus canonicus dedit ei in augmentum ». Les manoirs appartenant au chapitre de St-Paul étaient partagés entre les chanoines, qui payaient une ferme fixée à la masse commune, et faisaient les profits qu'ils pouvaient.

seigneur tenait dans ses propres mains. C'est pourquoi il est évident que, si le seigneur trouvait de son intérêt de louer des portions du domaine au lieu de le cultiver sous la surveillance de son bailli ou du reeve, le besoin qu'il avait des services des vilains, devait être diminué d'autant, et il était plus disposé à accepter la transformation des services.

La concession des terres du domaine aurait donc fait plus que toute autre cause pour changer les relations entre le seigneur et les paysans. Mais en réalité, pour ce qui était du sol lui-même, cela ne pouvait déranger en rien le système d'agriculture coopérative adopté par les paysans. Car le domaine, on l'a vu, était lui-même, en partie, composé de verges, c'est-à-dire d'un certain nombre d'acres dispersées dans les champs entremêlés. Le nouveau tenancier, si la terre qu'il recevait se composait de parcelles éparses, telles que celles dont nous avons parlé, devait être astreint au roulement des récoltes observé par ses voisins, et si on y pratiquait le système du labourage coopératif, comme il est probable, il devait en prendre sa part. De plus, les obligations de travail de chaque vilain avaient souvent été définies : c'était le labourage, le hersage et la moisson d'un certain nombre d'acres. A une époque où il y avait une si forte tendance à déterminer les situations, il est assez vraisemblable que la coutume avait fixé, d'une manière particulière, quels champs un homme était obligé de cultiver. Si, comme on peut le supposer naturellement, l'établissement de la rente payée pour la terre domaniale signifiait seulement qu'un homme obligé autrefois de cultiver un certain nombre d'acres, dont le produit était pris par le seigneur, promettait désormais de payer un prix fixé en retour du rendement de la terre, quel qu'il pût être, il ne devait y avoir aucun dérangement dans la méthode de culture alors employée.

Il y a apparence que dans beaucoup de cas la plus

grosse partie, sinon l'ensemble entier du domaine, restait entre les mains du seigneur. Mais fréquemment, une partie, qui s'élevait jusqu'au quart, était concédée à des francs-tenanciers, une seule personne recevant à l'occasion une demi-verge ou une verge. Bien que les tenures soient ordinairement très petites, de quatre acres à une demi-acre, on ajoute quelquefois, après les noms des tenanciers, que c'est « en addition » à leur terre, qu'ils ont occupée sous un autre régime, c'est-à-dire par franche tenure ou vilenage, dans les champs communs (1). Occasionnellement cependant, le domaine tout entier était divisé de cette façon ; nous avons un exemple de ce cas dans un partage en trente tenures, chacune d'un *noke* (un quart de verge), trois de deux nokes chacune, et quatre d'un demi-noke seulement (2). Dans ce cas et dans des cas semblables, il s'en suivait, de toute nécessité, que toutes les corvées de tous les tenanciers étaient transformées (3).

Ces concessions pouvaient être, ou révocables, ou en franche tenure perpétuelle, et les tenanciers qui occupaient la première situation, pouvaient obtenir la tenure perpétuelle, en promettant de payer une rente plus élevée pour s'acquitter (4). Alors, de cette façon, un corps de

(1) Voyez la note ci-dessus.

(2) *Reg. Worc.*, 41b, 42a.

(3) *Ibid.*, 47b-50a.

(4) Dans le *Domesday de St-Paul*, de 1222 (70-71), dans l'énumération de ceux qui « tenent de antiquo dominico », on trouve, pour un certain manoir, au sujet de quatorze cas, la plupart d'une écriture assez récente, l'insertion suivante : « item... de cremento per *capitulum* ut sit perpetuum ». Dans l'un des cas, probablement le plus ancien, l'augmentation est très petite : un penny seulement, de plus un paiement antérieur de 27 pence ; mais dans d'autres cas, il y a augmentation de près de moitié, *loc. cit.*, où il y avait auparavant dix pence on a ajouté 5 pence à 4 ; ou 3, deux pence. C'est, selon la suggestion de Hale (*Introd.*, LXXXIX), ce qui explique probablement le sens de la

tenanciers libres se forma de trois côtés : par l'élévation des vilains, qui changèrent leurs services de corps pour des paiements en espèces ; par la clôture et la location de certaines parties de la « friche » ; et par des concessions de parties du propre domaine du seigneur.

## Section IV. — Transformation des services de corps en redevances d'argent.

Dans tous les cas notés plus haut, les transformations des corvées en argent avaient été accompagnées par un progrès de la tenure servile vers la tenure libre ; mais dès le commencement du XIII^e^ siècle, nous remarquons un changement plus général et d'une portée plus lointaine, la transformation du travail de semaine ou même de toutes les corvées, sans que le tenancier soit pour cela élevé à la franche tenure. Nous trouvons dans beaucoup de coutumiers du XIII^e^ siècle que, même lorsque les corvées ne sont pas transformées d'une manière générale, chacune d'entre elles, c'est-à-dire le travail journalier de chaque espèce, se trouve évaluée d'une manière précise à un demi-penny, un penny, ou l'équivalent (1). C'était d'abord probablement dans l'intention d'imposer des droits à payer par le vilain qui négligeait de s'acquitter des corvées convenues. Mais très souvent

phrase obscure qui ouvre l'*Etat des Revenus* de Beauchamp de 1240, « Homines infra scripti, tenentes terras de dominico, quas « vocant Inlandes sine auctoritate capituli, augmentaverunt redditum assisum *ut auctoritas capituli interveniret* ».

(1) *Loc. cit.*, « Valet dicta arura quatuor denarios », « valet hersura quatuor denarios et obolum », « et plantabit fabas per unum diem, et valet obolum », *Hist. Glouc.*, III, 37, 38 et passim ; *Castle Battle*, passim.

l'argent était le bienvenu plus que le travail, et, dans la *Fleta*, le reeve reçoit l'instruction de veiller soigneusement sur les arrérages du travail, et d'essayer d'obtenir de l'argent pour les combler. C'était la voie naturelle vers l'évaluation totalisée en argent de tous les services et vers l'accomplissement de la transformation des corvées pour les vilains les plus riches et les plus ambitieux. On peut suivre le plus clairement ce changement dans les manoirs appartenant à l'abbaye de Saint-Paul (1). Là, en effet, en 1222, ce remaniement de la tenure venait à peine de se faire, et on pourrait retrouver aujourd'hui le nom du chanoine qui avait provoqué cette transformation en *affermant* le manoir. Dans quelques manoirs, les services de corps n'avaient pas été transformés ; dans d'autres, quelques-uns l'avaient été, mais certains avaient été maintenus (2). Nous avons même un exemple où une terre, tenue « en rente », avait été injustement donnée

(1) « Terra ista fuit operaria usque ad tempus Hugonis de Runervell, servientes (i e. baillif) Ricardi archiediaconi qui primo posuit eam ad denarios », *D. of St Paul's*, 49.

(2) Dans quelques cas, il y avait une triple division (*loc. cit.*) « inferius notati tenent ad censum », cependant astreints à quelques « precariæ » ; « inferius notati sunt operarii », travaillant en addition aux precariæ, deux jours par semaine, et « isti facient magnas operationes » libres du travail de semaine, mais avec un grand nombre de services, *ibid.*, 61, 62. Pour un exemple du maintien des boon-days et de tenanciers restant en vilenage, malgré la transformation, *Reg. Worc.*, 73 a « De vilenagio : In « hoc manerio sunt XI vergatæ terræ de vilenagio, quarum quælibet *posita ad firmam* reddit per annum IV solidos ..... et ara- « bit bis per annum et faciet III benrip, quamlibet cum III ho- « minibus et falcabit I die cum uno homino, et levabit fenum « et dabit auxilium et *merchet*. Si autem fuerint ad adoperatio- « nem », ils sont astreints à un lourd travail de semaine, qui est enregistré. La même distinction est soigneusement observée. Ainsi pour prendre un autre exemple : « In vilenagio sunt XVII dimidiæ vergatæ, quarum quælibet, *cum censat* reddit etc... ; *cum vero fuerit ad operationem* invenit qualibet ebdomada duos homines » etc., *ibid.*, 56 a.

à un autre pour être tenue « en corvée (1) ». Cependant les seigneurs ne recevaient pas, indifféremment pour tous les services, de l'argent ou du travail ; les travailleurs nécessaires, lorsque la saison pressait, ne s'obtenaient pas facilement pour un salaire, aussi trouvons-nous que, dans bien des cas, les seigneurs conservent les *precariæ* et les services exceptionnels longtemps après que le « travail de semaine » a disparu (2). Les mêmes « jurés », qui nous ont donné la preuve que le *Domesday de St-Paul* a été dressé en 1222, ont établi ce fait en désignant certains tenanciers comme tenant à la fois « en rente et en travail » (3).

Vingt ans plus tard, sur les propriétés du prieuré de Worcester, nous trouvons que la transformation s'était produite, par rapport à chaque tenancier, avec la même exception pour les précaires et pour les autres services occasionnels. Le nouvel arrangement y est fréquemment appelé le nouveau droit (*assize*) (4) comme opposé à

(1) « Dimidia Virgata quam tenuit ad censum, modo tradita est alio ad operationem », *Dom. St-Paul's*, 23.

(2) Outre l'exemple donné note 2, p. 56, voyez *Worc.Regist.*, 186, 19a, et dans beaucoup d'autres endroits.

(3) « Isti tenent tam ad censum quam ad opérationem », *D. of St-Paul's*, 49, 55.

(4) *Worc. Reg.*, 18b, 43b., et autre part. « La rente de l'assize » devaient une expression officielle.

Ainsi dans les *Extenta Manerii*, il est indiqué que l'enquête sera faite, pour ce qui regarde les *francs-tenanciers* « quantum valeant per annum, et reddant per annum de Redditu assisæ ». Quant aux *custumarii* « quantum valeant opera et consuetudines... per annum et quantum reddat de redditu assisæ per « annum præter opera et consuetudines », *St. of Realm* 1,242. Pour d'autres exemples d'accroissement voyez le *Great Roll* de la 25e année de l'évêque Bec de Durham, 1307, imprimé en appendice au *Boldon Book* de la Surtees Society : du « redditus assisæ » une très petite partie est dite être « de novo incremento « nunc primo incipiente », XXVII ; tandis que pour les manoirs d'un autre district seulement le « novus redditus » est donné, XXX.

« l'ancien droit ». Mais, par une précaution remarquable, le registre contient, pour tous les cas, une énumération des vieux services, aussi bien que des nouveaux paiements (1) ; et ce procédé de conserver le souvenir des obligations de travail, procédé sans doute commun, eut plus tard quelque importance pratique. Comme nous pouvions nous y attendre, les cottagers, avec leurs petites tenures, sont encore, en certains cas, trop peu riches pour transformer leurs services (2). La transformation s'étendit donc d'une manière tout à fait graduelle sur la campagne. Au milieu du XIIIe siècle, elle ne paraît avoir été effectuée, en aucun cas, dans les domaines de l'abbaye de Ramsey, et vingt ans plus tard ce n'était pas apparemment une pratique souvent employée sur les domaines de l'abbaye de Gloucester, ou de l'abbaye de la Bataille, à la fin du siècle, quoique la valeur des services soit donnée en argent. Cependant, là même où le changement ne s'était pas produit, nous remarquons une différence de ton très considérable ; il y est dit que les tenanciers sont obligés de trouver un homme ou deux, ou une femme, selon le cas (3), ce qui implique qu'ils ne remplissent pas ordinairement, le service eux-mêmes, mais qu'ils ont le droit de payer des hommes pour les remplacer ; et ils sont fréquemment enregistrés, dans la dernière partie du XIIIe siècle, comme tenanciers *coutumiers* (*consuetudinarii*, *custumarii*) plutôt que comme vilains.

III. — Plus les francs tenanciers, et les tenanciers

(1) Outre les exemples de la note 2, p. 56, remarquez la rubrique : « De consuetudinibus villanorum, cum fuerint ad operationem », *Reg. Worc.*, 10 b.

(2) Ainsi les *aukermonni*, et *cotmanni*, dans un manoir de Worcester, *ibid.*, 43 b, bien qu'ils eussent apparemment l'option de la transformation pour une somme une fois donnée.

(3) Les exemples abondent ; un exemple très utile nous est fourni par l'*Etat des revenus d'Ibstone* de 1298, imprimé dans Rogers, *Hist. of Agric.*, II, 656.

coutumiers devinrent riches, plus ils voulurent avec ardeur se débarrasser de l'obligation de fournir du travail, même à certaines saisons seulement. Cette exigence était surtout gênante pour les plus petits des tenanciers et des cottagers, qui pouvaient être forcés d'abandonner leurs propres champs à une époque où ils avaient à veiller sur eux avec le plus d'inquiétude. Le premier auteur (anglais) qui ait écrit sur l'agriculture, Walter de Henley, dont le *Dite de Hosbondereye* (le Dit de l'Agriculture), a été attribué au milieu du XIII^e^ siècle, presse le bailli et le moissonneur du seigneur de veiller soigneusement sur les tenanciers coutumiers pour voir s'ils n'esquivent pas leur travail (1). Donc il y aurait eu une tendance à la transformation de tous les services en paiements en argent, grâce auxquels le bailli pouvait salarier des travailleurs, plus faciles à contrôler.

Des exemples de la transformation de l'ensemble tout entier des services — travail de semaine et *boon-work* — se rencontre, dans quelques cas, dès 1240, pour les manoirs où le domaine avait été complètement concédé à des tenanciers (2). Le service dont le seigneur pouvait le moins se passer, semble avoir été celui de charroi. Aussi nous voyons, dans un cas, cette déclaration, par rapport aux vilains « qu'ils payent ou non la rente, ils seront tenus aux charrois (3) ». Mais avec le règne d'Edouard II, la transformation complète devint très commune (4).

IV. — Or, il est évident que le seigneur n'aurait pas consenti à une transformation d'abord complète, puis partielle, s'il n'avait pas eu le moyen de salarier des travailleurs, soit pour le service régulier pendant tout ou

(1) Rogers, *Six Centuries of Prices*, 71, 76.

(2) *Reg. Worc.*, 10 b., 49 b.

(3) *Ibid.*. 56 a, « Sive censeat, sive non, summagiabit ».

(4) *Six Centuries*, 218 ; cela se produisit probablement d'abord dans les manoirs plus petits, *Cust. Battle*, 159 (5 éd. II).

partie de l'année, soit aux époques de presse spéciale. Ces changements alors impliquent qu'une classe de *travailleurs salariés* était née, classe d'hommes qui, bien qu'ils occupassent souvent sans doute, des pièces de terre, même deux ou trois acres, cependant n'en avaient pas assez pour y employer tout leur temps, et dépendaient en partie des gages qu'ils recevaient. La même conclusion nous est suggérée, même pour les endroits où la transformation ne s'était pas produite, par la phrase déjà mentionnée, établissant l'obligation pour les tenanciers coutumiers de « trouver » tant de travailleurs pour tant de jours.

Mais ce corps de travailleurs doit avoir été encore relativement peu important. On a conservé plusieurs listes des serviteurs permanents sur un manoir. Ils semblent avoir été peu nombreux. Un messier, deux ou trois laboureurs, un charretier, un garde-forestier, un porcher, deux bergers, un ou deux bouviers ou vachers, et une femme pour la laiterie (1). Quelques-uns d'entre eux, comme les bergers et les bouviers, descendaient probablement des esclaves du domaine (2), tandis que le *messier* ou « garde-foin », c'est-à-dire le supérieur des moissonneurs, semble avoir été un officier un peu inférieur

(1) *Reg. Worc.*, 119 b. *Fleta* citée dans l'Introduction au *Worc. Reg.* de Hale, XCVI c ; *Cust. Battle*, XXIX ; Rogers, *Hist. of Agricult.*, II, 329 et suiv.

(2) On peut conjecturer du fait qu'une personne est inscrite dans le *Domesday* comme un *liber* bovarius (Ellis, *Introd.* II, 511-514) que les bouviers étaient à cette époque ordinairement esclaves. Quand nous comparons les descriptions des manoirs de Peterborough dans le *Domesday* et dans le *Liber Niger*, nous trouvons que les *servi* apparaissent dans le premier et non dans le second, et les *bovarii* dans celui-ci et non dans l'autre. Mais on a des indications qu'en 1125 ils commençaient seulement à sortir de l'esclavage, par exemple cet article à propos d'un manoir, « et unus quisque bovarius dat I denarium pro capite suo, si liber est. Et si servus est, nichil dat », *Chron. Petrob.*, 163.

au reeve, avec certaines fonctions concernant les cours de manoir, outre la surveillance du labourage et des semailles. Il n'apparaît pas que la transformation ait eu pour effet d'augmenter considérablement le nombre des serviteurs salariés du domaine. On louait le travail supplémentaire, quand on en avait besoin, pour le battage et pour le vannage, pour sarcler et pour faucher (1), et plus tard pour le labourage aussi (2), dans des cas où tous les services occasionnels et les precariæ avaient été transformés. Jusqu'à présent, je crois, on n'a pas remarqué que l'apparition, vers le milieu du XIIIe siècle, des rôles des comptes des baillis, contenant une liste de toutes les recettes et de toutes les dépenses du domaine (3), était le résultat du changement qui avait substitué le paiement en espèces à la corvée. Lorsque les tenanciers ne faisaient que des paiements en argent peu considérables, ou même n'en faisaient pas du tout ; lorsque les rendements en espèces étaient consommés par le seigneur, sa famille et ses serviteurs ; lorsque tout le travail nécessaire sur le manoir était fourni par les tenanciers, il n'y avait besoin que d'une énumération des services. Mais lorsque les tenanciers libres et coutumiers payèrent des rentes (que ce fût toutes leurs corvées ou seulement le travail de semaine qui fut transformé en paiements d'argent) ; lorsqu'il devint nécessaire de payer des sommes considérables pour les gages des travailleurs, embauchés en nombre variable, et à des époques différentes ; plus encore lorsque les seigneurs ne furent plus résidents, et exigèrent que les revenus de chaque manoir leur fussent envoyés en argent et non en nature, de telle façon que le bailli dût vendre au mieux le blé, le bétail, le beurre et le fromage ; alors, il

(1) Rogers, *Hist. of Agric.*, II, 620, 621.

(2) *Ibid.*, 578, col. I.

(3) Exemples, *Ibid.*, 617, et suiv. ; décrit dans *Six Cent.*, 48.

devint nécessaire aussi de tenir des comptes réguliers (1). Non pas que le bailli lui-même leur donnât la forme sous laquelle ils étaient transmis au seigneur ; c'était le travail de « clercs » itinérants, qu'on payait à la pièce (2). Mais le changement qui s'était produit, lui donnait de nouvelles facilités pour être malhonnête ; aussi presque aussitôt que nous voyons apparaître cette comptabilité, nous trouvons une ordonnance qui traite des détournements des baillis (3). Mais le nouveau système de comptes faisait partie d'une organisation plus développée, dont il faudra parler plus tard.

### Section V. — Caractères économiques de la communauté de village.

Le caractère fondamental du groupe du manoir, considéré au point de vue économique, était qu'il *se suffisait à lui-même,* qu'il était *socialement indépendant.* L'introduction de nouveaux tenanciers, venus de l'extérieur, était en réalité toujours possible, soit pour prendre la place des vilains morts sans enfants, ou pour occuper des parties du domaine ou de la friche. Mais c'était probablement très rare ; les mêmes familles labouraient les champs du village de père en fils. Chaque manoir avait ses propres cours de justice pour le maintien de l'ordre. Toutes les trois semaines la cour baronale se tenait dans le château du manoir ; y assistaient les villageois, qui n'y venaient pas sans inquiétude, pour subir

(1) Cela expliquera ce dont M. Rogers s'étonne, in *Six Cent.*, 18.

(2) « In stipendio clerici qui fecit compotum II S, et II de gracia », *Hist. of. Agric.*, II, 621.

(3) Provisions de Westminster (1259), Statute of Marlborough (1267), *Statutes of the Realm*, I, 11, 24. *Select Charters*, 404, § 19.

la punition de légers délits, ou pour servir de témoins dans les mutations de tenures (1). A des intervalles plus éloignés, en même temps que la cour baronale, se tenait la *Cour Leet*, si le seigneur avait droit de juridiction criminelle, pour la punition des crimes plus graves ; et on pouvait supposer que le châtiment exerçait toute son influence coercitive, puisque les voleurs étaient pendus, à la place même où ils avaient commis leur crime (2). Alors, comme aujourd'hui, chaque village avait son église, avec cet avantage ou ce désavantage selon qu'on

(1) Une démarcation très tranchée en théorie a été tirée par les jurisconsultes des derniers siècles entre la cour baronale et la coutumière, bien qu'il ait été reconnu qu'elles pouvaient se tenir au même endroit et en même temps ; la cour baronale était désignée comme la cour des francs-tenanciers ; et il était établi que pour la tenue de la cour baronale, deux francs-tenanciers au moins étaient nécessaires ; et par conséquent aussi pour l'existence même du manoir, puisque la possession d'une cour baronale était regardée comme son essence même. Mais il est douteux que cette distinction fût généralement reconnue. Ainsi Kitchen, dans sa *Court Leete* (1580), p. 4, a dit avec beaucoup de précision : « Mes notes que divers sont appel maners deins queux ne sont ascuns qui tient de ceux maners, forsque copiholders, « ad voluntatem domini secundum consuetudinem « manerii », et ne sont ascuns « franktenants que tient par cha- « trer, et uncore ceux seignories sont appel maners et en eux « sont Courts Barons ». *Hall moot* était probablement le vieux terme anglais pour la cour, quand elle ne comportait pas encore de division. On le rencontre dans ce qu'on appelle « Leges Henrici Primi », IX, 4 (*Select Charters*, 106) : « Omnis causa termi » netur vel hundredo, vel comitatu, vel *halimoto socam habentium*, vel dominorum curiis » etc... Ces deux dernières expressions sont probablement équivalentes. On trouve ce mot jusqu'en 1222 : « Inquisitio facta in Halimoto de Thorp », où l'exercice même de la juridiction criminelle est prouvé, par la mention de la charge du « Foreman » ou reeve, « furem captum in curia custodiet et judicatum suspendet », *D. of St-Paul's*, 38, 39.

(2) Pour le rapport officiel du procès et de l'exécution d'un homme en 1337, pour vol d'une robe, valant 10 shillings, voyez Rogers. *Hist. of Agric.*, II, 666.

pèse la chose par comparaison avec les temps modernes, que les prêtres n'appartenaient pas à une classe sociale différente de celle de leurs paroissiens. En fait, peut-être dans la moitié des villages, le curé était aussi pauvre que la plupart d'entre eux. Car lorsque la désignation du bénéfice appartenait à un corps ecclésiastique, les patrons prenaient les dîmes pour eux-mêmes et nommaient un curé, qui devait souvent se contenter, pour sa subsistance (1), de ce qui était payé pour les offices ; aussi était-il assez heureux quand il acquérait quelques acres, et pouvait ajouter à son revenu en coopérant au travail agricole commun.

Les villages renfermaient des hommes qui exerçaient toutes les occupations et les métiers nécessaires à la vie de tous les jours. Il y avait toujours un moulin à vent ou à eau, dont les tenanciers du manoir étaient obligés de se servir, en payant des droits qui formaient une part considérable du revenu seigneurial (2). Bien des fois nous trouvons les officiers du seigneur saisissant les moulins à main, dont les tenanciers avaient osé faire usage au détriment des droits du maître (3). Pendant

(1) Remarquez la naïve hypocrisie des chanoines de St-Paul, qui écrivent du curé « dum servit altari sit contentus altario », *D. of St-Paul's*, 146 : cf. XLV. M. Hatch, dans son livre récent *Growth of Church Institutions* (chap. III), a montré que l'histoire primitive des revenus paroissiaux n'est pas celle d'une usurpation des patrons, mais de la limitation graduelle des droits arbitraires de propriété du seigneur du manoir, sur la fabrique des églises et leurs revenus.

(2) Le terme officiel est *sequela* ou *secta molendini*, en anglais *suit and grist*. (*Worc. Reg.*, X. XI, 32 a).

(3) *Chron. Petrob.*, 67, s, a 1284... Les moulins à mains, connus sous le nom de *querns*, étaient encore en usage au siècle dernier dans les Hébrides. Pennant décrit le quern « comme composé de deux pierres larges d'environ deux pieds... Dans le centre de la « pierre supérieure, il y a un trou pour le grain, et une cheville en manière de poignée. Le tout est placé sur une étoffe. Celui qui moud met le grain dans le trou d'une main, et de l'autre

longtemps, les seigneurs tinrent les moulins en leurs mains propres, sous la surveillance des baillis, et ils faisaient de ce côté tout le profit qu'ils pouvaient (1). Mais au XII^e^ siècle, on inaugura la pratique de louer le moulin à un des vilains contre une rente annuelle, « une ferme (2) ». Beaucoup de villages, mais non tous, avaient leur forgeron et leur charpentier particuliers, qui étaient probablement à l'origine des officiers communaux, et dont la tenure comportait la condition de réparer les charrues du domaine et des villageois (3) ; cependant au

imprime, à la pierre supérieure, un mouvement circulaire très rapide, « pendant que la farine s'échappe de tous côtés sur l'étoffe. » Dans quelques manoirs, il y avait aussi un four ou une boulangerie communs ; dont les tenanciers devaient se servir en payant un droit appelé *fornagium* ; pour un exemple encore en 1714, Voyez *Yorkshire Weekly Post*, March, 19, 1887... Cf. pour Newcastle au sujet des moulins à main et du four, *Select Charters*, 112.

(1) *Boldon Book*, dans le *Domesday*, IV, 570 : « Molendinum est in manu episcopi, nondum ad firmam positum », ce qui prouve qu'à cette époque il était déjà dans l'usage de le donner à bail. Cf. *D. of St-Paul's*, 28 : « In dominico est unum molendinum ad ventum quod potest poni ad firmam pro una marca deductis expensis ».

(2) Les comptes de la moitié des manoirs dans le *Liber Niger* contiennent cette phrase, « Est ibi unus molendinus cum molendinario et..... solidos reddit ». L'importance du moulin est prouvée par la mention séparée qui en est faite quand tout le manoir est donné à bail. Ainsi « Manerium est ad firmam, cum dominio et villanis et *molendino* et cum instauratione. » etc., *Boldon Book*, *D. B.*, IV. 579. — Le meunier pouvait tenir le moulin pour une rente, ou à la volonté du seigneur. Ainsi le *Worc. Reg.*, 12a, parle, pour un manoir, du moulin « molendinum ad placitum », avec lequel on peut comparer l'article « de molendinis ad firmam mutabilem », dans le pouillé du Mont Saint-Michel. c. 1250, dans Delisle, p. 679.

(3) Le caractère communal de ces offices apparaît le plus clairement dans le *Boldon Book* où, pour beaucoup de manoirs, les articles se suivent, « prepositus tenet... acras, pro servicio, Fa-« ber... pro suo servicio », « Carpentarius... pro suo servicio » :

cours du XIIIe et du XIVe siècle, ce service fut aussi transformé en argent, et les artisans furent payés à la pièce. Un autre officier de village qui apparaît parfois, comme tenant sa terre en vertu de son office, était le *peseur public* (*pounder*) (1).

Le magasin général du village n'existait pas ; dans beaucoup d'endroits, il n'apparut pas avant le siècle actuel, en partie, parce qu'on n'éprouvait pas encore beaucoup des besoins auxquels il répond ; en partie, parce qu'on satisfaisait aux besoins qui se faisaient sentir, par des voyages, à longs intervalles, à quelque foire ou à quelque marché éloignés, ou par le travail de la famille elle-même. Les femmes tissaient des lainages grossiers et de la toile de lin pour les vêtements. Les hommes tannaient eux-mêmes leur cuir.

Ainsi les habitants d'un village anglais moyen, bon an mal an, persistaient dans les mêmes méthodes coutumières de culture, vivant sur ce qu'ils produisaient et prenant rarement contact avec le monde extérieur. L'existence même des *villes* implique que les districts purement agricoles produisaient plus qu'ils n'avaient besoin, pour leur consommation. Le blé et le bétail étaient alors envoyés régulièrement, même à des marchés éloignés, par les seigneurs des manoirs et leurs baillis, en quantités croissantes lorsque les grands seigneurs et les corporations en vinrent à désirer des paiements

de même dans trois manoirs, p. 568. La quantité de terre est généralement de 12 acres, et pour prendre un autre exemple, « Faber tenet 12 acras pro ferramentis carucarum fabricandis ». Cf. *D. of Saint Paul's*, 68 ; *Worc. Reg.*, 66 a.; *Chart. Ramsay*, XXXII. Dans les derniers articles l'obligation est quelquefois, comme dans le cas d'autres corvées, de « fournir » un forgeron, (*Loc. cit.*) « Alicia relicta Petri Fabri tenet ferdellum terræ et « inveniet unum fabrum domino *et toti villæ* ».

(1) *Boldon Book*, 568, 569. Mais comme la garde du poids ne paraît pas devoir être onéreuse, il a d'autres services et d'autres paiements en nature à faire.

en argent, à la place des paiements en nature (1). Mais les autres rapports des villageois avec le monde extérieur étaient très peu nombreux. Il y avait d'abord l'achat du *sel*, nécessité absolue au Moyen Age, alors que le peuple vivait de viande salée pendant cinq mois de l'année. Le sel, dont on se servait le plus communément, venait de la côte du sud, particulièrement des « Cinque Ports » (2), où il était produit par l'évaporation de l'eau de mer. L'ouest de l'Angleterre en tirait de grands approvisionnements des salines de Droitwich, qui appartenaient au prieuré de Worcester. On importait aussi de Guyenne une quantité considérable de sel de meilleure qualité (3). Secondement, on avait continuellement besoin de fer pour les charrues et autres ustensiles de la ferme. On pouvait s'en procurer de deux façons, soit de fabrique nationale, surtout du district du Sussex, soit par importation étrangère, principalement d'Espagne (4); on l achetait aux foires et aux marchés. C'était une habitude générale des baillis d'acheter de grandes quantités de fer, de les garder en magasin, et de n'en livrer au forgeron que les quantités nécessaires pour la réparation des charrues du seigneur (5). Un été très sec usait et détériorait beaucoup les outils ; aussi la demande croissait, et le prix devenait plus élevé. Les comptes des baillis mentionnent fréquemment la « cherté du fer à cause de la sécheresse ».

On éprouva un besoin de plus, à la fin du XIIIe siècle, lorsqu'une nouvelle maladie, la gale (*scab*) se déclara

(1) Cf. l'étude de Roscher sur le caractère économique de la société au moyen âge dans sa *Geschichte der Nat. Œkonomik*, 2.

(2) Riley, *Introd. to Liber Albus* (*Munimenta Gildhallæ*, I), LXXXV.

(3) *Worc. Reg.*, XI ; Rogers, *Hist. of Agric.*, I,433.

(4) Rogers, *ibid.*, I, 469.

(5) *Reg. Worc.*, 56 a. « N... facit ferra carrucarum et Prior inveniet ei ferrum et carbonem, vel. II solidos pro carbone ».

sur les moutons, et que le goudron prit une grande importance comme remède (1). Produit en Norwège, il était importé par les négociants de la Hanse de Bergen dans les ports du Norfolk. Dans les annés d'épizootie, la dépense imposée de ce chef formait un item considérable des déboursés du bailli (2). Le seul autre besoin périodique et régulier, auquel le village ne pouvait pas fournir lui-même, était peut-être celui des *meules*. Celles de première qualité venaient du voisinage de Paris, et elles étaient apportées dans les ports de la côte est et sud, où nous trouvons souvent le bailli et le meunier en voyage pour les acheter (3). Le devoir d'assister le bailli, pour transporter la meule de la ville voisine, était souvent une obligation qui pesait sur les tenanciers d'un manoir, aussi bien libres que vilains (4). Non seulement le groupe de village était ainsi entièrement contenu et complet en lui-même, mais le sentiment de l'unité était si fort, qu'il pouvait agir comme une corporation. Dès les premiers temps, les riches seigneurs possédaient des manoirs si éloignés qu'il leur était difficile de les inspecter par eux-mêmes ou par leurs intendants. Ils les avaient donc loués pour quatorze, vingt et un ou vingt-cinq ans, contre une *ferme*, ou un paiement annuel fixé, à des hommes qui prendraient leur place et essayeraient de faire un bénéfice (5). Main-

(1) Rogers, *Hist. of Agric.*, II, 606, 399.

(2) *Ibid*, I, 460, et suiv.

(3) Voyez le récit très intéressant du voyage à Londres de Robert Oldman, le bailli de Cuxham (Oxfordshire) en 1331, *ibid.*, 506 et *Six Centur.*, 113.

(4) Le compte d'un manoir dans le *Worc. Reg.*, 132 a, contient cet article amusant : « Omnes tam liberi quam villani, *excepta persona*, debent adjuvare cum hominibus et bobus ad summonitionem servientis, ad trahendam molem, *vicissim*, *successive*, quantum necesse fuerit, excepto opere. Prior vero inveniet karram (le chariot) et hominem et duos boves subtus karram ».

(5) Dans le *Boldon Book*, environ en huit cas, on trouve vers la

tenant nous trouvons des cas nombreux, même dès 1183, dans lesquels le corps entier des vilains, la *Villata* de manoirs particuliers, a passé avec son seigneur des contrats identiques à ceux qu'un fermier individuel pouvait avoir passés. Ils promettent une somme annuelle, et prennent la direction de la terre en leurs mains (1). Il est même dit quelquefois expressément, qu'ils tiennent à ferme la *Cour* (c'est-à-dire les revenus de la cour) avec les prairies et les redevances (droits de succession) et le vilenage, « c'est-à-dire les services dus par les vilains (2). On verra que c'est un cas précisément analogue à « l'achat de la *firma burgi* », c'est-à-dire à la transformation de toutes les redevances en un paiement annuel fixe par les communautés des villes, et ce fait jette quelque lumière sur le transfert de la juridiction seigneuriale et royale aux magistrats municipaux.

Les principaux caractères de la communauté de ma-

fin du compte d'un manoir la phrase suivante, « Dominum est ad firmam et reddit... » ; environ dans 7 cas, « Dominium est in manu episcopi. » Quelquefois les dûs des vilains sont exprimés d'une manière précise, *loc. cit*, 579, cité note 2 p. 65 supra — Cf. Rogers, *Six Cent.*, 50.

(1) *Boldon Book*, 568 : « Villani de Southbydyk tenent villam suam ad firmam », bien qu'ils soient encore astreints aux corvées, apparemment pour le village voisin.

(2) 1240, *Worc. Reg.*, 47 a : « Curia cum pertinentiis et duæ carucatæ terræ de dominico, cum pratis, et proventibus et herrietibus et *vilenagio* traditæ sunt villanis ad firmam pro C. quarteriis frumenti, » et autres paiements en nature. Le « Prieur » avait encore en ses mains un grenier, une terre qui avait été autrefois un clos de vignes, une petite pièce labourable, et quelque peu de prairie. Dans un autre cas, 34 b, où la tenure à ferme par les vilains est indiquée comme venant « ab antiquo », le droit de collation est réservé. La ferme est « ad placitum ». La moitié des produits de la cour des redevances va au prieur, et les vilains sont astreints à certains services dans les villages voisins.

noir, considérée comme un tout, étaient donc la faculté de se suffire à elle-même et l'unité corporative. Maintenant examinons la situation des membres individuels du groupe. Quelques-uns d'entre eux s'étaient élevés à la position de francs-tenanciers ; mais la grande majorité avait continué à tenir servilement, et même elle occupait une plus grande proportion de la terre, car les franches tenures, nous l'avons vu, étaient souvent très petites. Cette majorité était composée de vilains et de tenanciers coutumiers, même lorsqu'ils avaient transformé tout ou la plus grande partie de leurs services, et lorsqu'ils avaient gagné considérablement en confort et en bien-être général. Ce qui caractérisait la situation de cette grande majorité des cultivateurs, c'était la *permanence*, avec ses désavantages mais aussi avec ses avantages. Bien que la chose soit rarement exprimée d'une manière précise (1), ils étaient attachés au sol, sans aucun doute, comme l'implique le terme descriptif, commun aux « livres de lois », *ascriptitii terræ*. Ils étaient attachés au sol, dans le sens, en tous cas, que le seigneur pouvait demander une lourde contribution en argent, avant de donner à l'un d'eux la permission de quitter le manoir (2). Un père pouvait acheter pour son fils l'autorisation de devenir clerc ou moine, et les plus jeunes fils pouvaient partir pour les villes, afin d'y chercher fortune dans les Gildes de métiers ; mais un *yardling* n'aurait pas volontiers quitté son manoir, à moins d'avoir acquis une verge autre part. Il ne pouvait

(1) Ainsi dans le *Worc. Reg.*, 15 a, « Nullus exeat de terra sine licentia » ; on y dit aussi « Rediment filios si de terra recesserint », et « Nullus faciat filium clericum sine licentia ». Cette dernière clause, en y ajoutant l'interdiction de « coronare », c'est-à-dire de le faire moine, se trouve très fréquemment.

(2) Le *Dialogus de Scaccario* parle des « ascriptitii qui villani dicuntur, quibus non liberum obstantibus dominibus suis a sui status conditione recedere », *Select Charters*, 202.

l'obtenir s'il arrivait les mains vides; et ce qui garantissait qu'il ne pouvait partir que les mains vides, c'est la règle universelle de tous les manoirs, qui ne permettait (1) pas aux vilains de vendre un bœuf ou un cheval sans permission.

D'un autre côté, les vilains jouissaient d'une sécurité effective pour la terre qu'ils occupaient, et leurs tenures passaient du père au fils. Il est même probable qu'il leur était permis assez généralement de transmettre leurs tenures à d'autres personnes, en payant un droit au seigneur (2). La doctrine légale, il est vrai, depuis le

(1) Les exemples abondent: *Worc. Reg.*, 15 a, « Nullus vendet « bovem sine licentia vel equum. Si quis vendiderit bovem vel equum, dabit Thol, scilicet I denarium ».

(2) Dans un cas rapporté dans les *Year Books*, 13-14. *Edouard III*, éd. Pike (Rolls' Series), XXVI, « La plaignante plaidait qu'il y avait « in ecclesia S^ti Pauli » 24 hides de terre, et que parmi elles, il y « avait diverses tenures, dont l'une était appelée *terre coutumière*. « Les tenanciers de la terre coutumière, disait-elle, pouvaient « donner leur tenure à toute personne avec qui ils pouvaient s'en- « tendre, à elle ou à ses hoirs, ou pour toute la vie, selon leur « situation à eux-mêmes, tenanciers. Le bailleur devait venir « dans la cour du seigneur, et là, en cour plénière, livrer la te- « nure à l'usage de la personne avec qui la convention avait été « passée ». Alors le bailli devait le mettre en possession. « Le « défendeur admettait la nature de la terre coutumière; mais il « disait que chaque tenancier désirant transmettre sa propriété « à un autre, devait venir dans la cour du seigneur et là, en « cour plénière, *remettre sa tenure dans les mains du seigneur*; le « bailli la livrerait alors *per virgam, pour être tenue à la volonté du seigneur et non autrement* ». « Les jurés décidèrent que le bailli devait envoyer en possession la personne, à qui la tenure avait été livrée, *non en lui faisant payer un droit fixe, 12 pences par acre, mais un droit à la volonté du seigneur* ». Il semblerait d'après ce cas qu'une transmission de propriété de cette nature fut si usuelle, que les tenanciers commençaient à omettre la formalité de remettre la tenure entre les mains du seigneur, à réclamer le droit de faire des donations à vie ou pour toujours, bien que leurs propres tenures fussent officiellement seulement à volonté, et ils préten-

temps de Glanvil jusqu'à celui d'Edouard IV, était que le vilain, d'une façon absolue, ne pouvait posséder aucune espèce de propriété, et que les cours du roi ne le protégeraient contre aucun arbitraire et aucune injustice de la part de son seigneur; et nous nous heurterons, à l'occasion, à des cas de dépossession violente. Mais il était rarement de l'intérêt d'un seigneur d'amoindrir la force de travail de son domaine, en se débarrassant d'un tenancier ; et la coutume tendit constamment à se transformer en loi ; cependant les droits supérieurs de propriété des seigneurs ne furent jamais abandonnés, et leur survivance jusqu'au xv^e^ siècle pourrait nous aider à expliquer quelques-uns des traits les plus obscurs de la période des *enclosures* (en français, clôtures).

Lorsque, au xv^e^ siècle, les profits du fermage, pour l'élevage du mouton, induisirent les seigneurs des manoirs à déposséder injustement, en plusieurs endroits, les tenanciers coutumiers, il fut décidé par le « chief justice », président de la cour du banc du roi, (statut de la 7^e^ année d'Edouard IV) que le tenancier selon la coutume a des droits d'héritier pour posséder sa terre selon la coutume, au même titre que s'il possédait une franche tenure (1). Le yardling et le cottager étaient

daient agir ainsi en payant seulement un droit fixe et peu important. Ce témoignage, qui est du xiv^e^ siècle, peut être comparé avec l'article du *Domesday*, I, 179, au sujet des 103 « homines » d'Hereford, ville du domaine royal. Ils étaient évidemment sortis de la position de vilains ; chacun, outre une rente de 7 pences 1/2, payait 4 pence « ad locandos caballos », et était encore astreint à certaines corvées, — « tribus diebus in Augusto fecabat, et una die « ad fenum congregandum erat, ubi vicecomes volebat ». Cependant « si quis eorum voluisset recedere de civitate, poterat, con- « cessu prepositi, domum suum vendere alteri homini servitium « inde debitum facere volenti, et habebat prepositus tertium de- « narium hujus venditionis ».

(1) *Littleton*, cité dans Digby, *History of Law of Real Property*, 253.

ainsi attachés au sol, mais le sol était aussi attaché à eux (1). Ils ne pouvaient pas augmenter considérablement leur richesse ; mais, d'autre part, ils avaient toujours une terre sur laquelle ils pouvaient vivre, et vivre dans une grossière abondance, sauf dans les cas de famine, qui étaient très rares (2).

Il est instructif de comparer le village, tel que nous venons de le voir, avec le village d'aujourd'hui.

I. — Sous un certain aspect, on peut trouver une ressemblance très étroite. Alors, comme aujourd'hui ordinairement, le village se composait d'une seule rue, avec une rangée de maisons de chaque côté. Mais les habitants de la rue du village sont maintenant les travailleurs, les artisans du village, au nombre d'un ou deux par profession : tailleur, forgeron, sellier, bottier, et un ou deux petits boutiquiers. Les fermiers vivent dans des résidences séparées (angl. *homesteads*), au milieu des champs, qu'ils ont à bail, et non dans la rue du village. Autrefois tous les cultivateurs du sol vivaient côte à côte.

II. — Secondement, remarquez la différence, pour ce qui regarde les opérations agricoles elles-mêmes. Maintenant chaque fermier suit son propre mouvement dans tout ce qu'il fait. Il sème dans chaque champ la graine qui lui semble convenable et quand il le juge nécessaire, et il choisit son temps pour chacune des opérations agricoles. Mais le paysan fermier de la période que nous avons considérée, et longtemps après encore, était obligé de prendre sa part du système commun de cul-

(1) Pour une discussion plus approfondie du sujet, et une légère modification d'opinion sur les progrès du développement agraire, voyez plus bas, livre II, ch. IV.

(2) « Je ne connais qu'une seule période bien déterminée de famine dans toute l'histoire économique de l'Angleterre ; pendant sept années, 1315-1321, surtout dans les deux premières et dans la dernière », Rogers, *Six Cent.*, 62.

ture, dans lequel l'époque où chaque chose devait être faite, la méthode selon laquelle chaque chose devait être faite, étaient réglées par la coutume, appuyée sur les cours de manoir.

III. — On voit une différence de plus dans les relations du seigneur et du tenancier, au sujet de la culture. De nos jours le propriétaire foncier n'exploite lui-même aucune terre dans la paroisse, ou s'il le fait, la direction de son exploitation est aussi indépendante des procédés agricoles des tenanciers quelconques qu'il peut avoir sur toute autre terre, que ceux de ses tenanciers sont indépendants de sa propre méthode d'exploitation. Mais alors, presque tout le travail du domaine était fourni par les tenanciers vilains, qui mettaient leurs charrues, leurs bœufs et des hommes à la disposition du bailli. Longtemps après que la transformation des services se fut produite en grande partie, les seigneurs gardèrent le droit de se faire assister dans les opérations les plus importantes, le labourage, la moisson, le battage, les charrois. Et le domaine lui-même était souvent composé, pour une part considérable, de verges placées dans les champs communs, de telle façon que le seigneur lui-même était obligé de se soumettre, autant que ses terres y étaient intéressées, au même système inflexible de culture coopérative, tel qu'il était maintenu par le reste des membres de la communauté du village.

IV. — Comparez maintenant les classes d'un manoir avec celles d'un village d'aujourd'hui, il y aura généralement un *squire* (fr. gentilhomme campagnard), trois ou quatre fermiers; tous grands fermiers, si on les compare avec les tenanciers simples paysans, et sous leurs ordres un nombre relativement grand d'ouvriers agricoles. Même quand l'ouvrier agricole a un bon jardin et un lot de terrain, il y a encore un abîme social entre lui et le fermier de deux cents acres. Mais dans le manoir du Moyen Age, nous l'avons vu, la plus grande partie de la terre était cultivée par de petits tenanciers. Entre le seigneur du manoir et les vilains, il y avait un véritable abîme, plus grand que celui qui sépare aujourd'hui le fermier du squire ; et c'était probablement une rude affaire pour le cottager, que de s'élever jusqu'à l'état de yardling. Mais, le seigneur mis à part, il n'y avait rien qui ressemblât à la séparation des différentes classes des cultivateurs de notre temps. Le yardling et le cottager travaillaient de la même façon, leur manière de vivre était la même ; et, dans le système de la culture coopérative, et de la vie commune dans la rue de village, ils étaient faits pour sentir la communauté de leurs intérêts.

On peut remarquer qu'il n'existait pas dans le groupe de village certains éléments, que l'économie politique moderne, au point de vue abstrait, est disposée à accepter pour définitivement acquis. La *liberté individuelle*, dans le sens où nous la comprenons, n'existait pas ; par conséquent il ne pouvait y avoir cette pleine *concurrence* que nous sommes habitués à réclamer. Les paiements faits par les vilains n'étaient pas des *rentes* dans le sens absolu de l'économiste ; car l'économiste présume la *concurrence*, admet que le propriétaire foncier et le fermier ne sont guidés que par des principes commerciaux ; qu'il y a une moyenne de gain, connue par le fermier, et qu'il ne prendra pas moins, mais qu'il ne pourra obtenir davantage (1). Cependant les services de travail en vinrent à être fixés, furent fixés même au XIe siècle ; ils restèrent invariables jusqu'à leur transformation en argent annuel. La principale pensée du seigneur et du tenancier était, non pas de rechercher ce que le tenancier pouvait facilement fournir, mais ce

(1) Mill, *Pol. Econ.*, liv. II, ch. XVI, § 4. « Le fermier demande le « taux ordinaire d'intérêt de tout son capital... quoi qu'il retire « pour lui-même, en plus de ce qu'il est obligé de payer au pro- « priétaire foncier ; mais il ne consentira jamais à payer plus. »

qu'il devait fournir selon la coutume. Enfin il n'y avait pas encore de capital dans le sens moderne du mot. Certainement, il y avait un capital dans le sens où le mot est défini par les économistes orthodoxes : « Richesse appropriée à un emploi, qui la reproduit », car les vilains avaient des charrues, des herses, des bœufs, des chevaux. Mais c'est là une des définitions économiques les moins vraies. On l'a bien dit « nous donnons « au mot capital ordinairement plus de sens que cela ; « nous entendons par là un fond de richesses, qui peut « être dirigé dans des voies nouvelles et plus profitables, « quand l'occasion s'en présente (1) ». Dans ce sens, les vilains n'avaient certainement pas de capital, et ce fut seulement peu à peu, lorsque la transformation eut commencé, que le propriétaire foncier parvint à avoir quelque chose qu'il pût capitaliser, c'est-à-dire qu'il pût mettre de côté, avec l'intention d'en tirer plus tard un intérêt (2).

## Section VI — Apparition d'un état économique fondé sur le numéraire.

Si peu que la simple substitution des paiements en argent aux corvées puisse sembler avoir affecté les relations des classes, elle marqua le commencement d'une révolution d'importance capitale. L'économiste allemand Hildebrand a été le premier à démontrer ce fait : quelle que soit la différence qu'il puisse y avoir dans le développement des différentes nations européennes, il y a un caractère qui leur est commun à toutes, à savoir, la transition *du paiement en nature* au *paiement en*

(1) Cunningham, *Growth of Engl. Industry*, 249.

(2) Cf. Lassalle, *Bastiat-Schulze de Delitsch*, ch. IV.

*argent.* En réalité cette expression ne représente que très insuffisamment la pensée d'Hildebrand sur la transition de la *Natural-wirthschaft* à la *Geld-wirthschaft*. Il entend par celle-ci le développement d'une société dans laquelle l'échange et la distribution de la richesse s'effectuent généralement par le moyen de la circulation monétaire, ou sont exprimés par les termes qui désignent les monnaies; et cette société s'est dégagée d'une autre, dans laquelle la terre était donnée pour les services, les services pour la terre, et les produits échangés pour les produits, sans aucune intervention de la monnaie (1). C'est cette révolution que nous voyons, dans toutes les directions, pendant ces trois siècles.

(1) Hildebrand, in *Jahrbücher für Nationalökonomie*, II (1864), p. 1, 399. Il distingue trois périodes, la troisième serait la *Credit-wirthschaft* dans laquelle « les marchandises, y compris les services, « sont échangées directement pour des marchandises ; ou on fait « usage d'un moyen d'échange, les métaux précieux, la monnaie ; « ou, enfin, les marchandises sont échangées contre une pro- « messe de rendre plus tard une valeur identique ou equiva- « lente, c'est-à-dire contre le crédit. Dans ces trois méthodes « d'échange, il est absolument indifférent de savoir quelle peut « être la mesure de la valeur employée. Sur la base de ces trois « moyens possible d'échange trois systèmes économiques se dé- « veloppent : *Natural-wirthschaft Geld-wirthschaft*, et *Credit-wirth- « schaft* » p. 4. Knies, critiquant ce principe, dit que la distinc- « tion entre *Natural-wirthschaft* et *Geld-wirthschaft* a de la va- « leur, mais la troisième période, cependant, ne contraste pas « du tout avec les deux autres, ce qui est un erreur imputable à « la méconnaissance de la nature du crédit : tout notre système de « crédit est fondé sur l'argent », *Politische Oekonomie vom geschichtlichen Standpunkte*, p. 382. — Wagner accepte cette critique « *Credit-wirtschaft* n'est pas un développement de la *Geld-wirthschaft*, de la même manière que celle-ci est un développement de la *Natural-wirthschaft*, car elle implique la persistance d'une monnaie métalique courante, servant de régulateur et de mesure pour les prix », *Lehrbuch der Pol.Oekon.*, I, 194. Comme Roscher le dit, les trois termes ne se coordonnent pas, *Nat. Oekonomik in Deutschland*, 1038.

En examinant le caractère du groupe de village, nous avons vu qu'au XIe siècle, et dans bien des cas longtemps après, le seigneur, avec sa famille, vivait du produit de son domaine, cultivé par ses tenanciers, astreints aux services coutumiers, et que les tenanciers vivaient du produit des terres qu'ils occupaient en retour de leurs services ; et nous avons remarqué comment ces services furent changés graduellement pour de l'argent, de façon que le seigneur reçùt une rente, avec laquelle il pût louer des travailleurs salariés. Ce qui est vrai pour quelques groupes de manoirs, était vrai aussi des relations qui existaient entre les tenanciers et la domesticité seigneuriale, dans les cas où le seigneur possédait un grand nombre de manoirs. Les seigneurs recevaient de leurs baillis, non pas des sommes d'argent, mais des produits agricoles, en certaine quantité, pour l'entretien de leur maison.

Nous n'avons pas de comptes détaillés de l'administration des grands domaines laïques ; mais nous en avons plusieurs des possessions ecclésiastiques, qui étaient administrées tout-à-fait de la même façon. La seule différence était que l'esprit conservateur, naturel aux corporations, faisait que les vieilles méthodes d'exploitation restaient en usage, longtemps après qu'elles avaient été abandonnées autre part.

L'économie domestique du chapitre de saint Paul nous est exposée tout au long dans certains documents de la dernière partie du XIIIe siècle. Ils ont été commentés avec bienveillance par un de nos contemporains, membre du même chapitre, l'archidiacre Hale (1). Le chapitre possédait treize manoirs. Chacun d'eux était entre les mains d'un *firmarius*, qui le tenait à bail, ordinairement à vie. Le *firmarius* occupait, par rapport au manoir, exactement la position d'un seigneur, tenant

(1) Introduct. au *Domesday of Saint Paul's*, XLVI-LI.

les cours de justice, surveillant le bailli faisant des arrangements avec les tenanciers. Il était obligé de faire au chapitre des paiements en nature et en argent à des intervalles réguliers ; mais il avait le droit de retenir, par devers lui, toute plus-value des produits et de la rente, et c'était une source si considérable de profits, que l'office de *fermier* fut monopolisé par les chanoines titulaires, qui, à chaque vacance, avaient droit, par ordre d'ancienneté, de soumissionner le bail. L'unité de paiement était une *firma*. Dans le cas de saint Paul, outre son sens ordinaire, de paiement déterminé et régulier à la place d'un paiement arbitraire et variable, ce mot signifiait de plus qu'il était dû *de la nourriture pour une seule semaine*. Cette faisance consistait en seize quarts (le quart vaut aujourd'hui 230 kilogr.) de froment, seize quarts d'avoine, trois quarts d'orge. Les treize manoirs fournissent dans le cours de l'année quarante cinq fermes de cette nature ; un manoir en donnait dix ; un autre six; deux, quatre chacun ; quatre, trois chacun ; quatre autres, deux chacun ; et le dernier manoir n'en donnait qu'une. La quantité totale de la faisance annuelle était donc de 720 quarts de froment, 720 quarts d'avoine, et 135 quarts d'orge.

Tout à côté de la cathédrale, il y avait un moulin, manœuvré par un cheval, une boulangerie, une brasserie ; on y moulait le grain, on y cuisait le pain, plusieurs fois par quinzaine ; la bière y était brassée deux fois par semaine, sous la surveillance d'un gardien de la brasserie, qui était lui-même ordinairement un chanoine. Il était obligé d'approvisionner chacun des trente chanoines de trois pains par jour, de trente gallons de bière par semaine. Les chanoines avaient, sans doute, des intérieurs particuliers, et la plus grande partie de la bière et du pain allait à leurs serviteurs ; cinq autres personnes avaient droit à deux pains par jour, et à six gallons de bière inférieure par semaine ; pour le reste des chanoines mineurs, un pain et six gallons; et un certain nombre de pains et de gallons au reste du clergé et des serviteurs. Tout cela environ faisait en tout 40,000 pains par an, et 67,800 gallons de bière.

Ce système primitif dura jusqu'à une époque assez avancée du xiv^e siècle. Mais dès une époque qui remonte aussi haut que le milieu du xii^e siècle, on avait fait certains paiements en argent. L'unité de ces paiements était la *dizena*, chaque dizena valant trois marcs et sept pence, attribués de la façon suivante: deux marcs et demi pour les gages hebdomadaires des curés de la cathédrale, pour les chanoines mineurs, le sacristain, et les autres officiers du chapitre; un demi-marc pour acheter le bois de la brasserie et du four, et sept pence pour les aumônes: ainsi des paiements en argent, à la fois pour la rente et pour les gages, avaient déjà commencé. De plus, comme nous ne pouvons supposer que les chanoines vécussent exclusivement de pain et de bière, il est clair qu'ils devaient acheter de la viande, aussi bien que du drap pour leurs robes, sur le marché de Londres avec l'argent qu'il recevaient à titre de dîmes et de donations. Cependant la plus grande partie de la nourriture du corps des chanoines de la cathédrale provint encore, pour plusieurs siècles, des manoirs dont le chapitre était le seigneur. La hiérarchie était très étroite. Nons en avons une preuve dans le statut de Ralph de Diceto, à la fin du xiii^e siècle, qui stipule, qu'en cas de disette ou de peste dans les domaines, les membres non titulaires de la corporation auront un pain et un gallon de moins par jour. Au début du xv^e siècle nous trouvons que le système est en train de se briser. Les paiements en argent faits au chanoine sont substitués à la fourniture de bière; la fourniture de pain tombe en désuétude, et finalement des rentes considérables en argent prirent la place des faisances.

La transition des paiements en nature aux paiements en

espèces, dans les manoirs du chapitre de saint Paul, et sans doute aussi dans ceux des autres corporations ecclésiastiques, fut retardée jusqu'au xv^e^ siècle; mais dans le domaine royal elle s'était produite de bonne heure, dès le xii^e^. Ce changement est décrit par l'auteur du *Dialogus de Scaccario*, qui écrit en 1178, en des termes qui méritent qu'on s'y arrête : « Dans l'état primitif du « Royaume, après la conquête, les rois avaient coutume « de recevoir de leurs manoirs, non pas de l'or et de l'ar- « gent, mais certaines quantités de provisions, pour four- « nir aux besoins journaliers de la maison royale. Ceux « qui étaient chargés de cette question, savaient quelle « quantité chaque manoir avait coutume de fournir. On « recevait cependant de la monnaie frappée pour la « paye des soldats et d'autres besoins de la Cour des « plaids de la Couronne ; on en recevait aussi des villes « et des places fortifiées, où l'agriculture n'était pas pra- « tiquée. Ce système dura tout le règne de Guillaume I, « en fait jusqu'aux temps de Henri I ; moi-même j'ai « rencontré des hommes qui avaient vu apporter les « provisions des manoirs à la cour, aux époques « fixées. Les officiers royaux savaient, d'une manière « précise, à quels comtés il fallait demander le froment, « ceux auxquels il fallait demander les différentes espè- « ces de viandes, ou la provende pour les chevaux, ou « les autres choses nécessaires (1) ; et lorsque ces fourni- « tures avaient été acquittées selon la quantité convenue, « les officiers les estimaient, avec le sheriff, à des taux fixés « en argent. Ainsi une mesure de froment, qui devait « fournir du pain pour cent personnes, était estimée un « shilling, pour un bœuf gras abattu, un shilling ; un « bélier et une brebis, quatre pence ; la provende de « 20 chevaux, quatre pence aussi. Mais lorsque le temps « eut marché, et que Henri eut été obligé de passer la

(1) Cf. pour l'Ecosse, *Rot. Scacc, Reg. Scot.*, éd. Burnett et Mackay (1891).

« mer pour réprimer les insurrections lointaines, il eut « besoin d'argent monnayé pour suffire à ses dépenses. « Vers le même temps, des foules de vilains arrivèrent « à la cour pour se plaindre, ou, ce qui désola le roi « bien davantage, venaient le trouver pendant ses voya- « ges, et tendaient vers lui leurs socs de charrue, pour « lui montrer que l'agriculture était en décadence ; car « ils souffraient beaucoup de fatigue d'être obligés de « charroyer les provisions en s'éloignant de leurs propres « demeures. Aussi le roi prêta l'oreille à leurs plaintes ; « après avoir tenu conseil avec les grands, il chargea de « cette tâche les meilleurs hommes qu'il put trouver « pour l'accomplir, les envoya pour visiter chaque manoir « dans tout le royaume, et estimer en argent la valeur « des paiements en nature, et ils rendirent le sheriff de « chaque comté responsable, devant l'Echiquier, de la « somme totale due par tous les manoirs de son comté(1). »

Il y a beaucoup de points intéressants dans ce récit. Tels, le caractère tout primitif des conditions, dans lesquelles l'unité de compte naturelle était la *nourriture pour cent hommes*, la provende pour 20 chevaux, et l'affirmation que les besoins d'argent du roi étaient dus surtout à l'emploi de troupes soldées. Mais ce qu'il est tout à fait important de faire remarquer, c'est que ce récit montre qu'une monnaie courante a pu servir de commune mesure de valeur, bien avant qu'elle fût employée dans les transactions quotidiennes, comme un moyen d'échange.

Ces deux exemples sont suffisants pour éclairer le caractère de la révolution ; mais il faut remarquer qu'elle ne se bornait pas aux relations entre individus. Le système de gouvernement était si étroitement lié à la condition de la société, que la même évolution devait sûrement se produire dans les relations du souverain et des sujets. Ainsi sous le règne d'Ethelred

(1) *Select Charters*, 193, 194.

on trouve un commencement d'impôt, sous la forme du *Danegeld*. Au temps de Canut, le *heriot* (redevance), qui n'était à l'origine qu'un don de chevaux et d'armures, était devenu un paiement en argent. Henri II obtint du grand corps des chevaliers l'impôt appelé *Scutage* (scuage) en remplacement du service militaire ; et sous Edouard I, des paiements réguliers en argent, opérés par les négociants, remplacèrent les dons ou les confiscations de marchandises.

De tels changements impliquent deux conditions : d'abord l'existence d'une monnaie adaptée aux besoins des paiements, secondement l'existence de marchés dans lesquels les hommes soient assurés d'obtenir de l'argent pour leurs marchandises, ou d'obtenir des marchandises pour leur argent. Il y avait très peu d'argent monnayé en Angleterre jusqu'à la seconde moitié du VIIIe siècle, sous le règne d'Offa (1). Avec Athelstan commença la longue série des lois pour la réglementation du monnayage. Il ordonna qu'on ne se servît dans tout le royaume que d'une seule espèce de monnaie, et qu'on n'en pût frapper que dans les villes. A cette époque commence la pratique de graver sur les coins le nom de la ville où ils étaient frappés (2). Pendant des siècles, les autorités locales, dans les grands centres de commerce, étaient autorisées à avoir leurs propres monnayeurs ; il y en avait plusieurs dans toute ville considérable, et on peut en gros estimer l'accroissement de la masse de la monnaie courante par le nombre des noms de villes qu'on trouve sur les pièces. Sous Canut, les monnaies étaient plus nombreuses qu'autrefois (3). Sous Henri I, il y avait 94 monnayeurs. Ils furent tous punis de mutilation en 1125 pour avoir altéré les monnaies (4). Pour

(1) Hawkins, *Silver Coins of England* (2e éd. 1876), 36

(2) Ruding, *Annals of the Coinages* (3e éd. 1840), I, 126.

(3) *Ibid.*, I, 137.

(4) « Avant Noël, le roi Henri envoya de Normandie en An-

remédier aux maux causés par le rognage, il y eut de nouvelles frappes en 1125, 1158, 1180, 1248, 1309 (1). En 1220 on mit en circulation pour la première fois des demi-pennies ronds, et des farthings (liards). La pratique de ne diviser la pièce principale, que par moitié et par quarts, persista donc très tard (2).

Cela prouve combien il devait y avoir peu de commerce de détail. D'autre part, le mauvais succès d'Henri III, lorsqu'il tenta, en 1257, d'imiter ses contemporains de France et d'Italie en émettant une monnaie d'or, montre combien l'Angleterre était en arrière des autres pays pour le développement commercial (3) ; car, avec l'accroissement du commerce, les monnaies de plus haute marque deviennent de plus en plus utiles. Les remontrances de la cité de Londres le forcèrent à publier, dans une proclamation, que personne ne serait

« gleterre l'ordre de mutiler tous les monnayeurs et cela parce « qu'un homme pouvait posséder une livre, et cependant ne « pas pouvoir la faire prendre pour une dépense d'un penny « dans un marché. Et Roger, évêque de Salisbury, envoyé dans « tout le royaume, les fit venir tous à Winchester à Noël, et « quand ils y furent, ses hommes les saisirent l'un après l'autre, « et leur coupèrent la main droite ; tout cela fut fait en douze « jours et avec beaucoup de justice, parce qu'ils avait ruiné cette « terre en y mettant en circulation quantité de mauvais métal », *English Chron.*, s. a. 1125.

(1) Ruding, I, 165, 170, 171, 184, 202. Pour les deux frappes sous Henri II, V. *Ralph de Diceto* (Rolls' Series), I, 302 ; II, 7.

(2) Ruding, I, 181, 182. On dit que les demi-pence circulaires avaient été frappées sous Henri I, mais sans grande preuve. Le gouvernement à cette époque a dû être très désireux de mettre en circulation une grande quantité de ces pièces ; car on a livré aux monnayeurs deux fois autant de coins pour les demi-pence et les farthings, que pour les pence, et cela plusieurs semaines plus tôt. Selon Ruding aucun de ces demi-pence ne reste aujourd'hui, et il suppose que, comme le peuple ne les aimait pas du tout, ils furent décriés, et qu'on n'en frappa plus jusqu'en 1248.

(3) *Ibid.*, I, 186. Kenyon, *Gold Coins of England*, 14, 15.

obligé d'accepter les nouveaux pennies d'or. La frappe fut donc peu importante et bientôt arrêtée ; on ne fit pas d'autre tentative semblable jusqu'en 1343, lorsque Edouard se procura l'assistance de certains monnayeurs Florentins pour son émission de nobles d'or (1). Pendant le siècle dont il est question, comme nous le verrons dans le chapitre suivant, un commerce considérable s'était développé ; aussi le roi put ordonner que personne ne refusât de prendre ses nobles, en paiement des dettes de 20 shillings et au-dessus. C'était avec les Flandres que le commerce était le plus considérable. C'est pourquoi en 1345-46, Edouard négocia, avec les magistrats des villes Flamandes, l'établissement d'une monnaie uniforme, qui aurait cours dans les deux pays (2).

Nous montrerons dans le chapitre suivant, comment la seconde condition a été remplie, et comment les marchés se sont développés.

(1) Ruding, I, 216-218.
(2) *Ibid.*, I, 222.

## CHAPITRE II

### GILDES DE COMMERCE ET DE MÉTIERS

*Sources.* — (*a*) La Gilde de commerce. — Le meilleur ouvrage sur ce sujet est Gross, *Gilda Mercatoria* (Göttingen, 1883), qui pour la première fois a montré l'universalité de cette organisation dans les villes anglaises, et son fonctionnement au XIII<sup>e</sup> siècle. Les deux seuls recueils des statuts de gildes qui ont été conservés sont ceux de Southampton (XIII<sup>e</sup> siècle) et de Berwick (1249-1294). On trouvera le texte français du 1<sup>er</sup> dans *Archæol. Journ*, XVI (1859), traduit dans Davies, *Hist of Southampton* (1883), — le texte latin du second est dans Cosmo Innes, *Acts of Parl. Scotland* (1844), et un résumé en anglais dans *Englisch Gilds* (*Early England Text Society*, 1870). La seule gilde de commerce qui survive, bien que de nom seulement, est celle de Preston, dont les règlements de 1308 et 1328, et les rôles de la gilde de 1397 sont imprimés dans Abram, *Memorial of the Preston Guilds* (1882), et *Preston Guild Rolls* (Record. Soc. Lanc. and Chesh., 1884). Les rôles de gildes de deux autres villes, Leicester et Totnes, ont été conservés. On en a donné des exposés dans Thompson, *Hist. of Leicester* (1849), pour Totnes dans *Third Rep. Hist. MSS. Comm.* (1872). Pour les essais sur l'ancienne histoire générale des villes, voyez Kemble, *Saxons in England*, livre II, chap. VII ; Thompson, *English Municipal History* (1867) ; Stubbs, *Constitutionial History*, ch. V, VI, XIII.

(*b*). Les Gildes de métiers. — Le premier et jusqu'à présent le seul travail en anglais sur les gildes de métiers, est l'*Essai* de Brentano, qui précède les *English Gilds* (1840), qui a paru plus tard en allemand sous forme d'*Einleitung* au travail du même écrivain, *Arbeitergilden der Gegenwart* (1871). Brentano a exagéré à la fois leur indépendance et leur importance économique ; mais nous avons le point de vue, exagéré dans la direction contraire, dans Ochenkowski, *Englands wirthschaftliche Entwickelung im Ausgange des Mittelalters* (1879). On peut obtenir une idée plus nette en se reportant aux règlements de métiers, traduits par Riley, *Memorials of London*, (1868). On peut leur comparer pour Paris le *Livre des métiers d'Et. Boileau*, éd. Depping (1837), éd. Lespinasse et Bonnardot (1879). Dans l'*Histoire primitive de l'industrie de la laine en Angleterre* (Amer. Econ Assoc. 1887, angl.) par l'auteur du présent livre, on trouvera une tentative pour retracer l'histoire de la plus importante industrie de l'Angleterre. Beaucoup d'informations éparses sont données dans Herbert, *Histoire des corporations de Londres* (1837, angl.,) Les rapports des gildes de métiers avec l'organisation municipale sont examinés dans Stubbs, *Constitution. History*, III, 21. Pour la France, voyez aussi Gasquet, *Précis des institutions de l'Ancienne France* (1885) ; et pour l'Allemagne, Maurer, *Geschichte der Städteverfassung*, II (1870). L'analyse la plus détaillée de l'organisation de l'industrie au moyen âge est celle de Schönberg, *Zur wirthschaft. Bedeutung des deutschen Zunftwesens im Mittelalter*, in Hildebrand's *Jahrbücher für N. Okonomie* (1867) et les caractéristiques des différentes formes d'industrie sont brièvement comparées par Held, *Zwei Bücher zur socialen Geschichte Englands* (1881), livre II, ch. III.

(c) Commerce. -- Sur l'histoire de la situation des commerçants étrangers, les premières recherches convenables ont été celles de Schanz, *Englische Handelspolitik gegen Ende des Mittelalters* (1881), P. II, ch. III, et les relations entre les villes anglaises et étrangères ont été éclaircies par le *Calendar of Letters* (1350-1370), éd Sharpe, imprimé (1885) sous le patronage de la Corporation de Londres. Pour la hanse de Londres, voyez Warnkœnig, *Histoire de Flandre* (1835-46), trad. Gheldolf ; pour la hanse teutonique et pour la cour de l'Acier, V. Lappenberg, *Geschichte des Hansischen Stahlhofes zu London* (1851), et l'article de vulgarisation sur la cour de l'Acier par Pauli, dans *Tableaux de la vieille Angleterre* (angl. 1861). On peut recueillir beaucoup d'informations sur les marchés, les foires et les moyens de communication dans Rogers, *History of Agriculture*, et Kitchin *Winchester Cathedral Record*, n° 2 (1886), quelques renseignements dans Jusserand, *La vie nomade en Angleterre au XIV^e siècle* (1884). Les *Statutes of the Realm* sont d'une valeur toute spéciale sur cette question.

## Section VII. — La Gilde de Commerce.

Au temps de la conquête normande, il y avait environ 80 villes en Angleterre (1). La plupart d'entre elles n'étaient pas autre chose que ce que nous considérerions aujourd'hui comme de grands villages. Elles ne se distinguaient des villages d'alentour que par les murs de terre qui les entouraient, et par des monticules qui permettaient de faire le guet aux environs. Londres, Winchester, Bristol, Norwich, York et Lincoln, étaient très en avance sur les autres par l'étendue et l'importance ; mais, même une ville de premier rang ne pouvait avoir plus de 7 ou 8000 habitants (2). Nous ne nous tromperons pas peut être beaucoup, en estimant la population urbaine à environ 150.000 personnes, sur une population totale d'environ un million et demi (3).

(1) Soixante-dix-neuf villes, qui ont pu être identifiées, sont mentionnées dans l'*English Chronicle* (Voyez la liste dans l'appendice C. Kemble, *Les Saxons en Angleterre*, II, angl.) et 18 bourgs apparaissent dans le *Domesday* L'importance relative des villes du sud de l'Angleterre dans la première partie du xe siècle peut être estimée, d'une manière générale, d'après le nombre des monnayeurs autorisés par la loi d'Athelstan (Schmid, *Gesetze der Angelsachsen*, 140), ainsi à Londres 8, à Canterbury 7, (mais là, parce que l'archevêque avait le droit à deux, et l'abbé à un), à Winchester 6, à Rochester 3 (dont un dépend de l'évêque) ; à Lewes, Southampton, Wareham, Shaftesbury, Exeter, 2 ; Hastings, Chichester, Dorchester, 1.

(2) Cf. Pearson, *Hist. of Engl.*, I, 381.

(3) Selon Ellis la population totale, enregistrée dans le *Domesdag*, est de 283, 242. Mais il y a des omissions considérables, non seulement celle des comtés du nord, mais de Londres, de Winchester, de quelques endroits plus petits, et des membres du clergé et des corporations monastiques. Si nous admettons que

Comment ces villes se sont-elles formées? Sur cette question il serait peu profitable de construire une théorie définitive, jusqu'à ce que la condition de l'ensemble de la population de l'Angleterre d'autrefois ait été déterminée d'une manière plus satisfaisante qu'elle ne l'est aujourd'hui. Mais on sait, sans hésitation possible, que la population tendait à se réunir dans les endroits où les grandes routes se croisaient, ou bien près desquels les rivières pouvaient être passées à gué. De tels endroits, en effet, devaient, en bien des cas, être importants au point de vue stratégique, et par conséquent devenir fortifiés. Il n'y a pas de raisons pour supposer qu'aucun des ordres monastiques, avant

le nombre des feux était de 300.000, en multipliant par quatre pour avoir le nombre des femmes et des enfants, nous arriverons à une population totale de 1 500 000. Cette estimation est probablement trop élevée, car en descendant jusqu'au règne d'Edouard III, la population n'était au plus que de 2,500,000, Rogers, *Six Centuries*, 117-121. Le nombre des *burgenses*, inscrit dans le *Domesday*, est de 7968 ; mais, au temps d'Edouard le Confesseur, il avait été de 17105. En admettant 8000 omissions, nous avons un total de 25 000, qui, multipliés par 5 donne 125 000. Mais il faut remarquer que *burgensis* signifie un citoyen complet. Il y avait probablement dans beaucoup de villes un nombre considérable d'habitants plus ou moins serviles. Ainsi à Norwich (*Domesday*, II, 116-118), il y avait 1320 « burgenses ». Au temps du dénombrement il y avait seulement 665 « burgenses anglici » ; environ 32 « burgenses » étaient partis pour les villages voisins ; d'autre part, un nouveau bourg s'était développé, dans lequel il y avait « 36 burgenses français et 6 anglais ». Mais il faut ajouter « 480 bordarii, « qui propter pauperiem nullam reddunt consuetudinem ». On ne voit pas clairement si l'on doit interpréter cette indication comme signifiant qu'il y avait toujours eu une population de « bordarii », ou s'ils n'étaient que des « bourgeois » privés de leurs tenures. Dans le premier cas ils formeraient le tiers de la population, et si le même état de choses existait autre part, nous aurions à ajouter 41 000 à 125 000, ce qui ferait un total de 166 000 pour la population urbaine, dans les temps les plus florissants avant la Conquête.

les Cisterciens, « vécussent de propos déterminé dans les lieux sauvages (1) » ; les monastères et les églises cathédrales étaient élevés dans les endroits où il y avait déjà des villages. Mais, à l'ombre des monastères, les villages devinrent bientôt des petites villes (2) ; les corvées auxquelles leurs habitants étaient astreints, ou la transformation en argent de ces services, pour laquelle ils payèrent des droits, attestent le caractère, servile à l'origine, de ces tenures urbaines (3). Plus d'un village, autour de la maison ou du château fortifiés d'un grand noble, avait une histoire semblable.

Ces villes devenaient nécessairement les centres du commerce intérieur, si peu important qu'il fût. Car bien que l'agriculture restât longtemps l'une des principales occupations des bourgeois, cependant, de bonne heure, il a dû être nécessaire que des provisions alimentaires fussent apportées de la campagne environnante ; c'est la forme la plus primitive et la plus fondamentale du commerce. Les seigneurs auxquels les villes étaient soumises, devaient trouver leur intérêt dans l'établissements de marchés où la sécurité était garantie, et pour laquelle on payait, sous la forme de droits forains ; c'est ainsi que prirent naissance ces marchés qui se tiennent (4) une ou deux fois par semaine, et qui, malgré le perfectionnement des voies de communi-

(1) Freeman, *Norman Conquest*, V, 233.

(2) Voyez un exemple typique dans Freeman, *Cathedral Church of Wells*, 3, 143 et 184, n. 35.

(3) Voyez Carlyle, *Past and Present*, livre II, ch. v, pour les difficultés que le Cellerier de saint Edmundsbury avait à lever le *repselver* (l'argent de la moisson). Cf. le cas de Cambridge où les « burgenses T. R. E. accomodabant vice comiti carrucas « suas ter in anno ; modo novem vicibus exiguntur », *Domesday*, I, 189 ; et Leicester, où certains paiements faits originairement à la place de la moisson, furent abandonnés par le comte à la fin du XIIe siècle, Thompson, *Leicester*, 51.

(4) Turner, *Anglo-Saxons*, III, 114.

cation, sont encore aujourd'hui si importants en Angleterre.

Le commerce avec le royaume de France s'est fait longtemps par Londres et par les ports du Kent, surtout Sandwich et Douvres. Le trafic avec les établissements danois, sur la côte irlandaise, dont les esclaves formaient l'article principal, donna la prééminence à Chester et à Bristol, au xe et au xie siècle. Les rapports avec les royaumes scandinaves, dus à la conquête de Canut, établirent entre York, Grimsby, Lincoln, Norwich, Ipswich, beaucoup d'autres ports sur la côte est, et les pays de la Baltique, des communications commerciales très actives (1). Cependant le commerce avec les contrées étrangères ne pouvait pas être considérable.

Les denrées que, dans un vieux dialogue anglais, le commerçant, selon sa propre description, emporte avec lui, semblent être toutes des articles de luxe, dont le besoin se fait sentir seulement dans les hautes classes. « Du drap de pourpre, de la soie, des pierres précieuses, « des objets d'or, des vêtements, des cosmétiques, des « vins, de l'huile, de l'ivoire, du bronze, du cuivre, de « l'étain, du soufre, du verre et des objets sembla- « bles (2). » Il est fait si peu (3) mention des commerçants dans les lois anglaises, qu'il nous serait difficile de supposer qu'une classe commerçante considérable eût alors commencé à se former.

Dans les années troublées, qui ont suivi le débarquement du Conquérant, les plus importantes des villes anglaises souffrirent beaucoup. En certains endroits, un

(1) Green, *Conquest of England*, 440-452.

(2) Turner, 113. C'est une bonne preuve que le commerce, en tant qu'occupation indépendante, s'est développé d'abord au service du luxe. Cf. Lexis, in Schönberg, *Handbuch der politischen Oekonomie*, 1021.

(3) Le mot *ceapman* se rencontre seulement trois fois, Schmid, *Gesetze der Angelsachsen*, Glossar.

tiers ou une moitié des maisons furent détruites et la population réduite dans les mêmes proportions. Les hasards de la guerre, et la politique de Guillaume, qui consistait à multiplier les constructions de châteaux, contribuèrent également à ce résultat (1). Mais même, durant les vingt ans qui précédèrent le grand cadastre de 1086, les villes de la côte du sud avaient commencé à profiter de leurs relations plus étroites avec le rivage opposé (2). Aussitôt que le gouvernement normand fut établi solidement, il assura au pays une paix et un ordre intérieurs dont on n'avait jamais joui auparavant; la régression temporaire fut plus que réparée ; et dans chaque ville, l'une après l'autre, s'éleva la gilde de commerce.

La Gilde de commerce ou Hanse, car les deux mots sont employés comme synonymes, était une société formée originairement pour l'obtention et le maintien du privilège des transports commerciaux. Ce privilège impliquait la possession, par les confrères de la gilde, du monopole du commerce dans chaque ville, même vis-à-vis de ses autres habitants (3), et aussi la liberté de commerce dans d'autres villes (4). Le caractère précis du monopole variait probablement quelque peu d'endroit en endroit. Partout, apparemment, ceux qui n'en

(1) Voyez Freeman, *Norman Conquest*, V, 806.

(2) Voyez Pearson, 381.

(3) Gross, *Gilda Mercatoria*, 35. Les chartes des villes contiennent ordinairement une clause comme celle-ci « et quod nullus qui non sit de gilda illa mercandisam aliquam faciat in predicta civitate, vel in suburbio, nisi de voluntate eorumdem civium. » La charte de Henri II à Oxford dit « Sciatis me concessisse..... « *civibus* meis in Oxenforde omnes libertates..... quas habuerunt « tempore regis Henrici avi mei, nominatim gildam suam mer- « catoriam..... ita quod aliquis qui non sit de gildhalla aliquam « mercaturam non faciet in civitate vel suburbiis », Stubbs, *Select Charters*, 167.

(4) Gross, 63. Voyez cependant, *infra* IIe partie.

étaient pas membres, gardaient la liberté d'acheter et de vendre des *vivres* (1) ; mais s'ils allaient plus loin, et s'engageaient dans un commerce régulier, ils tombaient sous le coup de droits économiques, dont les confrères de la gilde étaient affranchis (2). Si le commerçant était assez riche pour payer le droit d'entrée et devenir membre de la gilde, mais s'y refusait obstinément, on le forçait à céder, en l'accablant de droits répétés. En certains endroits, la promesse d'informer les officiers de la gilde de l'existence de toute personne trafiquant, dans la ville, et capable d'entrer dans la corporation, faisait partie du serment d'entrée de chaque confrère (3). Chaque membre payait un droit d'entrée, et fournissait probablement d'autres contributions à la caisse commune. On les dépensait pour les besoins communs de la gilde, en fêtes principalement. Et comme on ne pouvait concevoir au Moyen Age aucune société sans une certaine juridiction sur ses membres (4), la gilde de commerce, dans ses réunions, qu'on appelait « mercuriales du matin (5) », rédigeait des règlements pour le

(1) *Ibid.*, 53. La pénalité imposée à un confrère de la gilde à Stamford pour avoir refusé une part dans un achat à un autre, fut « qu'il ne pourra de toute l'année, acheter ni vendre autre chose que des vivres ».

(2) Même dans la petite ville de Saint Edmundsbury les membres de la gilde de commerce exigeaient des forages de tous les non-membres vendant sur le marché, *Chron. Jocelyn de Brakelond*, 74 ; voyez aussi n. 4, p. 96, plus bas.

(3) Thompson, *Hist. of Leicester*, 30.

(4) « Es lässt sich nach germanischen Ideen keine Genossenschaft ohne genossenschaftliche Gerichtsbarkeit denken », Maurer, *Gesch. der Stadteverfassung*, II, 389.

(5) Les termes dont on se servait alors sont : *morwenspeach*, *morgespreche*, *morrowspeche*, *marrwinspeche*, *morrowspeche*. Il n'est pas certain si on doit traduire, discours du matin, ou discours du lendemain, indiquant des réunions le matin des jours de fête, ou le lendemain ; ce qui rend la première interprétation la plus probable, ce sont les analogies modernes par exemple.

commerce, et punissait les infractions à la moralité commerciale.

Certainement, avant la conquête, il avait existé des gildes religieuses, et des gildes pour les chants d'église, c'est-à-dire des cercles et des sociétés pour l'accomplissement de certains offices de piété, l'assistance mutuelle pour la conservation de la paix (1). Il est donc tout à fait possible que des sociétés semblables se soient formées également de bonne heure en vue du commerce. Mais la première mention positive d'une gilde de commerçants ne remonte pas certainement au delà de 1093 (2). Avec le règne de Henri Ier commence la longue série des chartes accordées aux villes par le roi et d'autres seigneurs. Sous Henri, ces chartes furent obtenues, entre autres localités, par Bristol, Durham, Lincoln, Carlisle, Oxford, Salisbury, Southampton; et dans toutes ces chartes la reconnaissance de la gilde de commerce occupe une place importante (3). En fait, le jurisconsulte Glanvil, qui écrivait à cette époque, regarde la commune, c'est-à-dire le corps des citoyens jouissant des droits de l'autonomie municipale comme identique à la gilde de commerce (4). — Ces gildes commerciales ont pu exister

« Les jours de chapitre » dans les Collèges universitaires, et l'usage du « maneloquium » à Andover, *Preuves et éclaircissements* dans Gross, *Gild Merchant*. *Morgensprache* était le terme général en Allemagne, Maurer, III, 382.

(1) Stubbs, *Const. Hist.*, I, 469 ; Kemble, *Saxons*, I, 511.

(2) Les « chnichten on Cantwareberig of *ceapmannegilde* » apparaissent pendant l'épiscopat du primat Anselme (1093-1109), Gross, 32, n, I.

(3) Gross, 37, sqq.

(4) C'est le passage bien connu établissant que, sous certaines conditions, un vilain demeurant dans la ville pendant un an et un jour, devenait libre. Mais on remarquera que Glanvil, dit seulement que ce cas se produit lorsque le vilain obtenait les pleins droits d'un bourgeois, et nous verrons plus tard qu'il y avait dans beaucoup de villes un corps considérable d'habitants qui

un peu avant d'être reconnues par chartes. La valeur de la charte était surtout dans la sanction qu'elle donnait au droit coercitif de la société. Malgré le petit nombre des preuves, l'existence d'une gilde de commerce peut être prouvée, en définitive, dans 92 villes, sur les 160, qui, à un moment ou à un autre, ont été représentées dans les parlements d'Edouard Ier. Aucun nom important, à deux exceptions près, à savoir Londres et les Cinque ports, ne manque à la liste. Il est donc impossible de ne pas conclure, que chaque ville, en dehors de celles qui étaient à peine plus importantes qu'un village, avait sa gilde de commerce. Ce fait en lui-même est suffisant pour prouver le grand rôle que la gilde a dû jouer dans la vie urbaine du temps.

La similitude évidente des règlements des quatre gildes, dont les ordonnances ont été conservées en des endroits aussi éloignés l'un de l'autre que Totnes, Southampton, Leicester et Berwick, ne peut s'expliquer, qu'en admettant que les gildes de commerce avaient la même organisation dans toute l'Angleterre. Chacune était présidée par un *alderman* (deux en certains cas), avec deux ou quatre assistants, ordinairement connus sous le nom de *wardens* ou *échevins;* quelquefois il y avait aussi des *intendants* (stewarts). Il y avait généralement un petit conseil intime de douze ou de vingt-quatre membres. L'alderman et les wardens, outre la

n'étaient pas bourgeois. « Si quis nativus quiete per unum an- « num et unum diem in aliqua villa privilegiata manserit, « *ita quod in eorum communam, scilicet gildam, tanquam civis* « *receptus fuerit*, eo ipso a villenagio liberabitur. », *Select Charters*, 162. De plus les droits des bourgeois, dans une des chartes urbaines, sont définitivement établies comme subordonnés à la possession d'une propriété dans la ville « Si aliquis nativus ali- « cujus in civitate manserit, et *terram in ea tenuerit et fuerit in* « *gilda et hansa* et scot et lot cum eisdem civibus nostris per unum « annum et unum diem, deinceps non possit repeti a domino « suo, sed in eadem civitate liber permaneat » Gross. 35.

convocation et la présidence des réunions et des fêtes, dirigeaient l'emploi des fonds de la société, aussi bien que l'administration de ses propriétés, lorsque, ce qui était fréquemment le cas, la gilde avait acheté ou, par tout autre procédé, acquis de la terre (1).

Quelles étaient les personnes éligibles comme membres de la gilde? Il est impossible de le dire avec certitude. Il est clair que l'association renfermait un très grand nombre de membres, au moins deux cents pour la petite ville de Totnes (2). Si elle comprenait les marchands voyageant dans les marchés éloignés, elle n'excluait en aucune façon à l'origine les gens du métier, comme tels (3). Il est certain que les fils aînés, ou les héritiers des gens de la gilde, avaient le droit d'être admis sans rien payer, et les fils cadets en payant un droit d'entrée moins considérable que les étrangers; certainement aussi, d'abord, les membres pouvaient céder ou vendre leurs droits, et les transmettre à leurs héritières qui pouvaient les exercer par elles-mêmes, ou les donner à leurs maris ou à leurs fils (4). Les droits

(1) Gross, *Gilda Mercatoria*, 46, 47; Thomson, *Leicester*, 30 sqq.

(2) C'était en 1260, *Report Hist. MSS. Commission*, III (1872), 342.

(3) Ainsi les noms de ceux qui étaient admis à Leicester comprennent un charpentier, un maréchal ferrand, un meunier, un boulanger; Thompson, 54.

(4) Tous ces points sont éclairés par les rôles de Totnes, de Leicester, de Southampton (Davies, *Hist.*, 140 § 99). Remarquez surtout cet article dans les rôles de Totnes. « Qu'il soit rappelé « que Rob. Fina a été mis sur le texte du rôle par Lucy sa « femme, tant que la dite Lucy vivra, et s'il doit lui survivre, « *il doit faire partie de la dite gilde*, tant qu'il ne se remariera « pas, et non plus longtemps ». D'autre part les statuts de Southampton §§ 9, 10, limitent le droit d'héritage d'un siège de la gilde au fils aîné ou au neveu succédant à la propriété de son oncle. Un cadet doit payer 10 shillings; et un homme ne peut obtenir un siège ni par l'intermédiaire de sa femme, ni par achat ni par donation. On peut facilement comprendre que dans un port considérable, un petit nombre de commer-

de l'association s'exprimaient le plus ordinairement par l'expression de *seat*, *sedes* (siège) ; on disait que les membres *sollicitaient*, *possédaient*, *vendaient*, *ou donnaient* leur *seat* (1). On le désignait comme étant tantôt au-*dessous*, tantôt au-*dessus* de celui d'un autre confrère. A l'origine, cette expression se rapportait probablement à la place occupée dans le marché. On se sert aussi quelquefois du mot *gilde* pour exprimer l'ensemble des droits de l'association, mais plus fréquemment on l'applique aux réunions de la société, surtout aux rassemblements solennels qui avaient lieu une ou deux fois par an (2). Nous savons que les commerçants des autres villes étaient admis à être membres de l'association, et que les mêmes privilèges étaient souvent obtenus par les monastères voisins et les seigneurs des manoirs (3). Mais, à coup sûr, la grande majorité des membres appartenait à la ville elle-même, et nous avons de fortes raisons pour supposer que, parmi les habitants, on admettait seulement dans l'association ceux qui possédaient une propriété dans l'enceinte de la ville : les tenanciers *en bourgeoisie*, *burgenses* ou *cives*, bourgeois ou citoyens

çants pouvait facilement obtenir le contrôle de la gilde, et assurer exclusivement le droit d'en faire partie à un petit nombre de familles.

(1) Ainsi dans le rôle de Leicester de 1198, on ajoute après les noms de quelques-uns des nouveaux membres « et habet sedem patris », Thompson, *Leicester*, 53. Il y a dans un rôle de Totnes ce passage, « Robert Fela siège au-dessous de Jordan de la Stocke par don du dit Jordan, le *fordele* (droit d'entrée) payé » ; la note suivante est écrite au-dessous : « Il a démissionné et abandonné la franchise à la communauté, et maintenant *il paye les forages* ».

(2) Southampton, § 6, in Davies, *Hist. Southampton*, 140. D'où la phrase bizarre « Bevre (= boire) gilde markande », Gross, 49.

(3 Ainsi l'abbé et le couvent de Buckfastleigh étaient autorisés à Totnes, 1236. Cf. Ipswich, in Gross, 57.

*par excellence* (en franç. dans le texte). Seuls, ils étaient entièrement qualifiés pour être membres de l'assemblée municipale (1). Nous ne devons pas cependant considérer tous les membres de la gilde comme étant des commerçants importants. Dans beaucoup de villes, l'agriculture était encore une des principales occupations des bourgeois (2) ; mais beaucoup de ceux qui occupaient la terre, devaient désirer de toute façon vendre le surplus de leurs produits. Les articles les plus souvent mentionnés dans les documents des gildes, les peaux, la laine, le grain, etc., montrent que le commerce consistait presque entièrement dans la vente et l'achat des produits bruts de l'agriculture (3). On a déjà remarqué que les non associés recevaient la permission d'acheter ou de vendre contre le paiement de droits économiques ;

(1) Voyez la deuxième citation, note 4, p. 94. Dans un rôle de l'Echiquier de Jean sans Terre, David le teinturier de Carlisle est enregistré comme payant un marc, afin que l'établissement qu'il a à Carlisle lui donne le droit de bourgeoisie « et quod ipse habeat easdem libertates quas alii burgenses de « Kaerleolo », Madox, *Exchequer*, 278. Nous sommes conduits à croire que la possession d'une propriété était une des conditions de l'affiliation, même quand le langage des chartes semblerait impliquer le contraire. Ainsi la charte de Henri II pour Lincoln dit que si un homme demeure un an et un jour à Lincoln sans être réclamé « et dederit consuetudines », il doit rester en paix « sicut civis meus », *Select Charters*, 166. Cependant sous le règne de Jean, les foulons et les teinturiers de Lincoln se plaignirent de la saisie de leurs draps par les aldermen et les reeves, et réclamèrent le droit de teindre à leur volonté, comme libres citoyens de Lincoln. Les aldermen et les reeves déclarent que les artisans « non habent legem vel communiam cum liberis civibus », *Placitorum abbreviatio* (éd. 1811), 65 ; Ashley, *English Woolen Industry*, 23. Cf. Pour les Flandres, Vanderkindere, *Le siècle des Artevelde*, 63.

(2) Thompson, *Leicester*, 51. Les porcs et les bœufs semblent avoir été élevés dans l'intérieur même de la cité de Londres jusqu'au XIII^e siècle, *Liber Albus*, XLI-XLII.

(3) Berwick statutes § 20 ; *English Gilds*, 342.

mais, en certains cas, le commerce de certains articles leur était entièrement interdit, par exemple pour les peaux (1). Il est encore important d'observer que, dans plusieurs villes, la gilde de commerce avait jugé indispensable d'obtenir du roi le monopole de la vente au détail des draps de couleur, dont se servaient les hautes classes (2), ou même de la vente au détail de toute espèce de drap (3). Nous verrons plus tard comment ces privilèges ont été pour elles une cause de conflit avec les gildes de métier.

Nous avons vu que les assemblées de la gilde, ou ses dignitaires en son nom, rédigeaient des règlements, ou exerçaient une juridiction dans les questions commerciales. Ces règlements éclairent d'une manière évidente un trait commun à la fois aux gildes de commerce et de métiers, à savoir que, tandis que chaque membre individuel, dans certaines limites, était autorisé à poursuivre ses intérêts par les moyens qu'il pensait les meilleurs, on avait cependant le sentiment très fort, que le commerce et l'industrie étaient l'intérêt commun du corps tout entier. On estimait que chacun devait se soumettre aux règlements pour le bien commun, et venir en aide à ses confrères. Ainsi, à Leicester, une ordonnance de la gilde décidait que les marchands de drap, lorsqu'ils allaient à la foire de Saint-Botolph, à Boston, se placeraient du côté sud du marché, et les marchands de laine du côté nord. Un peu plus tard on décida que les commerçants de

(1) Gross, 53.

(2) Ashley, *English Woolen Industry*, 19-24.

(3) Ainsi dans une Charte de Henri II à Chichester « Nullus in civitate Cicestr' vendat pannos per detaillum nisi sit de gilda mercatoria ». Gross, 54. Parmi les « coutumes » de Newcastle (au temps de Henri I), l'une d'elles décidait que personne, excepté un bourgeois, ne pouvait acheter, faire (c'est-à-dire fabriquer) ou couper du drap pour la teinture, *Select Charters*, 112.

Leicester à Boston feraient toujours l'étalage de leurs draps dans la *rangée* où les gens du Leicestershire avaient coutume de se tenir, sous peine d'avoir à payer un tonneau d'ale. On pouvait bien, pour plus de sécurité, rentrer avec soi son drap, pour la nuit, dans un logement situé hors de la « rangée » ; mais on ne pouvait le vendre que sur l'alignement obligatoire (1). C'était d'ailleurs la seule manière possible d'exercer la surveillance sur les commerçants qui prétendaient venir de Leicester, et c'est ainsi seulement qu'on pouvait empêcher les fraudeurs de ruiner la bonne réputation des produits d'une ville. Mais en récompense de ces prohibitions, les gens de la gilde obtenaient le bénéfice de la protection. Si un des membres de la gilde de Southampton était mis en prison dans n'importe quelle partie de l'Angleterre, l'alderman, l'intendant et l'un des échevins étaient obligés de partir aux frais de la gilde, pour obtenir sa délivrance. A Berwick, « deux ou trois de la gilde » étaient obligés de « travailler » pour le compte de tout confrère en danger de perdre la vie ou un membre, mais seulement pendant deux jours, aux frais de la gilde (2). Les individus ne devaient pas monopoliser les avantages du commerce. A Southampton, pendant la discussion d'un marché, tout autre membre de la gilde pouvait survenir et réclamer d'y être admis, en fournissant garantie qu'il pouvait payer, pour la part qu'il désirait. A Berwick un homme qui achetait un lot de harengs, devait les partager au prix coûtant avec les gens de la gilde présents, et quiconque n'était pas présent pouvait aussi avoir sa part, en payant le prix et douze pence de bénéfice pour l'acheteur (3)

(1) 1261. Thompson, 89.

(2) Davies, *Southampton*, 140 § 11 ; pour Berwick, Houard, *Coutumes anglo-normandes*, II, 471, § 12.

(3) Davies, § 24 ; *English Gilds*, 345, § 37.

Un des principaux buts de la juridiction de la gilde était certainement le maintien des privilèges de l'association. On trouve de fréquents jugements contre ceux qui se faisaient les agents de la vente de marchandises n'appartenant pas à des associés, ou qui renseignaient ou aidaient dans ses achats un commerçant étranger, contre les intérêts de la gilde (1). Mais une attribution également importante de cette juridiction était le maintien de la loyauté commerciale et de la qualité supérieure des marchandises vendues. Les rôles contiennent les inscriptions de nombreuses amendes pour la teinture frauduleuse de la laine, pour le mélange des mauvaises et des bonnes laines, pour des tromperies sur le poids, pour des ventes faites à un prix supérieur au taux officiel ou fixé, aussi bien que pour le délit d'accaparement, contre lequel, nous le verrons plus tard, on prenait les précautions les plus minutieuses (2).

Cette confraternité, cependant, ne ressemblait pas à une société moderne qui viserait quelque avantage matériel particulier, en ce qu'elle pénétrait, pour une grande partie, la vie de chaque jour. Lorsqu'ils étaient malades, les gens de la gilde étaient visités par leurs associés, et recevaient du vin et des mets provenant des fêtes ; les confrères tombés dans la pauvreté étaient

(1) Davies, § 21 ; Thompson, 78, 79.

(2) Cela est éclairci particulièrement par les documents analysés dans Thompson. Un certain Roger Alditch leur a donné beaucoup de peine. Il fut chassé de la gilde pour avoir joint du drap vermeil de mauvaise qualité à une pièce de bonne fabrication, et pour deux autres délits antérieurs ; il fut réadmis après un an et un jour, en payant une amende et en produisant des cautions ; un peu plus tard, il fut de nouveau dans l'embarras pour avoir envoyé à un acheteur du drap inférieur à celui qui avait été montré lorsque le marché avait été fait, pp. 68, 77, 81. Une fois, le maire et certains confrères de la gilde furent condamnés à l'amende d'une mesure d'ale, pour avoir coloré frauduleusement la laine, p. 78.

secourus ; leurs filles recevaient des dots pour se marier ou pour entrer au couvent ; et quand un membre mourait, ses funérailles étaient suivies par ses confrères, et on pourvoyait aux frais d'une cérémonie convenable (1).

## Section VIII. — Origine des Gildes de métiers.

Ce fut, comme nous l'avons vu, dans la seconde moitié du XI$^{e}$ siècle, que les gildes de commerce commencèrent à se former ; pendant le XII$^{e}$, elles surgirent dans toutes les villes considérables de l'Angleterre. La naissance des gildes de métiers, d'une manière approximative, doit être reportée à trois quarts de siècle plus tard. Des exemples isolés se rencontrent de bonne heure au XII$^{e}$ siècle ; ils deviennent plus nombreux à mesure que le siècle avance, et au XIII$^{e}$ ils apparaissent dans toutes les branches de fabrication, et dans tout centre industriel.

Les Gildes de métier étaient des associations, pour certains intérêts communs, entre tous les artisans voués à une industrie déterminée dans une ville donnée. Nous verrons plus tard quels étaient ces intérêts. Leur apparition marque la seconde période de l'histoire de

(1) Ceci est éclairci par les statuts de Berwick et de Southampton. La disposition suivante des statuts de Berwick en faveur d'une orpheline est amusante ( § 10, Houard, II, 471) « Si quis « confratrum nostrorum relinquat post obitum suam filiam ex « uxore conjugata, qui sit laudabilis conversationis, et bonæ « famæ, et non habeat de proficiis unde sibi providere valeat « de viro, aut si in domo religionis caste vivere voluerit, secun- « dum æstimationem et dispositionem aldermanni, decani et « confratrum, secundum facultates Gildæ, *sibi de viro vel de « domo religionis provideatur* ». La clause a pour titre « De relevatione filiarium Gildæ ».

l'industrie, la transition du *système domestique* au *système de la gilde* (ou des *métiers*) (1). Dans le premier il n'y avait pas de *classe* d'artisans à proprement parler, c'est-à-dire pas de classe d'hommes entièrement ou principalement voués à une fabrication spéciale, et cela parce que les besoins d'une famille ou de tout autre groupe domestique, monastère ou maison seigneuriale, étaient satisfaits par le travail des membres du groupe lui-même. Le second système, au contraire, est marqué par l'existence d'un corps d'individus, dont chacun était occupé plus ou moins exclusivement à une fabrication spéciale. Le passage d'un système à l'autre est donc un exemple de la « division du travail », ou pour employer une meilleure expression de la « division des fonctions ». Si, avec Adam Smith (2) nous cherchions à déterminer « les progrès naturels de la richesse », nous pourrions formuler ainsi la loi de son développement. Dans une communauté agricole, la division des fonctions apparaîtra d'abord de la façon suivante : d'un côté la grande masse de la population, qui continue à être employée dans l'agriculture, de l'autre le petit nombre de personnes, qui s'occupent de transporter le surplus des produits bruts d'un endroit dans un autre où ils sont nécessaires. Lorsque cependant, comme dans le cas de l'Angleterre, un pays est surpassé par d'autres dans les arts industriels, ou incapable de se fournir lui-même des articles de luxe, comme les pierres précieuses, on verra apparaître des importateurs de ces produits désirés par les classes les

(1) Pour la comparaison des conditions de l'industrie pendant ce que nous avons appelé le système familial, le système de la gilde, le système domestique et le système de la fabrique, voyez Thun, *Die Industrie am Niederrhein*, II, 246 ; Held, *Zwei Bücher zur socialem Geschichte Englands*, 541 ; et cf. Ashley, *English Woolen Industrie*, 71-75.

(2) *Wealth of Nations*, liv. III, ch. I.

plus riches, même avant qu'il ne se crée une classe de commerçants pour les produits bruts du pays. Mais en tout cas la formation d'une classe de petits marchands ou classe commerciale précède celle de la classe industrielle.

Si l'on conçoit ainsi la place des fabriques naissantes du XIIe siècle dans le développement de la société du Moyen Age, la discussion sur la possibilité de l'« origine » romaine des gildes perd beaucoup de son intérêt (1). Sans doute, les historiens modernes ont exagéré la solution de continuité qui existe entre le monde romain et le monde barbare ; sans doute, les artisans de la fin de l'empire romain avaient une organisation quelque peu semblable à celle des gildes plus récentes. Bien plus, il est possible que, dans un ou deux endroits de la Gaule, certaines corporations d'artisans aient eu une existence ininterrompue du Ve au XIIe siècle ; il se peut même que la réglementation romaine ait servi de modèle à l'organisation des esclaves artisans sur les terres des monastères et des grandes seigneuries ; et c'est là probablement, sur le continent, l'origine de quelques-unes des gildes de métiers postérieures. Mais nous voyons que le développement d'une classe d'artisans, en tant qu'on la distingue des artisans isolés en quelques endroits, était impossible jusqu'au XIIe siècle ; car la société n'avait pas encore atteint la période où il était profitable et sûr, pour un nombre considérable d'hommes, de se borner à toute autre occupation que l'agriculture. Nous voyons aussi que les idées directrices des gildes de métiers ne leur étaient pas particulières, mais étaient communes à toute la société contemporaine. Par conséquent les éléments d'organisation que l'on peut admettre comme dérivés des corporations ro-

(1) Voyez pour l'opinion, poussée à l'extrême, qui rattache cette organisation aux institutions romaines, Gasquet, *Précis des institutions de l'ancienne France*, II, 233-243.

maines d'artisans, ou comme suggérés par elles, sont tout à fait d'importance secondaire.

Il y a, nous l'avons dit, peu de doute que quelques-unes des gildes de métiers, en France et en Allemagne, ne fussent à l'origine des organisations de serfs artisans sur les manoirs des seigneurs importants, laïques ou ecclésiastiques. Ce cas peut s'être produit aussi, dans quelques endroits, en Angleterre ; mais on n'a pas encore fourni la preuve qu'il en ait été ainsi. Cependant il faut rappeler que nous savons encore très peu de chose de l'histoire primitive des villes ; d'autre part, il est possible que, dans bien des cas, les bourgeois, qui ont formé plus tard la gilde de commerce, fussent à l'origine des vilains astreints aux corvées à l'égard de leurs seigneurs ; il est donc possible aussi qu'il y eut, en quelques endroits, des groupes d'artisans, travaillant pour un seigneur, soumis à des règlements et à des officiers désignés par lui et qui, peu à peu, s'affranchirent de la servitude et devinrent des artisans libres. Mais ce ne sont là que des déductions ; a l'époque où les preuves apparaissent pour la première fois dans les documents qui sont présentement à notre portée, ces ouvriers sont libres de leur personne, et ne sont pas soumis à la surveillance seigneuriale.

Une autre question plus difficile encore est celle des rapports des gildes de métiers et des gildes de commerce. Dans beaucoup de villes d'Allemagne et des Pays-Bas, il se produisit pendant le XIIIe et le XIVe siècle une lutte désespérée entre l'oligarchie bourgeoise, qui monopolisait le gouvernement municipal, et dont la force s'augmentait encore dans bien des cas de ce qu'elle était unie dans une gilde de commerce, et les artisans, organisés en gildes de métiers Les gens de métier combattirent d'abord pour avoir le droit de posséder leurs gildes particulières, puis pour obtenir une part dans le gouvernement de la ville. Ces faits ont pris facilement la forme d'une théorie symétrique du développement industriel.

Les gildes de commerce, a-t-on dit, s'étaient d'abord formées pour se protéger contre les seigneurs féodaux ; puis elles devinrent tyranniques, et rendirent ainsi nécessaire la formation des gildes de métiers ; de même, les gildes de métiers devinrent tyranniques dans la suite, et les journaliers furent obligés de former des sociétés à eux, pour se protéger contre les maîtres. A la lumière de cette théorie, il n'était pas difficile d'expliquer les renseignements beaucoup trop rares que nous avons sur la question en Angleterre, et de compenser le silence des chroniqueurs anglais, en se rabattant sur les analogies qu'on trouve dans les documents étrangers (1).

La simplicité même de cette théorie, la facilité avec laquelle les vulgarisateurs l'ont acceptée, malgré le peu de preuves que les documents anglais pouvaient fournir, ont peut-être conduit quelques historiens à la traiter avec mépris. On allègue qu'il n'y a pas de preuves, en ce pays, d'une pareille lutte entre les bourgeois et les artisans (2). On maintient même que les gildes de métiers n'avaient que peu d'indépendance, et doivent être regardées simplement comme l'organisme au moyen duquel les autorités municipales surveillaient la fabrication (3). Cependant ce point de vue ne paraît pas satis-

(1) C'est l'opinion adoptée par Brentano dans son essai placé en tête de *English Gilds* (Early Engl. Text. Soc.) ; et brièvement reprise dans son *Arbeiterverhältniss gemäss dem heutigen Recht*, 13-42.

(2) L'évêque Stubbs dit prudemment. « Les luttes entre le « patriciat bourgeois de la gilde de commerce et les plébéiens « des gildes de métiers, qui marquent l'histoire municipale de « l'Allemagne, n'ont pas de parallèle exact en Angleterre », *Const. Hist.*, I, 474 (Libr. Ed.). M. Cunningham déclare plus hardiment « qu'il n'y a *aucune* preuve de la tyrannie des classes « riches, ni de l'opposition que les artisans leur auraient faite... », *Formation et décadence des gildes de métiers* (angl. Transact. Royal Hist. Soc.), p. 11.

(3) Ochenkowski, *Englands wirthschaftliche Entwickelung*, 55, 74-79.

faisant lorsqu'on considère les renseignements qui ont été, peu à peu, mis en lumière au sujet de la gilde de commerce. La théorie suivante sur la question des relations des différentes corporations doit être regardée simplement comme une théorie ; mais elle ne semble pas en contradiction avec les faits, et elle est confirmée par beaucoup de preuves indirectes.

Les membres de l'assemblée municipale, la *court leet*, ou *portmanmote*, semblent, à l'origine, avoir été astreints à être propriétaires fonciers dans les limites de la ville ; et c'est d'abord le droit de siéger dans cette assemblée,qui caractérisait le bourgeois ou le citoyen. Ce sont ces bourgeois qui constituèrent la gilde de commerce de chaque ville (1). D'abord le terme « commerçant ou marchand » devait s'étendre à tous ceux qui avaient l'occasion de vendre ou d'acheter tout ce qui n'était pas provisions pour l'usage journalier. Celui qui occupait un lot de terre, si petit qu'il fût, fût-il un artisan, ne devait pas être exclu. Mais cette union et cette harmonie ont dû être troublées de deux façons. Il se forma une classe d'habitants des villes qui n'étaient pas propriétaires fonciers ; elle se recrutait principalement sans doute par l'accroissement naturel de la population urbaine elle-même, mais aussi peut-être, pour une part, par l'immigration des serfs venant des districts agricoles. Ces habitants non propriétaires ne pouvaient être en aucune façon considérés comme des bourgeois ; aussi ils ne pouvaient être admis dans la gilde de commerce, même s'ils le désiraient, et s'ils étaient capables de payer le droit d'entrée. Beaucoup d'entre eux durent se mettre au service des citoyens riches ; mais il y en eut qui se tournèrent vers les métiers manuels. Secondement, bien

(1) Voyez note 1, p. 98. L'évêque Stubbs croit « que la gilde « de commerce comprenait tous les marchands, qu'ils eussent ou non une propriété foncière », *Const. Hist.*, 474. Mais il n'y a pas de preuve, semble-t-il, d'une affirmation si générale.

que dans une petite ville, comme Totnes, la gilde des commerçants ait pu pendant longtemps continuer à comprendre les artisans, dans les villes plus grandes, il devait y avoir une tendance à ce que la direction de la gilde tombât entièrement dans les mains des « négociants » au sens moderne du mot ; et ils ont fini par imposer, par la contrainte, ce règlement qu'avant d'être admis dans la gilde, un artisan devait abjurer son métier (1). Mais, pendant ce temps, la gilde de commerce dont les membres devaient avoir exercé dès l'origine une influence prédominante dans la ville, était devenue, en fait, identique avec le corps gouvernant ; ou plutôt, une organisation municipale s'était formée, qui combinait les droits de juridiction de la « court-leet » et les droits commerciaux de la gilde (2). Ainsi, deux questions distinctes se posaient. Les gens de métier devaient-ils obtenir pour leur gilde des droits de surveillance et de juridiction sur leurs membres, à part, et indépendamment des autorités municipales? ou devaient-ils continuer à se soumettre au monopole commercial de la gilde des marchands? Les premières gildes de métiers, qui sont parvenues à notre connaissance, sont celles des tisserands et des foulons en draps de laine. Ce fut la gilde des tisserands, dans toute l'Europe de l'ouest, qui commença et qui conduisit la lutte contre les vieilles corporations gouvernantes. La raison en est naturelle. La fabrication des fournitures pour la draperie devait être la première industrie qui provoquât une demande considérable, et par conséquent elle devait paraître à des artisans mériter qu'ils s'y vouassent entièrement ; aussi fut-elle la première où

(1) C'était certainement le cas à Winchester, Marlborough et Beverley, *Liber Custumarum* (Rolls' Series), 60, 130, I ; Cf. les villes flamandes, dans Warnkönig, *Hist. de Flandre*, traduct. Gheldolf II, 208, sqq ; 506, sqq. ; Gilliodts, *Invent. des Archives de Bruges*, IV, 272, sqq.

(2) Stubbs, *Const. Hist.*, III, 608-610.

nous voyons apparaître une corporation spéciale de gens de métier. On trouve, il est vrai, des gildes de boulangers à une époque presque aussi ancienne (1), mais comme il faut bien moins d'habileté pour la boulangerie que pour le tissage, la boulangerie est longtemps restée, comme elle l'est encore dans une grande proportion, une occupation domestique. Ainsi les boulangers ne pouvaient pas être aussi nombreux que les tisserands, et comme les premiers fabriquaient pour la consommation immédiate, ils furent rarement en conflit avec le monopole des commerçants (2).

Nous devons à l'existence fortuite du « pipe roll » (registre des droits) de 1130, de savoir qu'il y avait à cette date précise des gildes de tisserands à Londres, Lincoln et Oxford (3), qui, chaque année, payaient au roi des droits pour être autorisées. Les tisserands d'Oxford, en nous reportant au règne d'Edouard Ier, époque où la taxe fut fixée, déclaraient que leur gilde comprenait alors soixante membres (4). Pendant le même règne, il y avait aussi à Oxford une gilde de « corvesars », ou corroyeurs (5). Pendant les premières années de Henri II, on trouve aussi des gildes de tisserands à York, Win-

(1) « Bolengarii debent I marcam et VI uncias auri », *Pipe Roll*, 5. Henri II ; Madox, *History of the Exchequer*, 231.

(2) Cf. Ashley, *English Woolen Industry*, 13, 14.

(3) *Rotulus magnus Pipæ* (éd. Record Comm., 1833), 144, 2, 109. Pour les tisserands et les corroyeurs d'Oxford, voyez Boase, *Oxford*, 36, 37.

(4) « Eo tempore quo promissionem dictæ marcæ auri fecerant Tellarii predicti erant numero sexaginta et plures in villa prædicta, et ipsi jam ad tantam inopiam devenerint quod vix sint numero quindecim », Madox, *Exchequer*, 232.

(5) Un « Inspeximus » d'Henri III, imprimé in *Archæol. Journal*, VI, 146, cite une charte de Henri II confirmant les droits dont jouissaient les « corversarii » au temps de Henri Ier, « Ita « quod nullus faciat officium eorum in villa de Oxon' nisi sit de « Gilda illa. »

chester, Huntingdon, et Nottingham, et une gilde de foulons à Winchester, chacune payant des droits annuels à l'Echiquier (1). Ce n'était pas tout-à-fait une taxe ; c'était la condition à laquelle ils recevaient la sanction du gouvernement. Les gildes que le roi n'avait pas autorisées, étaient condamnées à l'amende comme illégales. Ce fut le cas, en 1180, à Londres pour les gildes des forgerons, des bouchers, des marchands d'épices, et des apprêteurs de drap (2). Mais il ne semble pas qu'il y ait eu une tentative pour dissoudre par la force les sociétés illégales ; elles n'étaient pas assez grandes pour exciter la jalousie des bourgeois de Londres ; et elles survécurent toutes, pour prendre leur place dans les corporations, qui se formèrent plus tard.

Dans les plus anciennes chartes, telles qu'elles ont été accordées aux tisserands de Londres et de York par Henri II, en dehors d'une confirmation générale des « libertés et coutumes », la seule clause précise était que personne, dans l'intérieur de la ville, quelquefois du district, ne pouvait exercer un métier, à moins d'appartenir à la gilde (3). Le droit de forcer tous les gens de métier à faire partie de l'organisation corporative, *Zunft-Zwang*, selon l'expression des écrivains allemands,

(1) *The Great Rolls of the Pipe*, 2-4, *Henri II*, (éd. 1844), 39, 90, 153. Pour York, *Close Rolls* (éd. 1883), I, 421.

(2) Madox, *Exchequer*, 390. J'ai emprunté quelques phrases à mon travail sur la *Woolen Industry*, 16, sqq.

(3) « Sciatis me concessisse Telariis Londoniarum Gildam suam « in Londoniis habendam cum omnibus libertatibus quas habue- « runt tempore regis Henrici avi mei ; et ita quod nullus *nisi per* « *illos* se intromittat infra civitatem de eo ministero, et *nisi* « *sit de eorum gilda*, neque in Sudwerke neque in aliis locis Lon- « doniis pertinentibus », *Liber Custumarum*. 33. — Pour York, personne ne devait fabriquer de drap *dans le comté*, sinon avec le consentement des tisserands de cette ville. Voyez le rescrit d'Henri ordonnant au sheriff de donner force de loi à ce règlement, *Close Rolls*, I, 421. Cf. note 4, p. 109..

comportait le droit d'imposer des conditions, d'exercer une sorte de surveillance sur tous les membres associés. Il était naturel que les plus anciennes gildes, se développant au milieu d'un certain antagonisme contre les bourgeois, aient cherché à rendre leur juridiction aussi étendue que possible. Mais cette autorité indépendante devait rendre plus forte la jalousie des corporations gouvernantes des villes. On voit clairement, dans l'histoire de Londres, jusqu'où pouvait se prolonger la durée de la lutte entre les bourgeois et les artisans. Nous ne savons pas s'il y eut jamais une gilde de commerce à Londres. Cependant, en 1191, par la reconnaissance de leur « commune », les « Londoners » obtinrent l'autonomie municipale la plus complète, et par conséquent on leur reconnut les mêmes droits, dans les questions de commerce et d'industrie, que ceux qui auraient été exercés par une gilde de commerce (1). Presque immédiatement ils offrirent de payer à l'Echiquier un droit annuel, si la gilde des tisserands était abolie. Jean accepta l'offre et, en 1200, la gilde fut abolie par une charte royale (2). Pour une raison ou pour une autre, elle fut rétablie deux ou trois ans après. Mais pendant longtemps les tisserands ne se sentirent pas hors de danger (3).

Dans d'autres villes, ce qu'on discerne le plus clairement, c'est la lutte économique. Nous avons vu que les chartes accordant aux villes l'autorisation d'avoir une

(1) Stubbs, *Const. Hist.*, I, 704.

(2) La liste des chartes dans le *Liber Albus*, 134 (vol. I des Municip. Gildh.) mentionne « alia charter equidem Joannis, quod « Gilda Telaria non sit de cetero in civitate Londoniarum, nec « ullatenus suscitetur ». Le texte d'une charte de Henri II aux tisserands dans le *Liber Custumarum* contient le triomphant entête suivant : « Quæ adnihilata est per chartam Regis Joannis ». Le *Pipe Roll* de Jean (a. 4) contient ce passage : « Cives Londoniæ debent LX marcas pro Gilda Telaria delenda, ita ut de ce- « tero non suscitetur », Madox. *Exchequer*, 279.

(3) *Liber Custumarum*, Riley. *Introd.*, LXIII.

gilde de commerce contenaient ordinairement une clause ayant pour effet d'interdire de commercer à quiconque n'était pas membre de la société ; et que, en un cas, il était établi expressément que la gilde devait avoir le monopole même de la vente au détail du drap (1). On a des raisons de croire que c'était un monopole auquel on tenait très généralement. Le « Livre des coutumes » de Londres contient certains articles (2), appelés les « *Lois* » des tisserands et des foulons de Winchester, Oxford, Beverley et Marlborough. Ce sont des procès-verbaux ou copies d'actes, que les magistrats de Londres doivent avoir obtenus, à quelque époque du XIIIe siècle, pour consolider leur cause. Ces « lois » traçaient une démarcation très tranchée entre l'artisan et le franc-bourgeois, le *franke Homme* de la ville. Aucun franc-bourgeois (*freeman*) ne pouvait être accusé par un tisserand ou un foulon ; aucun artisan ne pouvait porter témoignage contre lui (3). Si un artisan devenait assez riche pour désirer devenir franc-bourgeois, il devait d'abord abjurer son métier, et débarrasser sa maison de tous ses outils. Un tisserand ou un foulon ne pouvait sortir de la ville pour vendre son drap, et par conséquent faire obstacle au monopole des commerçants ; il n'était autorisé à vendre son drap qu'à un commerçant de la ville (4). En fait, il lui fallait obtenir le consentement des « bons hommes » de la ville avant même de pouvoir exercer

(1) Voyez les notes 3, p. 92 et 3, p. 99.

(2) Riley, *Introd.*, LXI. Voyez *Engl. Woollen Industry*, 20-22.

(3) « Ne nul franke homme ne puet estre atteint par telier ne « par fuloun, ne il ne pœn tesmoign porter ». Les mots sont presque identiques pour chaque cas.

(4) « Ces est a savoir, qe nul telier ne nul fuloun ne puet drap « secchir ne teindre, ne a nul marchandise hors de la ville « aller », à Winchester et Beverley. « Il ne pœn à nul forein « lour draps vendre, fors as marchauns de la cité », à Winchester.

son métier (1). Ce dernier règlement réapparaît jusqu'en 1265, dans une ordonnance de la gilde de commerce de Leicester qui défend aux artisans de cette ville de tisser pour les habitants d'autres endroits, avant d'avoir produit assez de travail pour les bourgeois de Leicester (2).

Nous n'avons pas encore à notre disposition les documents qui nous permettraient de suivre la route à travers laquelle la vieille organisation des bourgeois perdit ses droits exclusifs ; ou la route à travers laquelle les artisans ont gagné les droits de bourgeoisie, ce qui est peut-être uniquement la même révolution, considérée de l'autre point de vue. Le monopole commercial avait disparu probablement avant la fin du XIIIe siècle. Il est évident, en tous cas, que le statut de 1335, qui permet aux commerçants étrangers de négocier librement en Angleterre, est rédigé en de tels termes, qu'il comprend clairement les artisans anglais dans l'autorisation donnée ; et il a dû avoir pour effet d'affaiblir tout monopole que la classe gouvernante pouvait encore réclamer dans n'importe quelle ville. « Le roi a ordonné », ainsi s'exprime ce document, « que tous commerçants étrangers et « citoyens, et *tous autres* et chacun, *de quelque état et* « *conditions qu'ils puissent être,* achèteront et vendront « du blé, du vin, au poids de seize onces à la livre, de la « viande au poids, du poisson et tous autres articles de « nourriture, laine, *drap*, denrées marchandises, et toutes « autres choses à vendre, quelque soit leur lieu d'origine, « en quelque endroit que ce soit, cité, bourg, ville, port de « mer, foire, marché..... qu'il y ait franchise ou non..... « ils pourront librement, sans être interrompus, *vendre*

(1) La nécessité d'obtenir le consentement est mentionnée pour Oxford. « Ne nul ne puet tistre (tisser) ne overer (ouvrer, « vieux français) fors as prudeshommes de la vile », à Marlborough.

(2) Thompson, *Hist. of Leicester*, 84.

« *ces objets à toute personne qu'il leur plaira* » (1). Avec la perte de leur monopole commercial, tombait la *raison d'être* (en français dans le texte) des gildes de commerce, et en même temps de toutes les gildes, en tant qu'organisations séparées. Dans beaucoup de villes, le mot survécut pendant longtemps ; mais ce ne fut plus qu'un terme pour désigner certaines fonctions des autorités municipales, particulièrement la cérémonie d'admission des apprentis au droit de bourgeoisie. En d'autres endroits, la gilde se réorganisa sous la forme d'une association religieuse et sociale ; cependant dans une ou deux villes, il est possible que, plus tard, la compagnie des négociants-exportateurs (*Merchant-Adventurers*) soit sortie de la gilde de commerce. Mais ce dernier développement, qui est d'un intérêt extrême, n'a pas encore été l'objet de recherches suffisantes (2).

## Section IX. — Relations entre les Gildes de métiers et les autorités municipales.

Le résultat des contestations entre les gouvernements municipaux et les gildes de métiers, au sujet des juridictions, n'a jamais été exactement précisé, parce qu'il ne l'a pas été même par les contemporains. Brentano représente les gildes de métiers comme entièrement indépendantes, comme publiant des règlements concernant les prix, les salaires, la nature du travail, les procédés de fabrication, comme exerçant une juridiction indépendante sur ses membres en matière commerciale. Les écrivains qui critiquent ses idées, remarquent que les

(1) *Statutes of the Realm*, I, 269.
(2) Gross, *Gilda Mercatoria*, 87.

règlements, de l'espèce de ceux publiés par les gildes, étaient aussi publiés en même temps par les autorités municipales et dans leurs statuts. Ils inclinent même à refuser aux gildes tout pouvoir judiciaire réel, et leur attribuent seulement ce qu'on peut appeler des fonctions de police, c'est-à-dire le pouvoir de conduire les délinquants devant le tribunal municipal. Voici quelle semblerait être l'opinion la plus vraisemblable : On reconnaissait aux magistrats municipaux une vague mais réelle autorité sur les gildes, qui les rendait capables de publier, s'il leur plaisait, des ordonnances s'appliquant à tous les métiers ; mais la plupart des statuts des gildes étaient ordinairement rédigés par les artisans eux-mêmes, et l'approbation des magistrats municipaux, nécessaire pour leur donner force de loi, était accordée comme une chose toute naturelle. Les règlements journaliers et la surveillance des procédés de fabrication étaient confiés aux dignitaires de la gilde. Pour la juridiction cependant, il y avait presque certainement des différences considérables entre les différentes gildes. La plupart des gildes, ou des métiers (*mestiers, mystères*) comme on finit par les nommer, avaient pouvoir de régler, dans leurs cours, des contestations peu importantes, ou les contraventions commises par leurs membres ; mais les accusés pouvaient demander que le procès fût transporté devant le maire ; et, en fait, les autorités municipales pouvaient citer devant elles le délinquant, même en première instance, si elles le jugeaient convenable. Mais quelques métiers n'entrèrent dans l'organisation des gildes que relativement tard ; et ce fut moins pour les avantages que les artisans eux-mêmes pouvaient trouver dans l'association, que parce que les autorités municipales pouvaient alors les contrôler plus facilement. Ces dernières gildes n'avaient apparemment aucune espèce de pouvoir judiciaire, et la seule fonction de leurs *wardens* était de faire comparaître devant le maire les contrevenants aux règlements. D'autre part, les tisserands de Londres et quelques autres des anciennes gildes avaient des cours dont l'autorité judiciaire et indépendante était considérable. Les membres pouvaient réclamer d'être jugés par la cour de leur gilde et non par aucune autre.

Les tisserands de Londres tenaient la « gilde » une fois par an, et la cour, chaque jeudi. La cour était présidée par quatre baillis, élus par les gens du métier et acceptés par le maire. Il y avait un clerc, qui assistait les magistrats dans la tenue de la cour, et un sergent, pour citer les délinquants devant elle ; ces deux officiers recevaient un demi-marc par an sur les amendes payées au tribunal. Tout membre des métiers, cité devant la cour des sheriffs, pouvait être distrait de leur juridiction et comparaître devant la gilde, sur la demande d'un des baillis. Deux baillis, agissant conjointement, avaient le pouvoir de transférer à la cour de la gilde les procès intentés contre les tisserands, même par ceux qui n'étaient pas membres de l'association, mais ceux-ci, par une addition postérieure, ne pouvaient pas être condamnés à l'amende par le tribunal de l'association. Les questions dans lesquelles la cour de la gilde avait droit de juridiction, sont définies ainsi : « Dettes, contrats, accords, délits légers ». Ces attributions n'étaient limitées qu'en cas de contestations avec les *burellers*, qui leur préparaient leur fil ; en 1830, à la suite d'une convention, il avait été décidé que les difficultés avec ces derniers seraient tranchées dans la cour du maire, par un jury composé, en nombre égal, de jurés des deux parties (1). Nous trouvons aussi que les chartes accordées à d'autres

(1) *Liber Custumarum*, 121, 126. Nominalement le maire avait le droit de présider la cour de semaine « et si le meire ne y « soit, il deit assigner quatre prodeshommes du mester jurez... « a tenir la Court : les queux quatre soient chescun an remua- « bles a la volonté du mester et deyvent estre chescun an pre-

gildes par Henri II, par exemple celle des corroyeurs d'Oxford, étaient rédigées précisément dans les mêmes termes que celle des tisserands de Londres. Nous ne pouvons donc nous empêcher de conjecturer que, dans bien des cas, les mêmes pouvoirs, exercés par les tisserands de Londres, ont pu l'être aussi par quelques-unes des autres corporations les plus anciennes, à Londres et autre part.

A la fin du règne d'Edouard III, il y avait à Londres quarante-huit (1) corporations ou métiers, chacune ayant une organisation séparée et des dignitaires particuliers. Ce nombre augmenta, au moins jusqu'à soixante, avant la fin du siècle. D'autres villes importantes ont dû voir un accroissement semblable dans le nombre des artisans et dans la formation des corporations, bien qu'elles ne se soient pas subdivisées aussi complètement. Dans les villes de second ordre, comme Exeter, le développement est plus tardif et occupe le siècle suivant (2). Dans les villes plus petites, les corporations ne se formèrent que lorsqu'il y eut un corps considérable de gens employés au même métier ; aussi beaucoup d'artisans restèrent en dehors de toute organisation, et soumis seulement aux règlements imposés par le statut municipal, par le maire ou par le bailli.

Nous pouvons déterminer à peu près la période à laquelle les autorités municipales cessèrent de s'opposer à la formation des corporations et commencèrent à la seconder. Jusqu'au règne d'Edouard Ier, semble-t-il, les gildes de métiers s'étaient créées spontanément, pour l'assistance mutuelle et l'intérêt des artisans. Elles avaient été contraintes de payer des droits annuels au

« sentez au Meyre », Art. 3. La compétence de la cour s'étendait aux « placita debiti, contractus, conventionis, et parvæ transgressionis » par l'intermédiaire d'un jury dont la liste était dressée d'après 14. Ed. II, *Ibid*, 422.

(1) La liste est dans Herbert, *Livery Companies*, 34.

(2) Freeman, *Exeter*, 168.

roi, ou à d'autres lords, pour obtenir d'être reconnues, et elles avaient trouvé des difficultés à assurer les droits de l'association en face de l'opposition des autorités municipales. Le règne d'Edouard Ier apparaît comme le tournant historique de l'histoire de ces gildes. Il vit qu'elles pouvaient être un contrepoids utile au pouvoir des corps gouvernants des villes, et il exerça toute son influence en leur faveur (1). D'autre part, l'établissement d'une forte autorité centrale rendit moins nécessaire et moins possible pour les gildes, nouvellement formées, d'obtenir des droits de juridiction aussi étendus que ceux des *Zünfte* en Allemagne, ou de la gilde des tisserands de Londres, au siècle précédent. Aussi voyons-nous dans les ordonnances sur les métiers, qui depuis le règne d'Edouard II ont toutes été conservées, se développer une nouvelle politique. Le système des gildes ne fut plus simplement toléré. Il fut favorisé, étendu, mais sans doute, tout d'abord, dans un but de police, pour assurer l'exacte surveillance de la corporation, la punition des violateurs des règlements, fonctions confiées à des personnes choisies par les gens du métier, mais responsables devant les autorités municipales. Jusqu'alors les gildes avaient été peu nombreuses, parce qu'il y avait peu d'artisans, et ceux-là seulement qui avaient à faire face aux besoins les plus élémentaires, la nourriture et le vêtement, c'est-à-dire les boulangers, les bouchers, les corroyeurs ; et principalement les artisans occupés à la fabrication du drap, tisserands, foulons et teinturiers. Mais désormais il se produisit un accroissement rapide du nombre des artisans ; on commença à éprouver de nouveaux besoins, et à mesure qu'ils se produisirent, il fallut une corporation séparée d'ouvriers pour y fournir.

(1) « Edouard I semble avoir encouragé le développement de « la compétence judiciaire de la gilde ; et il peut avoir été « conduit à agir ainsi par son hostilité contre les dignitaires de « la commune », Stubbs, *Const. Hist.*, III, 618.

Aussi trouvons-nous les autorités municipales confirmant ou créant des corporations, non seulement de commerçants en gros, comme les épiciers et les drapiers, mais aussi des gildes d'artisans spécialisés, tels que les éperonniers, les heaumiers, les brassardiers, les maréchaux-ferrants, les chandeliers de cire, les écrivains publics, les pâtissiers. Il est souvent difficile de déterminer si les ordonnances, qui nous donnent la première mention de ces corporations, sont celles qui les ont créées alors. Dans beaucoup de cas, probablement, elles s'étaient formées spontanément, quelque temps avant la date des règlements « acceptés par les maires et les al« dermen sur la prière et à la requête des gens de mé« tier (1) ». Mais en bien des cas aussi, l'organisation leur était imposée, en dehors d'eux, par les magistrats municipaux. Ainsi pour les maçons, en 1356, « parce « que leur métier n'avait pas été réglé en due forme par « le gouvernement des gens de leur métier, selon la « forme des autres métiers. » Dans un autre cas, celui des chandeliers de cire, en 1371, « les gens considérés « du métier » remontrent au maire et aux aldermen « comment leur métier a été mal gouverné et dirigé « jusqu'à présent ; et qu'il y a encore grand scandale..... « parce qu'ils n'ont pas de maîtres choisis du dit métier, « et jurés devant vous, comme ceux des autres métiers, « pour surveiller les fautes commises dans leur dit mé« tier, et les dénoncer au maire et aux aldermen (2). »

(1) Expression souvent employée ; ainsi Article des Heaumiers ou fabricants de heaumes, 1347, dans Riley, *Memorials of London*, 237. D'après les articles des fabricants de bourses, 1271, *ibid*, 360, il semblerait qu'un métier pouvait édicter des règlements non autorisées par les autorités municipales. Ils prient le maire et les aldermen « puisqu'ils ont déjà quelques-uns des articles « de leur gilde enregistrés par vous, et quelques articles « très profitables à l'intérêt commun *qui ne le sont pas*, qu'il « vous plaise d'accepter ces articles pour être enregistrés. »

(2) Riley, *ibid*, 280, 358. Les fabricants de « forcer » (ou cas-

Cette dernière phrase prouve le caractère limité de la juridiction des nouvelles corporations. Dans quelques-unes, la seule fonction des maîtres, wardens ou inspecteurs, était de citer les délinquants devant la cour du maire (1). Dans tous les nouveaux métiers, un délinquant avait le droit de faire appel de la décision des officiers de la gilde au maire (2), qui, cependant, semble avoir toujours réclamé l'assistance d'un petit jury choisi dans le métier dont il était question (3).

Il faut rappeler, pour les relations de la gilde et des autorités municipales, que l'organisation des villes changea elle-même à Londres pendant le XIV^e^ siècle, et probablement aussi le cas était le même autre part, à cette époque et pendant le siècle suivant. Les maîtres artisans devinrent plus riches, et avant la fin du règne d'Edouard III, au lieu que les gens de métier fussent incapables du droit de cité, ce droit en arriva à être attaché à la situation de membre d'une des corporations. Les vieilles jalousies entre les gens de métier et la « commune » disparurent, quand les chefs des gildes en furent arrivés à exercer une influence sur le gouvernement municipal.

settes) prient en 1406, qu'on leur accorde la faculté d'élire deux wardens annuels « parce que diverses gens du dit métier « font des cassettes de bois falsifié et pourri. » *Ibid*, 563.

(1) Voyez aussi l'ordonnance des « braelers », ou fabricants de brassards, en 1355. « Si quelqu'un est découvert faisant du « *travail faux*, que le dit travail soit apporté devant le maire et « les aldermen, et qu'il soit jugé devant eux comme étant faux « et confisqué, et que cette personne aille droit en prison. » *Memorials*, 278.

(2) Voyez aussi les articles des couteliers en 1344. « Quant « à ceux du dit métier qui ne veulent pas être jugés pour le moment par les wardens du métier, les noms de ceux-là seront « donnés au maire et aux aldermen, et ils seront jugés par « eux. » *Ibid*, 218.

(3) *Ibid*, 242 ; 259 (preuve que les wardens étaient acceptés pour juger la contrebande du sel) ; 440, § 7.

Mais, à cette époque, les gildes elles-mêmes avaient changé de caractère (1).

## Section X. — Organisation intérieure des Gildes de métiers.

L'organisation intérieure des gildes peut être décrite brièvement. Ce qui y était le plus important, c'était l'autorité des wardens, inspecteurs, baillis, ou maîtres, dont la principale fonction était de surveiller l'industrie et de provoquer la punition des délinquants (2). Ils étaient élus annuellement dans les assemblées plénières des gens du métier; les absents étaient punis d'une amende (3); c'était dans ces réunions ou dans des réunions semblables que, de temps en temps, de nouveaux règlements étaient rédigés pour être soumis à l'approbation du maire et des aldermen. Personne ne pouvait travailler au métier sans avoir été agréé et admis dans la gilde par ses dignitaires; et il semblerait qu'à Londres, depuis le milieu du

(1) La théorie générale que les autorités municipales émettaient au sujet de leur pouvoir sur les gildes, fut établie dans un mémoire, présenté par le maire et les aldermen de Londres en 1583 contre une patente accordée récemment aux chandeliers de suif. « Le maire et les aldermen de la cité, et tous ses autres « administrateurs principaux, toujours, de temps immémorial, « possédaient et avaient coutume de posséder la surveillance, « le droit d'enquête et la direction de tous les mystères (mé- « tiers) et professions dans la cité, pour et concernant tous délits « et fautes, en toute chose touchant ces mystères, ce qui peut « être prouvé aussi bien par l'usage journalier que par un grand « nombre de rapports et de précédents de la dite cité », Strype's *Stowe*, éd. 1720, II, 211; Herbert, *Livery Companies*, I, 47.

(2) Voyez entre autres exemples, *Memorials*, 91, 118, 146, 178, 234, 239.

(3) *Ibid*, 233; 440, §§ 8, 9.

XIVe siècle, on fut à la fois et en même temps admis au droit de cité et dans une gilde de métier (1).

Dans la première partie du XIVe siècle seulement, l'*apprentissage* devint peu à peu une nécessité absolue et préalable pour s'élever jusqu'au rang de maître (2) ; à la même époque, on fixa le temps de l'apprentissage à sept ans. C'est alors seulement que se forma une classe séparée de journaliers. C'était probablement encore l'habitude générale qu'un artisan, au sortir d'apprentissage, s'établît à son compte. Les « serviteurs » qu'ils employaient passaient des contrats avec les maîtres des métiers pour travailler chez eux pendant un certain temps, quelquefois pendant une période de plusieurs années. Cependant nous trouvons fréquemment répété le règlement suivant : « personne ne recevra, dans le même métier, l'apprenti, « le serviteur ou le journalier d'un autre, pendant le « temps convenu entre son maître et lui. » Nous trouvons aussi fréquemment que le maire d'une ville est obligé d'écrire au maire d'une autre ville pour demander que les transfuges soient renvoyés chez eux. Il apparaît donc que les apprentis étaient souvent mécontents et s'échappaient (3). Les ordonnances des gildes impliquent,

(1) *Ibid*, 227, 237, 245. Exemple d'expulsion pour absence par trois fois de l'assemblée annuelle sans cause raisonnable, 233 ; pour avoir travaillé trois fois la nuit, 239.

(2) *Ibid*, 217, 218, 227, 238, 242, 244. Cela commença seulement à devenir nécessaire en 1347, comme le prouve l'ordonnance des mégissiers (234). « Qu'aucun qui n'a pas été apprenti « et n'a pas terminé son terme d'apprentissage dans le dit mé- « tier, n'ait pas le droit d'exercer ce métier, *à moins* qu'il ne soit « attesté par les inspecteurs du moment, ou par quatre per- « sonnes du dit métier, que cette personne est capable et suffi- « samment habile pour exercer le dit métier. »

(3) Pour la situation des serviteurs, *ibid*, 219, 227, 238, 244. Les ordonnances des fabricants de brassards (1355) insistent non pas pour que les journaliers aient servi comme apprentis, « mais « qu'ils soient d'abord éprouvés et examinés par les maîtres du « dit métier comme étant habiles dans leur métier » ; 278.

comme par une loi, que, seuls, les maîtres des métiers prenaient part au gouvernement de la confrérie ; mais il y a au moins un cas où les règlements sont indiqués comme ayant été acceptés « aussi bien par les serviteurs « que par les maîtres » (1). Il ne semble pas cependant que, dès cette époque, on eût limité légalement ou par ordonnance le nombre des journaliers ou des apprentis qu'un maître était autorisé à prendre, mais nous verrons plus tard que cette limitation au xvie siècle était destinée à maintenir un état de choses déjà existant. Il est donc probable que, à cette époque, un maître artisan ne devait pas avoir ordinairement plus d'un ou deux journaliers, plus d'un ou deux apprentis (2).

Les règlements rédigés par les gildes avaient pour but de prévenir la fraude et de faire respecter certains types de grandeur et de qualité dans les marchandises produites. Les articles fabriqués en violation de ces règles étaient appelés « faux », comme les pièces rognées et imitées se nommaient de la « fausse monnaie ». Pour ce « faux travail » les ouvriers étaient punis d'amende, dont une moitié allait à la gilde, l'autre moitié aux finances municipales. Au troisième ou quatrième délit, le coupable était expulsé du métier. Les pénalités étaient destinées à prévoir, autant que possible, tous les moyens de tromperie : ainsi celle qui consistait à placer sur le dessus du ballot des marchandises supérieures à celles du dessous ; le mouillage des épices, pour les rendre plus pesantes ; la vente de fourrures d'occasion, comme si elles étaient neuves ; la soudure d'épées brisées ; la vente du cuir de mouton pour du cuir de daim, et beaucoup d'autres tours de passe-passe semblables (3). C'était pour la même raison que le travail de nuit était défendu. Non,

(1) Les fabricants d'arcs, *ibid*, 348.

(2) Ochenkowski, 110, n. 135. Il y a une exception possible pour les marchands de poisson, voyez *Liber Albus*, 383.

(3) *Memorials*, 121, 153, 259, 364.

comme le dit Brentano, dans l'intention philanthropique d'assurer du travail à tout le monde, mais parce que le travail ne pouvait pas être fait la nuit avec autant de soin, parce que les artisans savaient qu'ils ne seraient vraisemblablement pas inspectés à ce moment par les wardens, et trouvaient ainsi l'occasion de fabriquer « faussement », ou, enfin, parce que le travail de nuit troublait les voisins (1). C'était, semble-t-il aussi, une règle générale qu'on ne travaillait pas après six heures le samedi, ni la veille des fêtes de la Chandeleur et de Pâques (2). Il y a, il est vrai, un règlement qui paraît destiné à assurer du travail aux ouvriers hommes, le voici : « personne ne donnera du travail à une femme, excepté « à sa femme légitime ou à sa fille » (3).

Par analogie avec les gildes de commerce, par ce que nous savons des usages postérieurs de ces associations et des habitudes des corporations similaires à l'étranger, il est certain que dans chaque gilde de métier, outre les règlements de fabrication, il y avait des articles qui réglaient l'assistance mutuelle en cas d'embarras commerciaux, les réunions, les fêtes, les cérémonies religieuses communes. Mais jusqu'à présent on n'a publié que très peu des documents qui pourraient porter la lumière sur ce sujet. Les statuts des métiers contenus dans les archives de la corporation de Londres ont presque exclusivement trait au règlemeut des procès ; et cela est facile à expliquer (4). L'action des gildes ne tombait sous la juridiction des autorités municipales que pour la surveillance de

(1) *Ibid*, 217, 226, 239, 243, 245. Cf. Ochenkowski, 73, qui cependant mentionne un seul cas exceptionnel, celui des *bonnetiers* dont les articles contiennent cette clause : « Quod nullus « eorum operetur de nocte sed de die : et pro utilitate et commo- « ditate pauperum illius officii (craft), cum multi sunt, conces- « sum est », *Liber Custumarum*, 101, § IV.

(2) *Memorials*, 218, 278, 307.

(3) *Ibid.*, 217, 278.

(4) *Ibid.*, 232 ; *English Gilds*, 179.

l'industrie. La municipalité n'avait pas à intervenir dans leur vie intérieure, en tant que sociétés d'assistance fraternelle. Heureusement une des séries des ordonnances contenues dans ces Archives, celle des mégissiers ou corroyeurs, en 1346, nous donne plus de détails, et nous pouvons en conjecturer que les autres gildes avaient des coutumes semblables. Ils avaient une caisse commune pour les cotisations, sur laquelle on payait sept pence par semaine à tout ouvrier du métier tombé dans la pauvreté par suite de la vieillesse ou par incapacité de travail, et de même sept pence par semaine à la veuve d'un homme pauvre, tant qu'elle ne se remariait pas. « Si quelqu'un du dit métier quitte cette vie et ne laisse « pas de quoi être enterré, il sera enterré aux frais de la « caisse commune, et quand quelqu'un du dit métier « mourra, tous ceux du dit métier iront à la veillée et à « l'offrande le lendemain. » Quelques-unes des corporations, comme nous l'apprenons plus tard, avaient, dans les églises de paroisse, des chapelles dans les bas côtés, des chœurs et des services solennels à certains intervalles. Les mégissiers ne peuvent offrir « qu'un cierge de cire « pour brûler devant Notre-Dame, dans l'Église de tous « les Saints, près du mur de Londres », et il y a une clause qui prouve clairement les efforts tentés pour établir une union confraternelle, c'est l'ordonnance suivante : « ceux du métier » aideront un membre qui ne peut terminer l'ouvrage entrepris, « de manière à ce que le dit ouvrage ne soit pas perdu. »

## Section XI. — Caractères économiques des Gildes de métiers.

Dans la première moitié du XIV$^{e}$ siècle, le système de la gilde a atteint son plus haut degré de puissance. Pendant les deux siècles suivants, cette forme d'organisation continua à être adoptée par toutes les industries, l'une après l'autre, à mesure qu'elles naissaient dans chaque ville. Cependant, dès cette époque, on peut observer des signes de décadence ; de nouvelles difficultés commencent à se montrer, et dans une industrie considérable, que l'Angleterre possédait, l'accroissement de la demande étrangère devait conduire à la rupture complète du système de la gilde (1). Remettons cependant l'examen de ces transformations à un paragraphe postérieur, et examinons les caractères économiques du système de la gilde pendant qu'il était encore intact.

I. — Il se distinguait de l'ancien « système domestique » d'industrie, en ce que la fabrication était entreprise dans le dessein de fournir des consommateurs en dehors du groupe domestique. Il y avait désormais un *marché*, le mot s'appliquant à une certaine quantité d'acheteurs, et par conséquent les produits pouvaient être appelés *marchandises*, nom qui ne leur convenait pas auparavant. Pour employer la phraséologie technique actuelle, il y avait désormais des *valeurs d'échange* aussi bien que des *valeurs d'usage*, mais le marché était très limité, en bien des cas restreint aux habitants d'une ville ou d'un district particulier. En fait, si nous considérons l'Angleterre dans son ensemble, on peut dire qu'il s'y trouvait beaucoup de marchés locaux, mais non, comme c'est la tendance actuelle, un marché. Aujourd'hui, par exemple, le prix du blé dépend de la demande générale de toute l'Angleterre, ou plutôt de la demande qui se produit dans une aire beaucoup plus grande. Au Moyen Age il aurait été déterminé, sauf intervention de la loi, par la demande qui se serait produite dans une aire comparativement petite. C'est précisément cette limitation de la demande, dans des sphères locales peu étendues,

(1) Voyez *Engl. Woolen Industry*, 45-53, 75-84.

qui rendait la réglementation des prix et des procédés de fabrication bien plus facile qu'elle ne le serait dans les temps modernes (1). L'étroitesse même du marché et le fait que bien des articles demandés étaient réclamés par le besoin et non par le luxe, rendaient la demande constante ; aucune des difficultés sociales que causent aujourd'hui les fluctuations rapides et incalculables de la demande, n'avaient commencé à se produire.

II. — Le *capital* jouait alors un rôle très peu considérable. Pour devenir maître-artisan, un homme avait besoin de pouvoir louer une maison, acheter les outils nécessaires, enfin, dans quelques métiers, de posséder un peu d'argent pour se procurer des matériaux ; mais l'*habileté*. les *relations,* l'aptitude à produire de bonnes marchandises, la demande assurée d'un petit groupe de clients, étaient beaucoup plus importantes. L'usage moderne des machines a rejeté tout-à-fait à l'arrière plan cet élément d'habileté technique, alors indispensable.

III. — Il n'y avait pas encore une classe nombreuse de travailleurs à gages, une « classe ouvrière » au sens moderne du mot. Par « ouvriers » nous entendons un grand nombre d'hommes, parmi lesquels quelques individus peuvent bien s'élever jusqu'à la situation de patron, mais dont la majorité ne peut espérer atteindre une position plus élevée que celle de salarié. Or, jusqu'au milieu du XIVe siècle, le travail de journalier pendant quelques années n'était qu'un stage imposé aux plus pauvres, et la majorité devait probablement s'établir en qualité de maîtres des métiers, aussitôt que l'apprentissage était fini. Il n'y avait donc pas antagonisme entre « le capital et le travail », encore qu'il pût y avoir, à l'occasion, des querelles entre les individus. Le journalier tra-

(1) Cf. Schönberg, *Zur wirthschaftlichen Bedeutung des deutschen Zunftwesens* (Hildebrand's *Jahrbücher*, VIII, 14). — Comparez les définitions modernes du mot « marché » dans Jevons, *Theory of Polit. Econ.*, 90, et Bagehot, *Economic Studies*, 104.

vaillait dur, et espérait être capable de devenir en quelques années un maître indépendant ; et tant qu'il restait journalier, il n'y avait pas d'abîme social entre lui et son employeur ; ils travaillaient dans la même boutique, côte à côte, et le serviteur gagnait probablement au moins la moitié autant que son maître.

IV. — C'est pourquoi si nous comparons la classe ouvrière d'aujourd'hui avec celle du XIVe siècle, ce n'est pas avec les journaliers, mais avec les maîtres des métiers qu'on doit faire la comparaison. Le plus important contraste qui nous frappe, c'est que l'artisan du Moyen Age était personnellement indépendant, au sens où l'ouvrier moderne ne l'est pas. Il travaillait dans sa boutique, possédait ses propres outils, et travaillait aux heures qui lui plaisaient, sauf les restrictions qui s'appliquaient au travail de nuit et au dimanche. Dans quelques métiers, en effet, il recevait les matières brutes des clients, et leur rendait des articles confectionnés à leur propre usage ; dans quelques-uns, il dépendait plus ou moins des artisans des autres métiers, recevait les marchandises à moitié finies, et les rendait dans un état de fabrication plus avancé. Mais, dans beaucoup d'industries, l'artisan achetait ses matériaux, vendait ses produits à tout client qui se présentait, c'est-à-dire qu'il était à la fois marchand et fabricant (1). La classe des boutiquiers commençait seulement à naître.

V. — Nous avons vu que les gildes n'étaient pas indépendantes, mais soumises au contrôle des autorités municipales et centrales. Le principal objet de ce contrôle, comme des statuts des gildes, était d'assurer la bonne qualité des marchandises produites. L'état moderne a abandonné cette tentative, sauf dans le cas de certains articles de nourriture. Mais il faut reconnaître que la tâche était plus aisée au Moyen Age. Les besoins étaient com-

(1) Cf. Schönberg, 30.

parativement peu nombreux, et ne changeaient pas ; les artisans du voisinage y fournissaient, les consommateurs et les producteurs étaient en relations directes. Ces règlementations touchaient non seulement aux intérêts des consommateurs, mais aussi à ceux du métier lui-même, qui pouvait souffrir de la malhonnêteté de ses membres individuels (1). Elles n'ont disparu que lorsque la production est devenue beaucoup plus grande, et a dû satisfaire aux exigences d'un marché très étendu et très changeant. Comme nous devions nous y attendre, la doctrine « *caveat emptor* » (2) apparaît d'abord dans l'industrie des draps. Une pétition des foulons de Londres, en 1369, demande que ceux qui achèteront des draps, dont les défectuosités sont évidentes, le fassent à leurs risques et périls (3).

VI. — La surveillance des procédés de fabrication fut la raison principale qui poussa les autorités centrales et locales à encourager, même avec insistance, l'organisation séparée des différentes branches de la même industrie, et à établir la règle que chaque artisan devait choisir son métier, et s'y tenir. Un acte du parlement de 1363 ordonnait « que les artisans et les gens des mys« tères (métiers, crafts) rejoindront chacun le métier « qu'ils peuvent choisir, entre l'époque actuelle et la pro« chaine chandeleur » ; les « contrevenants » doivent

(1) Les couteliers et les forgerons d'épées demandent en 1408 que certains règlements soient mis en vigueur « pour préserver le caractère des deux métiers », *Memorials*, 569.

(2) « C'est la règle générale de la loi que le simple fait de « la vente n'implique pas garantie de la qualité de l'objet. « En tels cas, la règle est *caveat emptor*, ce qui signifie que « lorsque l'acheteur n'a pas exigé la garantie, le risque de la « qualité retombe sur lui-même, et il n'y a point de remède s'il « consent à se fier à la simple présentation de l'objet par le « vendeur, à moins qu'il ne puisse prouver que cette présenta« tion ait été frauduleuse », Benjamin, *On Sale*, 606.

(3) *Memorials*, 341.

être punis d'un emprisonnement de six mois et d'une amende payée au roi (1). Suivaient les ordonnances spéciales que voici : « Un teinturier et un tisserand ne feront aucune espèce de drap », c'est-à-dire ne pourront nuire au commerce des drapiers (2). La division des métiers était quelquefois d'une minutie amusante. Les fabricants d'arcs ne pouvaient faire des flèches, réservées aux fléchiers. Les cordonniers « travailleurs en cuir neuf » ne pouvaient revendre, ni remonter, pour la vente, les vieilles bottes et les vieux souliers, et nuire ainsi aux savetiers, bien que les savetiers eussent l'autorisation spéciale de se servir de cuir neuf pour ressemeler les vieilles bottes (3).

VII. — Les membres de chaque métier vivaient généralement dans la même rue ou dans le voisinage. Ainsi à Londres, les selliers habitaient autour de Saint-Martin-le-Grand, et en étaient les paroissiens ; les lormiers vivaient dans Cripplegate, les tisserands dans Cannon-Street, les forgerons (*smiths*) dans Smithfield, les boucliers dans Bucklesbury (4). Ainsi à Bristol il y avait la Tucker-Street (la rue des tuckers ou foulons), Corn-Street (la rue du blé), Knifesmith-Street (la rue des couteliers), Butcher Row (l'allée des bouchers), Cooks'Row (l'allée des cuisiniers) et ainsi de suite (5). Un groupement semblable devait fortifier considérablement le sentiment de la vie corporative dans chaque métier, et rendre aussi comparativement facile l'œuvre de la surveillance.

Le travail industriel de l'Angleterre reposait pour une si grande partie sur le système de la gilde, qu'on peut parfaitement employer ce terme pour désigner toute l'organisation de l'industrie. Mais pour quelques métiers,

(1) *Statutes at Large*, éd. 1735, I, 297.
(2) *Liber Albus*, 742. Cf. *Woolen Industry*, 56-58.
(3) *Memorials*, 341, 539.
(4) *Liber Custumarum*, Introd. LVIII, LXV.
(5) Hunt, *Bristol*, 52.

et dans quelques districts, s'il y avait une demande de certaines marchandises suffisante pour inviter des artisans à se livrer à une espèce particulière de travail, cette demande n'était pas assez importante cependant pour provoquer la création d'une corporation d'artisans du même métier, qui fussent assez nombreux pour former une gilde ou une association. Ainsi beaucoup de villages avaient un forgeron ; mais il n'y avait de gilde de forgerons que dans les plus grandes villes. On trouvait probablement des tisserands et des foulons isolés, épars ici et là dans la campagne. En ce cas, l'artisan n'était qu'un individu, sans la protection et le contrôle de la gilde. Mais les caractères essentiels de sa position étaient les mêmes que ceux des membres d'une gilde. Son capital était très petit. Il traitait directement avec le client ; et aucun abîme social ne le séparait des hommes ou des enfants qu'il employait, un ou deux ouvriers ou apprentis (1).

## Section XII. — Commerce Intérieur.

Dans les conditions que nous avons indiquées plus haut, le commerce national et étranger a dû jouer, dans la vie économique, un rôle bien inférieur à celui qu'il joue en Angleterre aujourd'hui. Le commerce, tel qu'il existait, fut réglementé par le fort gouvernement des Angevins d'après des principes que les circonstances contemporaines expliquent facilement. Si les marchands n'avaient pas été réunis dans des centres déterminés et à des époques fixes, il eût été impossible et de les protéger, et de surveiller leurs agissements dans l'intérêt du consommateur, et d'obtenir d'eux les droits qui formaient

(1) Cf. *Woolen Industry*, 73, 74.

une part considérable du revenu royal. Aussi la politique du gouvernement consista à ouvrir au commerce régulier, des voies, au milieu desquelles il était obligé de se mouvoir.

Les routes étaient mauvaises, probablement moins mauvaises qu'elles ne le sont devenues au XVII^e^ siècle. Les principales grandes routes étaient de construction romaine ; avec le temps elles tendaient à devenir pires, plutôt qu'à s'améliorer. Il n'y eut pas de loi édictée pour la réparation des routes avant les statuts 2 et 3 de Philippe et de Marie Tudor (1). Le statut de Winchester, 1285, décidait que les fourrés et les sous-bois, même sans chênes et sans grands arbres, seraient défrichés sur la largeur de deux pieds, de chaque côté des grandes routes menant d'un marché à un autre ; mais c'était seulement pour empêcher les gens « de s'y embusquer pour faire dommage à autrui » (2). L'obligation de réparer les grandes routes incombait, selon la loi commune, à la paroisse, excepté lorsque c'était une charge attachée à une propriété à travers ou près de laquelle la route passait ; la négligence pouvait entraîner une action judiciaire (3) ; la destruction des routes et des ponts était une des questions sur lesquelles les sheriffs étaient obligés de faire des enquêtes, dans l'intention de demander des cautions. De plus, les grands propriétaires dont les domaines étaient épars dans de nombreux comtés, avaient intérêt à la conservation des routes, intérêt qui diminua dans les siècles suivants, lorsque les propriétés se trouvèrent établies plus solidement. Cependant les routes étaient souvent presque impraticables. En 1356, à Londres, on adopta la résolution de créer des péages sur tout chariot ou toute bête de somme en-

(1) Held, *Zwei Bücher zur socialen Geschichte Englands*, 571.
(2) *Select Charters*, 474.
(3) Chalmers, *Local Government* (English Citizen Series), 134.

trant ou sortant par une des portes de la cité. Ce qui est assez curieux, on exceptait ceux des grands personnages et autres gens qui emportaient des vivres pour en faire usage dans leurs maisons. Ces péages étaient destinés à la réparation des routes dans les environs immédiats de de la métropole (1). La conservation des ponts était regardée comme particulièrement importante, et, en quelque sorte, comme un devoir religieux. Très souvent ils étaient confiés à des gardiens spéciaux, qui avaient le pouvoir de prélever des péages. Ainsi le pont de Rochester, sur la principale route des ports en communication avec la France et avec les Pays-Bas, était dans les mains de gardiens et d'assistants, qui avaient une organisation semblable à celle d'une gilde, et qui, pour en réparer la construction, administraient des revenus fournis par des terres « appropriées » et « tributaires (2). Mais le droit de percevoir les péages des ponts était souvent obtenu par des personnes qui négligeaient leurs devoirs ; et dans le cas où les ponts n'étaient pas confiés à des individus spécifiés, c'était souvent une question pleine de difficulté, que de déterminer lequel des propriétaires voisins était responsable, et il était plus difficile encore de le faire payer (3). Il y avait quantité d'auberges. Le warden de Merton et deux des « fellows » (agrégés de collège), voyageant, aller et retour, pour affaire, en Northumberland en 1332, s'arrêtèrent, en chemin, presque chaque nuit dans des auberges (4). On n'hébergeait donc apparemment dans les monastères que les voyageurs très pauvres, par charité, ou les personnages très puissants, par peur (5).

Chaque ville avait un marché et des jours de marché

(1) *Memorials*, 291.

(2) *Ninth Report, Hist. MSS. Comm.*, 285.

(3) Jusserand, *Vie nomade* 30, 31.

(4) Rogers, *Six Centuries of Work and Wages*, 137.

(5) Jusserand, 66.

fixes. Comme aujourd'hui on y vendait aux citadins le surplus des produits des contrées agricoles, et aux fermiers les objets fabriqués par les artisans de la ville. Une ville ne pouvait réclamer la possession d'un marché qu'en se fondant sur une concession royale ou sur un usage immémorial. Comme c'était un droit considérable, comme l'établissement d'un marché dans le voisinage diminuait le commerce de ceux qui étaient déjà établis et amoindrissait leurs profits, il y avait toujours une très grande jalousie entre les villes rivales, jalousie qui fournissait de fréquentes occasions de procès. Ainsi sous le règne de Henri II, les gens d'Oxford et de Wallingford déclarèrent que dans les anciens temps on n'avait vendu que du pain et de la bière dans les marchés d'Abingdon, ou, en tous cas, rien de ce qu'on a coutume de transporter par bateaux et par voiture de roulage. Le roi cependant se mit du côté du monastère, et lui accorda la permission de tenir « marché complet », bien que les marchandises ne dussent y être amenées que par les bateaux de l'abbé (1). Bracton prétend qu'un marché ne doit jamais être établi plus près que six milles et deux tiers de mille d'un autre déjà existant (2), mais il n'est pas probable qu'une telle loi ait jamais été observée. Les marchés d'Oxford, du mercredi et du samedi, avaient été réglés par l'Université dès 1319. Les articles vendus étaient le foin, la paille, les bourrées, le bois de charpente, les porcs, la bière, le cuir et les gants, les fourrures, le linge et le drap, le blé et les produits de la laiterie. La place de la Grande-Rue et du Marché aux grains où chaque espèce de marchandise devait être vendue, était fixée strictement (3). Par exemple, pour la vente, les porcs devaient stationner entre les églises de

(1) *Chronicon Monasterii de Abingdon* (Rolls' Series), II Préface, LXXV-LXXIX.

(2) D'après l'autorité de Boase, *Oxford,* 14.

(3) *Ibid,* 57, 58.

Sainte-Marie et de Tous-les-Saints. Dans nos villes, on désigne à part un terrain pour y établir un marché à bestiaux, en dehors des principales rues; c'est un perfectionnement d'une époque postérieure.

Pour acheter les marchandises étrangères, ou les produits des comtés éloignés, les gens devaient attendre les grandes foires, dont les traces sont en train aujourd'hui de disparaître peu à peu. Elles commençaient ordinairement le jour de la fête d'un saint, fait qui se rattache à ce qu'elles devaient leur origine à un grand concours de peuple autour de reliques particulières, qui donnaient lieu à de grandes fêtes. En de telles occasions, les désordres commis dans les cimetières furent fréquemment condamnés par les conciles de l'Eglise primitive. Un jour qui convenait particulièrement était le 1er septembre, la fête de saint Gilles, car on pouvait alors faire des provisions pour l'hiver ; et la chapelle du saint ermite, toujours placée hors des murs, était un endroit de réunion très commode. Les foires les plus importantes au XIIe siècle étaient celle de Boston pour l'Est Anglia et le commerce avec les Flandres (1), et celle de Winchester pour les comtés du sud et le commerce avec la France. A la fin du Moyen Age, la place de Boston fut prise par Stourbridge, près de Cambridge. La foire de Winchester tomba aussi en décadence vers le début du XVe siècle, et comme aucune autre foire ne se créa pour prendre sa place dans les comtés du sud, il peut être bon de s'arrêter ici pour décrire son activité (2). Guillaume II avait accordé à l'évêque une foire de trois jours, qui se tenait en dehors

(1) Cunningham, *Growth of English Industry and Commerce*, I, 172 n.

(2) L'exposé suivant est emprunté à la remarquable introduction du doyen Kitchin à la *Charter of Edouard III for saint Giles'Fair*, 1347, *Winchester Cathedral Records*, n° 2, 1886.

de Winchester sur la colline orientale. Ses successeurs immédiats accordèrent une prolongation de temps, jusqu'à une charte de Henri II, qui la fixa à 16 jours, du 31 août au 15 septembre. Le 31 août au matin, « les justiciers du pavillon de l'évêque » proclamaient l'ouverture de la foire sur le haut de la colline, puis, ayant reçu les clefs aux portes, parcouraient la cité à cheval, prenaient possession du poids public dans le marché à la laine pour empêcher qu'on n'en usât préventivement; alors, avec le maire et les baillis à leur suite, ils chevauchaient de nouveau vers la tente ou le pavillon établi sur la colline ; là, ils désignaient un maire spécial, un bailli et un coroner (officier de police), pour gouverner la cité, au nom de l'évêque, pendant le temps de la foire. Le sommet de la colline était bientôt couvert de rues et de boutiques de bois : dans l'une, les marchands des Flandres, dans l'autre, ceux de Caen ou de quelque autre ville normande, dans une autre, les marchands de Bristol. Là étaient placés les forgerons sur une rangée, et là, les drapiers ; tout autour de la foire était une palissade de bois, avec une entrée gardée. Ces précautions ne suffisaient pas toujours à empêcher des aventuriers entreprenants d'échapper au paiement du droit de forage, en se creusant une route sous la clôture. Le premier jour aussi faisaient leur apparition, à cheval et en armes, devant les justiciers de l'évêque, les tenanciers qui, par leur tenure, étaient astreints à se présenter ainsi. Trois ou quatre d'entre eux étaient chargés de veiller à ce que les sentences de leur cour et les ordres de l'évêque fussent dûment exécutés dans la foire, aussi bien qu'à Winchester et à Southampton. Tout commerce était, d'autorité, suspendu à Winchester dans « un circuit de sept lieues » ; des gardes stationnaient à des postes-frontières, aux ponts, et autres endroits de passage, pour empêcher qu'on ne violât le monopole. A Southampton, situé hors du circuit, on ne pouvait vendre, pendant le temps de la foire, que des vivres ; les artisans de Winchester eux-mêmes étaient obligés de se transporter sur la colline, et d'y travailler de leur métier durant la foire (1). Il y avait une échelle graduée de péages et de droits. Tous les commerçants de Londres, de Winchester, ou de Wallingford, qui arrivaient pendant la première semaine, étaient francs de tout droit d'entrée. Après cette date, les nouveaux venus payaient les droits, excepté les membres de la gilde de commerce de Winchester (2). Pour peser une balle de laine, on payait quatre pence, « l'argent du pesage de l'évêque » ; de plus, le vendeur et l'acheteur payaient chacun un penny pour le traitement du peseur ; il y avait des droits semblables sur les autres marchandises. Dans chaque foire il y avait une cour des *pie-powder* (pieds poudreux, colporteurs) dans laquelle le lieutenant du lord décidait, selon la loi commerciale, dans tous les cas où une contestation pouvait s'élever, suspendant pour un temps la juridiction municipale ordinaire. A Winchester on l'appelait la cour du pavillon. Là, les serviteurs de l'évêque apportaient tous les poids et mesures à fin de vérification ; là, les juges prononçaient d'après un tableau ou échelle fixe, sur le prix du vin, de la bière, du pain et autres vives, condamnant au pilori tout boulanger dont le pain n'était pas de poids ; là, chaque jour, les contestations pour dettes, qui s'élevaient entre les marchands, étaient jugées, par jurés, sur la production

(1) « Quod corvesarii, sutores, vel alii operarii sive artifices « quicumque in predicta civitate alibi quam in eadem feria ope- « rationes seu opera sua sub forisfactura eorumdem non exer- « cebunt nec vendere possunt nec aliqui ea emere debent », *Charter of 1347*, éd. Kitchin, 38.

(2) *Ibid.*, 54.

et la comparaison des tailles de bois et des coches qui y avaient été pratiquées (1).

Les foires de Saint-Yves dans l'Huntingdonshire, de Stamford et de Saint Edmundsbury, moins importantes que celle de Winchester, avaient les mêmes caractères généraux ; elles étaient toutes, on le remarquera, dans la moitié sud-est de l'Angleterre. A Oxford, il y avait la foire de Saint-Frideswide, qui durait sept jours. Pendant ce temps le gouvernement de la cité était dans les mains du prieur (2).

Pour éviter les péages, les commerçants essayaient de prolonger leur séjour, longtemps après la clôture légale de la foire. L'évêque de Winchester interdit cet agissement dans la première année du XIV$^{e}$ siècle, sous peine d'excommunication. Les lords propriétaires de foires eux-mêmes essayaient quelquefois de les prolonger indûment, ce qui à la fois faisait tort aux autres lords propriétaires de foires, et mettait en échec la politique royale, qui avait pour but de forcer le commerce à passer par des voies spéciales. Aussi le statut de Northampton, en 1328, établit que, au début de chaque foire, proclamation serait faite du temps qu'elle pourrait durer ; si le lord permettait qu'elle persistât plus longtemps que l'époque fixée par la charte, il était déchu de la « franchise », c'est-à-dire du droit de percevoir les forages. Un acte un peu postérieur imposait aux commerçants qui vendaient leurs marchandises après le jour de clôture, une amende double en valeur des objets

(1) « Omnia placita debitorum inter mercatores quoscunque « durante feria tenebuntur, et totis temporibus retroactis teneri « consueverunt coram præfatis justiciariis *per probationes tallia-* « *rum*, secundum legem mercatoriam, si pars querens hoc vo- « luerit. » *Ibid.*, 32.

(2) Pour les trois foires d'Oxford, voyez Boase, 71.

vendus, et dont le quart était réservé au dénonciateur (1).

## Section XIII. — Les commerçants étrangers en Angleterre.

Dans l'histoire du commerce étranger de l'Angleterre, on peut distinguer en gros trois périodes. De nos jours, c'est sur le « *marché du monde* » que l'attention est principalement et nécessairement attirée. Nous sommes habitués à comparer le chiffre des exportations anglaises dans les *autres pays en bloc* avec le chiffre général des marchandises importées de ces mêmes pays. A une époque plus ancienne, ce qui occupait surtout la pensée des négociants et des hommes d'état, c'était le rapport entre le chiffre des importations et celui des exportations, pour *chaque pays particulier*. Mais pendant ces deux périodes c'était le commerce de l'ensemble de l'Angleterre qu'on avait ordinairement sous les yeux. Il y a en effet un commerce *national* pendant ces deux époques. Mais il y en avait encore une plus ancienne, et c'est à elle que nous avons affaire maintenant, pendant laquelle il n'y avait rien de ce qu'on pouvait appeler commerce *international*. Ce qui existait était à peine quelque chose de plus qu'un commerce entre certaines villes, un commerce *intercommunal* ou *intermunicipal*.

Pour nous faire une pleine idée du contraste, nous devons chercher à nous représenter l'état de la société au XIIe et au XIIIe siècle. Les villes modernes renferment tant de professions et d'industries, tant de classes aux intérêts divergents, dont chacune cepen-

(1) *Statutes of the Realm*, I, 260, 266.

dant a quelque influence sur le gouvernement de la ville, la fabrication se produit si souvent en dehors des limites de la ville, le commerce aussi vient si souvent de l'extérieur ; de plus, le contrôle de l'autorité centrale, représentant les autres villes et les autres districts, est si constant et si efficace, qu'il serait, de nos jours, absolument impossible aux autorités municipales de régler les affaires économiques des citoyens à l'avantage exclusif d'une classe. Mais, nous l'avons vu, cela se pouvait, et se passait effectivement ainsi en ce temps-là, dans les villes anglaises du XII^e^ et du XIII^e^ siècle. Dans chacune d'elles une partie des habitants, qui tendait constamment à diminuer, les « bourgeois » proprement dits, occupait en même temps le gouvernement de la ville et le monopole du commerce intérieur et extérieur. Ce qui est vrai de l'Angleterre, l'est probablement aussi de toute l'Europe de l'ouest. Mais comme au point de vue de l'industrie et du commerce, l'Angleterre était bien en arrière des autres pays, les commerçants étrangers la visitaient et faisaient avec elle un commerce considérable d'importation et d'exportation à une époque où bien peu d'Anglais s'aventuraient à traverser la mer. Ce commerce ne se faisait pas par des individus isolés. De même que les marchands d'une ville particulière, assistant à une foire éloignée, se tenaient ensemble et occupaient des baraques voisines les unes des autres, ainsi les marchands d'une ville étrangère, lorsqu'ils venaient en Angleterre, se groupaient ensemble, et cherchaient à obtenir des privilèges pour en jouir en commun.

Ce fait aussi est en rapport étroit avec le caractère du gouvernement municipal à cette époque. Aujourd'hui un marchand qui part de Manchester pour résider dans un autre pays étranger, n'a pas d'avantage particulier à s'associer avec un autre négociant de Manchester plutôt qu'avec un commerçant de Rochdale. Les droits de douane qu'il aura à payer dans les deux cas seront les mêmes, et, dans toute difficulté, il aura à faire appel au consul d'Angleterre. Mais au XIIIe siècle, les marchands, disons d'Amiens par exemple, résidant en Angleterre, faisaient partie du corps des bourgeois qui gouvernaient Amiens ; ils étaient regardés comme représentant les intérêts d'Amiens et, dans toute difficulté, c'était aux magistrats d'Amiens qu'ils devaient demander assistance.

Les villes des Flandres et de la France du nord, celles de l'Allemagne septentrionale et du Rhin étaient assez fortes pour prendre des dispositions afin de remédier aux défectuosités d'un pareil système, par exemple de former une union entre elles pour la protection de leur commerce. Ainsi se créèrent les deux Hanses, la Hanse de Londres et la Hanse teutonique, dont nous parlerons plus tard. Il ne faut pas considérer leurs efforts comme s'étant produits dans le sens de la création d'un commerce national, pour la sauvegarde des intérêts de la France et de l'Allemagne en tant que nations ; c'était plutôt des alliances des oligarchies marchandes de quelques villes pour leur avantage mutuel ; et ces associations étaient plutôt des obstacles à la formation des nationalités qu'elles ne lui venaient en aide.

Lorsque les marchands étrangers arrivaient dans un port anglais, ils se trouvaient en face d'un corps gouvernant du même caractère que celui auquel ils appartenaient chez eux. En fait, ils n'étaient pas les mal venus, car ils exportaient les produits bruts du pays, laines, toisons et cuir, que les commerçants de la ville avaient amenés à la foire et au marché, et ils apportaient des draps fins de Flandre, du vin de Guyenne, et d'autres marchandises, sur lesquelles les marchands de la ville faisaient des profits en les vendant au détail. Mais on les tenait dans une suspicion constante, dans la crainte qu'ils ne réussissent (ce qu'ils tentaient toujours naturellement) à briser le monopole des négociants anglais eux-mêmes dans le commerce *intérieur*. Aussi les trouvons-nous soumis à un code de règlements très serrés, rédigé par les autorités municipales, qui en appuyaient l'exécution. Ils ne doivent acheter leurs marchandises qu'aux bourgeois, ils ne doivent vendre qu'aux bourgeois, et seulement les jours de marché, c'est-à-dire en pleine publicité ; ils ne doivent pas s'aventurer à vendre en détail ; ils ne peuvent pénétrer dans l'intérieur du pays avec leurs marchandises ; pour qu'on soit assuré qu'ils ne dépasseront pas les limites qui leur ont été marquées, ils ne pourront rester dans le pays plus de quarante jours.

Tel était l'état des choses à l'époque de la grande Charte. Deux de ses articles décidaient que les négociants auraient libre passage de et pour l'Angleterre, et qu'ils seraient exempts des droits de douane extraordinaires. Ce n'était qu'une promesse vague et indéfinie, et qui n'assurait en aucune façon la liberté du commerce. Pendant près d'un siècle, les bourgeois anglais purent maintenir leurs droits exclusifs ; mais ces droits étaient opposés aux intérêts des grands nobles (1), qui pensaient, en traitant directement avec les marchands étrangers, et en se passant des intermédiaires anglais, pouvoir obtenir de meilleurs prix pour les produits de leurs manoirs, aussi bien qu'acheter à meilleur marché les objets de luxe des contrées étrangères. Le roi lui-même, le plus grand propriétaire du pays, ne pouvait manquer de par-

(1) « Rex intendit, quod mercatores extranei sunt ydonei et « *utiles magnatibus* et non habet consilium eos expellandi », *Rot. Parl.*, I, 55, cité par Schanz, *Englische Handelspolitik*, I, 390, n.

tager leurs vues. Ce qui l'excitait de plus à agir, c'est qu'il savait que les marchands étrangers étaient prêts à payer des droits plus élevés, ce qui devait ajouter considérablement à son revenu, à condition toutefois qu'on leur fournit de plus grandes facilités pour augmenter eux-mêmes leurs gains.

Jusqu'au temps d'Edouard I^er^, on ne fit aucun effort pour briser le monopole des bourgeois. Pendant le long règne d'Henri III, cependant, avec l'augmentation du nombre des marchands étrangers, surtout de la France méridionale et de l'Italie, il se produisit un léger relâchement dans les restrictions auxquelles ils étaient soumis. Au lieu d'être obligés de résider dans les maisons des bourgeois, ils furent autorisés à avoir des magasins et des résidences à eux (1) ; le roi prit l'habitude d'accorder des licences de commerce, ou sauf-conduits, à des villes entières, et non plus, comme auparavant, à des négociants individuels. En effet, en 1237, les marchands d'Amiens, de Corbie et de Nesle (c'est-à-dire de trois des villes les plus importantes de la Hanse de Londres), furent assez heureux pour obtenir des marchands Londoners un adoucissement des règlements, contre une souscription de 100 livres « destinées à la construction de la conduite d'eau de la source de Tyburn » et contre la promesse de payer 50 livres, trois fois par an, aux foires de Saint-Yves, de Hollande (Saint-Botolph de Boston) et de Winchester (2). En conséquence, ils furent autorisés à transporter leurs marchandises, excepté le vin et le blé, en tout endroit qu'il leur plairait en Angleterre, d'y commercer de la façon qui leur semblait convenable ; enfin les marchandises, dont ils voulaient disposer dans Londres même, pastels, ails ou oignons pouvaient être vendues à des non-bourgeois.

(1) Schanz, I, 386.
(2) *Liber Custumarum*, 64.

La querelle qui s'éleva entre Edouard Ier et les bourgeois de Londres, fournit au roi l'occasion de changer les choses. Pendant quarante ans (1285-1298), il reprit en ses mains les privilèges de la ville, et la Cité fut gouvernée par des wardens qu'il nommait lui-même. Le résultat naturel de cette situation fut double : les artisans du pays et les marchands étrangers obtinrent des avantages aux dépens de l'ennemi commun. Ce fut, nous l'avons vu, pendant cette période, que la gilde des tisserands de Londres réussit définitivement à assurer ses privilèges, et que les marchands étrangers s'aventurèrent pour la première fois à rester en Angleterre plus de 40 jours. Les Communes, c'est-à-dire la classe commerçante de l'Angleterre, se plaignirent dans le Parlement « que, tandis que les commerçants étrangers ne demeu- « raient pas autrefois habituellement plus de quarante « jours, pendant lesquels ils avaient coutume de vendre « aux nationaux qui vivaient du profit (c'est-à-dire de la « vente au détail), ces étrangers eux-mêmes profitent « aujourd'hui de la vente en détail » (1). Aussitôt que les Londoners eurent obtenu de nouveau leur autonomie, ils renouvelèrent et renforcèrent les anciennes restrictions. Mais en 1303, Edouard était prêt pour le grand coup qu'il préparait depuis quelque temps. Cette année-là, il accorda aux étrangers la *Carta Mercatoria*, où, contre le paiement de douanes supplémentaires, il abolit toutes les limitations anciennes de temps et de résidence, et les restrictions au sujet des personnes auxquelles les marchandises pouvaient être vendues ; et bien que le monopole du commerce de détail de beaucoup d'articles fût encore réservé aux bourgeois anglais, celui des épices et de la mercerie, marchandises d'importance croissante, fut spécialement permis aux étrangers. Au même moment, on menaça de pénalités sévères les

(1) *Rot. Parl.*, I, 55, cité par Schanz, I, 396, n. 3.

autorités municipales qui refusaient justice à un étranger, et on ordonna que dans les procès qui pouvaient s'élever à l'avenir entre les nationaux et les étrangers, la moitié du jury fût formée de commerçants de la ville d'où l'étranger en question était originaire.

Il n'est pas nécessaire de suivre, dans ses détails, la lutte qui remplit les cinquante années qui suivirent. En 1309, les membres bourgeois se plaignirent dans le Parlement que les droits nouveaux eussent augmenté les prix des marchandises importées. Edouard II les retira pour un temps, afin de s'assurer si c'était réellement le cas ; mais il les réimposa en 1310, déclarant que le prix n'avait pas diminué depuis le changement des droits. Prenant avantage des querelles entre le roi et les barons, les bourgeois obtinrent de nouveaux droits de douane par les ordonnances de 1311, simplement afin de pouvoir remettre en vigueur les vieilles restrictions sur le temps de résidence, etc... Ils se fondaient, pour enlever aux étrangers leurs nouvelles libertés, sur ce qu'ils cessaient de payer les impôts supplémentaires. Edouard, vainqueur des barons en 1322, rendit leur ancienne position aux marchands étrangers. La conséquence fut qu'il y eut de violentes émeutes à Londres, et que les maisons des Bardi furent mises à sac. Le faible gouvernement des premières années d'Edouard III fut d'abord obligé de restituer aux villes leurs privilèges, mais ils furent mis à l'écart l'un après l'autre ; en 1335, les marchands étrangers reçurent de nouveau l'autorisation de traiter avec les nationaux, ceux auxquels il leur plaisait d'avoir affaire. En 1343, on leur permit de demeurer plus de quarante jours, sous la condition que, dans ce cas, ils deviendraient passibles des impôts ordinaires. En 1351, ils reçurent le droit de vendre en détail ; en 1353, les douanes supplémentaires imposées en 1303 furent enfin confirmées par acte du Parlement. Il faut remettre la suite à plus tard.

On doit remarquer, pour comprendre pleinement la question présentement en discussion, que les bourgeois traitaient les commerçants des autres villes anglaises tout à fait de la même manière que les étrangers. Ainsi nous trouvons une pétition des marchands de Southampton, demandant qu'il fût interdit aux marchands qui venaient chez eux de Winchester ou de Salisbury, d'acheter à d'autres qu'aux bourgeois. La même requête fut envoyée de Lynn, au sujet des marchands d'Ely et de Cambridge (1). Nous avons déjà donné d'autres exemples de la même politique de monopole, en décrivant la gilde de commerce. Le mot *étranger*, en effet, est employé pour tout non-bourgeois, qu'il soit anglais ou d'un autre pays. Quelquefois même, il n'est pas facile de déterminer son vrai sens. Sans doute, il y avait toujours un certain sentiment d'antagonisme national. Cependant il est clair que les marchands étrangers étaient entravés et surveillés, non pas tant parce qu'ils étaient étrangers, que parce qu'ils n'étaient pas bourgeois de la ville dans laquelle ils se rendaient.

Le caractère intermunicipal des relations commerciales du temps, et le fait que les autorités de la cité traitaient toutes les autres villes sur le même pied, qu'elles fussent anglaises ou étrangères, sont démontrés par la publication récente du *Calendar of Letters* du maire et de la corporation de Londres pendant les années 1350-1370. Ces lettres sont toujours adressées aux magistrats d'autres villes, et presque toutes insistent pour le paiement de dettes, qui seraient dues à des Londoners. On emploie la même phraséologie, que la lettre soit « pour le maire « ou la communauté de la ville de Bristol », où « pour « l'Exécuteur principal des ordonnances de Justice, les « prieurs des Arts, le Gonfalonier, le peuple et la com- « munauté de la cité de Florence », pour Colchester,

(1) *Rot. Parl.*, I, 87, 93, cité par Schanz, I, 396, n. 3.

Yarmouth, Oxford, ou Bruges, Gand ou Dendermonde. Dans chaque cas, les magistrats de la ville auxquels on s'adresse, sont requis de faire rendre justice, « comme ils désireraient eux-mêmes qu'on traitât leurs gens (1) » ; ou bien ils sont menacés, si la dette n'est pas payée, de représailles sur leurs concitoyens se rendant à Londres (2).

### Section XIV. — La Hanse et l'Entrepôt (Staple).

Il ne nous reste plus qu'à parler des associations formées par les commerçants étrangers, et de l'organisation que les commerçants anglais reçurent eux-mêmes, dans la première moitié du XIVe siècle. Les plus importantes des associations étrangères furent de beaucoup la hanse de Londres et la hanse teutonique. La Flandre et le nord de la France étaient, au point de vue industriel, bien en avance sur l'Angleterre et sur le reste de l'Europe septentrionale. La laine nécessaire pour leur principale industrie, la draperie, avait toujours été demandée à l'Angleterre. Pendant longtemps les Pays-Bas fournirent probablement le plus grand nombre de marchands qui visitaient l'Angleterre. On trouve que les villes engagées dans ce commerce s'étaient unies en vue de l'assistance commune au début du XIIIe siècle, pour former une ligue, connue sous le nom de hanse de Londres (3). Mais, outre le maintien de la liberté du commerce pour

(1) *Calendar of Letters* du maire et de la corporation de Londres, p. 2 (Colchester), 11 (Gand), 11 (Bruges).

(2) *Ibid.*, 2, (Florence), 17 (Gloucester), et passim.

(3) La première mention de la Hanse de Londres est une charte de Bruges, 1240, Warnkœnig, *Histoire de Flandre*, traduct. angl. de Gheldolf, II, 207.

eux-mêmes, ses membres poursuivaient d'autres objets. Ils interdisaient impitoyablement à tous les artisans de leurs propres villes, et d'acheter les matières brutes en Angleterre, et d'y vendre leurs produits manufacturés, et nous avons de nombreux indices que cette organisation donnait plus de force à la main-mise des bourgeois sur le gouvernement de leurs cités. A une époque, la hanse de Londres ne comprenait pas moins de soixante-dix villes, parmi elles toutes celles de Flandre de quelque importance, et, pour un temps, même Châlons, Reims, Saint-Quentin, Cambrai, Amiens et Beauvais. Elle dura jusqu'au xve siècle, mais depuis longtemps elle était tombée à l'arrière-plan, devant la richesse et la force nouvelles de la hanse teutonique.

La première ville allemande, qui, hors des Pays-Bas, atteignit de l'importance commerciale, fut Cologne, dont les fabriques, surtout les fabriques de drap, étaient très en avance sur le reste de l'Allemagne (1). Dès 1157, nous trouvons mention, dans une lettre de protection, de la hanse des gens de Cologne à Londres (2). Dans un rescrit de Richard Ier, publié à Cologne même, à son retour de captivité en Autriche, ils reçurent permission de commercer dans toute l'Angleterre, spécialement dans les foires ; le paiement de deux shillings annuels *pour la salle de leur gilde* (*Guildhall*) leur fut remis pour un temps. Les commerçants de toutes les autres villes allemandes en Angleterre trouvèrent désirable de se joindre à la hanse de Cologne. Cet arrangement ne présenta aucune espèce de difficultés, tant que les seules

(1) Schmoller, *Strassburger Tucher und Weberzunft*, 366.

(2) Lappenberg, *Urkundliche Geschichte des Hansischen Stahlhofes zu London*, livre II ; ce n'est pas le *Steelyard* postérieur. Très tard dans le XIIIe siècle, la maison de la Gild (Guildhall) des commerçants de Cologne et celle des négociants teutoniques (c'est-à-dire de la Baltique) étaient encore séparées, Riley, *Introd. to Liber Albus*, XCVI.

autres villes où se développa l'activité commerciale, furent celles de l'Allemagne occidentale. Mais de bonne heure, au XIIIe siècle, les villes de la Baltique, et parmi elles Lübeck surtout, commencèrent à s'élever à une position supérieure, due en grande partie à ce fait que la Baltique était à cette époque le seul habitat du hareng. Les efforts de Cologne pour exclure les villes de la Baltique du commerce avec l'Angleterre furent inutiles. Elles obtinrent un sauf-conduit d'Henri III en 1238. En 1267, elles reçurent l'autorisation de former une hanse séparée, et, avant la fin du XIIIe siècle, Lübeck, qui par son alliance avec Hambourg s'était assuré tout le contrôle du commerce de la Baltique, réduisit Cologne à un état de subordination ; alors l'ancienne hanse de Cologne fut absorbée dans la hanse teutonique, sous la présidence de Lübeck (1).

Il n'entre pas dans notre dessein actuel de montrer comment de cette alliance de commerçants à Londres et dans d'autres centres commerciaux, particulièrement Bruges, Novogorod et Brème, sortit une alliance de leurs villes originaires, à laquelle la lutte contre Waldemar III de Danemark (1361-1370) donna le caractère d'un état confédéré. Nous n'avons pour l'instant à nous occuper que de l'établissement de la hanse à Londres. Il est évident que l'organisation très compacte des marchands hanséatiques, la facilité avec laquelle ils pouvaient agir et exiger qu'on les traitât comme une corporation, doivent avoir puissamment contribué à briser le monopole des bourgeois anglais dans le commerce intérieur.

Il est intéressant de remarquer que la société de la *Cour d'acier* (*Steelyard*), nom primitif de leur établissement à Londres sur la rive de la Tamise, avait tout à fait

(1) Voyez la courte histoire de la Hanse par M. Lodge dans *Ency. Brit.*

le caractère d'une gilde de commerce établie dans une forteresse. Personne n'y pouvait résider s'il n'était célibataire. Les associés dînaient ensemble dans une salle commune, les maîtres sur une table élevée, les apprentis plus bas. Leurs demeures, leurs magasins, leurs quais, leurs jardins étaient entourés d'un mur solide; les portes étaient fermées au couvre-feu. Chaque maître avait son armure complète (1). Comme dans les autres gildes, leurs affaires commerciales et leurs fonds corporatifs étaient administrés par un alderman, des assistants et un conseil, élus par eux-mêmes. Comme dans les autres gildes aussi, chaque membre était libre de poursuivre ses propres intérêts : le commerce était individuel, non corporatif, cependant dans des limites imposées par le bien commun.

Jusqu'au milieu du XIIIe siècle, l'exportation des marchandises anglaises, laines, toisons, cuir, étain et plomb, était presque entièrement dans les mains des marchands étrangers. Mais vers cette époque, on commence à suivre les progrès d'une corporation de commerçants anglais, exportant les produits du pays dans les marchés étrangers, et c'est alors que l'organisation, connue sous le nom de l'*Entrepôt* (*the Staple*), fait sa première apparition. L'entrepôt, dans la première acception du mot, était un endroit déterminé où tous les commerçants anglais devaient entreposer leurs laines et leurs autres marchandises « en gros » (staple), pour y être vendues. On l'avait créé pour réunir si étroitement les commerçants ensemble, que le commerce pût être réglé et surveillé plus aisément, surtout pour que les droits de douane fussent levés avec plus de facilité. L'institution était due à la politique et à l'initiative royales ; pendant longtemps beaucoup de marchands s'y opposèrent. On ne peut s'em-

(2) Voyez l'article de Pauli dans *Tableaux de la vieille Angleterre* (angl.)

pêcher de reconnaître que des motifs fiscaux ont grandement inspiré les différents règlements (1). La faculté de transporter l' « entrepôt » d'une ville ou d'un état étranger à une autre ville ou à un autre état était estimée par les souverains comme une arme diplomatique très utile. Cependant, dans la voie du commerce étranger, les difficultés étaient si grandes, qu'une organisation de ce genre était nécessaire, à une époque où les Anglais commençaient à peine à s'aventurer dans le négoce extérieur, et étaient dépourvus de la force que le nombre et la richesse donnaient aux marchands flamands et hanséatiques. Encore en 1363, les Communes se plaignaient des injustices commises contre les sujets anglais dans les pays situés hors de la juridiction du roi, et qu'il était, par conséquent, incapable de redresser (2).

Pendant un siècle, il n'y eut pas de politique fixe quant à la ville dans laquelle l'entrepôt devait être placé. Ordinairement c'était en Flandre et presque toujours à Bruges ; mais des considérations politiques répétées le firent transporter dans le Brabant, surtout à Anvers. Les ministres, pendant la minorité d'Edouard III, sans doute sous la pression des commerçants anglais, supprimèrent pour un temps toute restriction au sujet de l'emplacement de la vente. Mais quelques années après l' « entrepôt » fut de nouveau fixé dans les Flandres. Pour quelques années, au moins dès 1353, on voulut tenter l'essai d'établir quelque dix villes d'entrepôt en Angleterre, et de forcer les commerçants étrangers à y venir faire leurs achats. Richard II, plus tard, tenta de renouveler cet essai. La conquête de Calais, cependant, fournit une place qui réunissait à la fois l'avantage d'être

(1) Ochenkowski, *England's wirtschaftliche Entwickelung*, 194, 195.

(2) Cunningham, *Engl. Industry*, 178, n. 2.

près de la Grande-Bretagne et par conséquent plus près du marché étranger, et celui d'être un territoire anglais. Il y avait donc des raisons politiques évidentes pour favoriser la nouvelle acquisition. Aussi l' « entrepôt », après avoir, à plusieurs reprises, été placé à Calais pour de courtes périodes, y devient permanent au milieu du règne de Richard II. Quelle que fût d'ailleurs la ville d' « entrepôt », l'administration commerciale restait la même. Dans chaque endroit il y avait les maires de l'entrepôt, ordinairement au nombre de deux, nommés d'abord par le roi, puis élus par les commerçants de l'entrepôt eux-mêmes ; il y avait aussi un certain nombre d'aldermen. Leur fonction était de juger les procès qui s'élevaient entre les négociants « d'après la législation commerciale », de fixer les prix au-dessous desquels on ne pouvait vendre ni la laine ni les autres marchandises, et de veiller au paiement régulier des douanes royales (1).

(1) Ochenkowski, 187-201.

# CHAPITRE III

## THÉORIES ET LÉGISLATION ÉCONOMIQUES

*Sources.* — Pour les théories du Moyen âge sur la propriété, l'industrie, le commerce et les devoirs des chrétiens à propos de ces questions, la principale autorité est le *Corpus Juris Canonici*. Beaucoup des règlements qu'il contient, étaient destinés à guider les cours ecclésiastiques ; cependant une grande partie de son contenu doit être regardée comme l'expression d'une opinion, plutôt que comme une législation alors en vigueur. Mais comme toutes ses décisions, quelle qu'en ait été la source originaire, ont été successivement confirmées par tous les papes, elles n'ont pas manqué d'influencer les membres les plus consciencieux du clergé dans leur façon de traiter les questions sociales, spécialement en chaire et au confessionnal. La première, et la plus importante moitié du droit canon, se composait du *Decretum* de Gratien, un moine de Bologne, qui, inspiré par la renaissance de l'étude du droit civil, chercha à former un corps de législation ecclésiastique extrait des écrits des Pères, des Canons et des Conciles, des capitulaires Francs, des lettres et des décrétales pontificales, corps de lois qui serait à la jurisprudence ecclésiastique ce que la codification de Justinien avait été pour la jurisprudence laïque. Son ouvrage, composé vers le milieu du XII$^e$ siècle, ne contenait pas de décisions pontificales plus récentes que 1139. Aussi Grégoire IX publia en 1234 une compilation tirée des décisions postérieures, connue sous le nom de *Decrétales de Grégoire IX ;* Boniface VIII y ajouta, en 1298, le *Liber Sextus*, et Jean XXII, en 1317, les *Clementinæ*. Durant le XV$^e$ siècle, des collections des *Decretales* omises dans les *Clementinæ*, ou publiées plus tard, furent composées par les canonistes; et deux recueils semblables, les *Extravagantes Joannis XXII* et les *Extravagantes Communes*, reçurent une autorité égale aux anciens travaux, lorsqu'ils eurent été publiés, avec eux, par Grégoire XIII en 1582. Pour une exposition plus détaillée de la loi canonique, voyez l'article paru sous ce titre dans l'*Encyclopædia Britannica* vol. V. Pour se rendre compte jusqu'à quel point le droit canon fut accepté en Angleterre, voyez deux leçons de Stubbs, *Leçons d'histoire du Moyen Age et d'histoire moderne*, (angl. 1886) et leur critique dans la *Dublin Rewiew*, octobre 1887.

Les meilleurs travaux modernes sur les doctrines économiques du droit canon sont ceux de W. Endemann, *Die nationalökonomischen Grundsätze der canonitischen Lehre*, publiés dans les *Jahrbücher für Nationalökonomie* d'Hildebrand, vol I, et après séparément (1863) ; et *Studien in der romanisch-canonistichen Wirthschaft und Rechtslehre* (vol. I. 1874 ; vol. II, 1883). Inappréciables pour leur science, et très complets, ces travaux ne sont pas aussi utiles qu'on le voudrait, à cause du peu d'attention que l'auteur prête au développement historique de la doctrine qu'il critique. Il est trop enclin à systématiser, et suit trop étroitement les canonistes du XVI^e^ et du XVII^e^ siècle, surtout Scaccia, dans les causes qu'ils assignent aux prescriptions toutes simples de l'ancien droit canonique et les déductions qu'ils en tirent. W. Roscher a consacré un court mais admirable chapitre au droit canon dans l'introduction à sa *Geschichte der Nationalökonomik in Deutschland* (1874). M. Cunningham est le seul écrivain anglais qui ait appelé l'attention sur le caractère et la signification vrais des idées économiques du Moyen âge, dans son *Commerce et Industrie anglais* (angl. 1882), §§ 36, 43, 45 ; et *Politique et économie* (angl. 1885), ch. II ; et mieux encore, pour ce qui regarde spécialement l'usure, dans un article : *Opinion de la Cité sur les opérations de banque du* XIV^e^ *au* XVII^e^ *siècle*, dans le *Journal de l'Institut des Banquiers* (février 1887, angl.). Son *Opinion des chrétiens sur l'usure* (angl.) est malheureusement épuisée. Mais longtemps avant que d'autres écrivains eussent touché à la question, Karl Knies, dans une demi-douzaine de pages, consacrées à ce sujet dans sa *Politische Œkonomie vom Standpuncte der geschichtlichen Methode* (1853), avait pris la question à sa racine même ; il avait produit une justification, au moins relative, des erreurs qui avaient été jusqu'alors purement attribuées à l'ignorance de l'économie politique » (p. 115-120 de la nouvelle édition, 1883 ; sous le titre (*Pol. Œkon. vom geschichtlichen Standpuncte*). La doctrine de saint Thomas d'Aquin avait été commentée par plusieurs écrivains modernes, surtout Contzen. Mais on peut la comprendre plus clairement encore par la lecture de la *Summa theologica* elle-même, sous les questions LXXVII, LXXVIII, seconde division de la seconde partie. Un sommaire des principes de saint Thomas d'Aquin sur les questions économiques se trouve aujourd'hui dans un article de l'auteur, v° *Aquin* (saint Thomas d') dans le *Dictionnaire d'Economie politique* de Palgrave (angl.). Quelques informations utiles sur l'usure sont données par Roscher dans les notes de sa *Political Economy*, liv, III, ch. IV, §§ 190, 191 (Traduc. Lalor, Chicago, 1878, II p. 128).

Il n'y a pas de bon exposé sur la législation primitive en matière économique. Les ordonnances sont toutes imprimées dans le 1er volume des *Statutes of the Realm* et on peut leur comparer les règlements municipaux des *Munimenta Gildhallæ*, éd. Riley ; et les ordonnances des métiers qui s'y trouvent, ainsi que les *Memorials of London* de Riley. Pour l'histoire de la politique royale par rapport à la monnaie, voyez Keary, *Introduction au catalogue des monnaies anglaises du British Museum*, I (angl. 1887) et Ruding, *Annales du monnayage*, (angl. 3e édit. 1840), et pour le commerce étranger, Hubert Hall, *Le Revenu des douanes en Angleterre* (angl. 1885). Un grand nombre de sources, citées dans le chapitre précédent, sont aussi utiles ici.

## Section XV. — L'enseignement de l'Eglise.

Le mouvement social dont nous nous sommes occupés jusqu'ici, peut être appelé, dans un sens, un mouvement spontané; nous avons à voir maintenant, comment l'Eglise et l'Etat, ces deux forces sociales, ont mis la main sur la société et cherché à surveiller son activité. La nature de cette tentative cependant ne peut être comprise que si nous examinons les idées qui l'ont inspirée.

L'enseignement de l'Evangile au sujet des biens de ce monde avait été tel qu'on ne pouvait s'y tromper. Il avait toujours mis les hommes en garde contre la poursuite de la richesse, qui les éloignerait du service de Dieu et étoufferait la bonne semence. Il avait, par un exemple frappant, attaché pour un homme la perfection spirituelle à la vente de tous ses biens, afin de les donner aux pauvres. Il avait déclaré le pauvre et l'affamé des êtres bénis de Dieu, et prédit des malheurs au riche. Au lieu d'approuver la préoccupation anxieuse de la nourriture et des vêtements pour le lendemain, il avait enseigné la confiance en Dieu, au lieu de la recherche égoïste de tout ce que les hommes peuvent acquérir, la charité qui donne de bon cœur à tous ceux qui demandent ; et il trouvait dans les membres de l'Eglise primitive chrétienne un exemple de ces hommes qui ont abandonné leurs propriétés individuelles, et qui possèdent tout en commun (1).

Nous ne pouvons donc pas nous étonner que, avec de telles leçons sous les yeux, une salutaire réaction contre l'égoïsme du monde païen ait conduit les Pères primitifs du Christianisme à condamner totalement la poursuite du gain. Elle les entraîna même plus loin, jusqu'à dénier à l'individu le droit de disposer à sa volonté de sa propriété, et même de jouir, dans le luxe, de sa richesse. « Où est l'injustice, si je conserve avec soin ce qui est « mien, pourvu que je n'envahisse pas le bien d'autrui ? » « Honteuse parole », dit saint Ambroise. « Le Mien, « dis-tu ? qu'est-ce donc ? de quel endroit inconnu « l'as-tu apporté dans ce monde ? Lorsque tu es venu « à la lumière, lorsque tu es sorti du sein de ta mère, « quelle richesse as-tu apportée avec toi ?... Tout ce que « tu prends en plus de ce qui doit te suffire, tu le prends

(1) (a) Saint Math., VI, 19, 20, 24 : Saint Marc, IV, 19 : (b) Saint Math., XIX, 23, 24 ; Saint Luc, XVIII, 24, 25 : (c) Saint Math., XIX, 21 ; Saint Luc, XVIII, 22. Voici l'inspiration qui poussa François d'Assise à faire vœu de pauvreté : (d) Saint Luc, VI, 20, 21, 24, 25 : (e) Saint Math., VI, 25 32 : (f) Saint Luc, VI, 29-34 : (g) Actes des Apôtres, IV, 32, 34, 35.

« par violence. Dieu serait-il donc assez injuste pour « ne pas nous distribuer les moyens de vivre également, « de façon que tu serais dans l'abondance, tandis que « d'autres seraient dans le besoin? N'est-ce pas plutôt « qu'il a voulu te donner des marques de sa bonté, « tandis qu'il couronnait tes compagnons de la vertu de « patience. Alors, toi, qui as reçu les dons de Dieu, « penses-tu que tu ne commettes pas une injustice en « gardant pour toi seul ce qui fournirait à beaucoup le « moyen de vivre? C'est le pain des affamés que tu « accapares, c'est l'habit de ceux qui sont nus que tu « enfermes ; l'argent que tu enfouis, c'est le rachat des « malheureux (1). »

La plus haute philosophie morale et juridique de l'ancien monde renforça ce sentiment purement religieux, en appelant à son aide la doctrine de la « loi de nature ». Sir Henry Maine a montré comment cette conception naquit, et comment elle avait influencé la législation romaine. Il a indiqué comment, en dépit de l'influence de cette idée sur les esprits des hommes, les jurisconsultes n'ont jamais pu se mettre d'accord sur les deux questions suivantes : y a-t-il jamais eu un état de nature dans le passé? et quels sont les témoignages précis qui permettent de distinguer celles des institutions actuelles qui concordent avec la loi naturelle? Mais il y avait deux principes sur lesquels ils s'étaient tous accordés, et qu'ils ont réussi à imprimer dans l'âme des hommes instruits : c'est d'abord que la nature est caractérisée par la simplicité et la similitude, et secondement, comme la pleine conséquence de ce premier principe, que tous les hommes sont égaux par nature (2). Les

(1) *Corp. Jur. Canonici, Decret.* I, distinctio 47, c. 8 (éd. 1618, p. 54).

(2) *Ancient Law*, ch. IV, « Similitude » est peut être un terme qui convient à l'un des principaux sens de ἰσότης « principe d'une égale distribution » et de *æquitas* « nivellement » ou « mépris des démarcations, *ibid.*, 58-61.

écrivains et les prédicateurs chrétiens ont tiré de ces principes une conclusion que les juristes semblent avoir évitée avec soin, la conclusion que la propriété privée était contraire à la nature. Il suivait de là que pendant que la loi ecclésiastique de la fin du Moyen Age, le *Corpus Juris canonici,* commençait à trouver dans presque toutes les expressions des *Institutes* de Justinien une distinction entre la loi civile et la loi naturelle, elle en arriva à ajouter au mariage et à l'éducation des enfants, qui sont les seuls exemples définis de loi naturelle qu'on trouve dans le code, la communauté des biens et la liberté personnelle (1). « L'usage de ce qui est dans le « monde », dit Clément, « doit être commun à tous les « hommes ; mais un homme, injustement, a appelé ceci « le sien, un autre cela, et ainsi a commencé la division « parmi les mortels (2). »

Cette vue sur l'origine de la propriété, a fourni aux moralistes chrétiens la base philosophique de leur doctrine. Chercher à s'enrichir n'était pas simplement, selon leurs arguments, encourir un risque spirituel pour son âme, c'était en soi-même injuste, puisque c'était une tentation pour s'approprier une part inégale de ce que Dieu avait destiné à l'usage commun des hommes. Si un homme possédait plus qu'il n'avait besoin, il était obligé de donner son superflu aux pauvres ; car, par la

(1) *Institutes* de Justinien, éd. Moyle I, 92; *Corp. Juris Canonici, Decr.* I, dist. I. c. VII : « Jus naturale est commune omnium na- « tionum, eo quod ubique instinctu naturæ non constitutione « aliqua habetur, ut viri et fœminæ conjunctio, liberorum suc- « cessio et educatio, *communis omnium possessio et omnium una « libertas*»; à cela il va jusqu'à ajouter avec peu de logique: « Ac- « quisitio eorum quæ cœlo, terra, marique capiuntur, item de- « positæ rei vel commendatæ pecuniæ restitutio, violentiæ per « vim repulsio. »

(2) *Corp. Jur. Canon. Decret.* II, causa 12, questio 2. Voyez aussi les citations dans Kautz, *Geschichtliche Entwickelung der National-Œkonomik* (1860), I, 205.

loi naturelle, il n'avait pas de droit naturel sur ce superflu, il n'était seulement que l'intendant de Dieu. Avec les doctrinaires chrétiens, de telles injonctions ne restèrent pas longtemps dans le domaine des raisonnements purement philosophiques. Ils y ajoutèrent tout le poids de préceptes pratiques ; ils y montrèrent des devoirs à observer, des péchés à éviter, sous peine de punition dans l'autre monde (1).

Mais si c'était un péché de chercher à s'enrichir, pouvait-on justifier le commerce lui-même ? Ce fut là une question qui troubla bien des consciences pendant le Moyen Age. D'une part, on ne pouvait complètement fermer les yeux sur les services que le commerce rendait à la société, ni sur ce fait que pour beaucoup de marchands la seule question était de se procurer ce qui était strictement nécessaire pour les faire vivre. D'autre part, les canonistes voyaient que le commerce était ordinairement dans les mains d'hommes qui avaient déjà assez pour eux, et dont le but principal était d'augmenter leur propre gain. « Supprimez la cupidité », raisonne Tertullien, « et il n'y a pas de raison pour le gain ; et « s'il n'y a pas de raison pour le gain, il n'y a pas besoin « de commerce (2). » De plus, comme le marchand ne parait pas lui-même ajouter à la valeur de ses marchandises, s'il a gagné avec elles plus qu'il ne les a payées, son gain, dit saint Jérôme, est nécessairement une perte pour un autre ; et en tout cas, le commerce était

(1) Le contraste entre la doctrine chrétienne et celle des Stoïciens est marquée par Lecky, *Hist. of European Morals*, I, 203, 204 ; II. 1-4 ; Cf. *Ecce Homo*, préface de la cinquième édition, XI (1883). Roscher remarque que la théologie du Moyen Age considérait le soulagement des pauvres, non comme une question de charité volontaire, mais comme une obligation. Saint Thomas dit *debitum legale*, (*Gesch. des Nat. Œkonomik*, 6).

(2) Tertullien, *De Idolatr.*, 11 ; Knies, *P. Œk. vom geschicht. Standpuncte*, 116, n° 3.

dangereux pour l'âme, puisqu'il était presque impossible à un marchand de ne pas agir quelquefois de manière à tromper (1).

Un grand nombre des plus saints parmi les hommes d'Eglise ajoutaient encore à toutes ces raisons cette autre, qui, si on y avait déféré, aurait mis fin à toute activité séculière. La pensée de l'importance suprême du salut pour l'âme individuelle, et de la communion avec Dieu, avait jeté des milliers d'hommes dans la solitude de la vie d'ermite ou dans les monastères ; et elle conduisit un homme, comme saint Augustin, à dire que les « affaires » étaient en elles-mêmes un mal, « car elles détournaient les hommes de chercher le vrai repos, qui est Dieu (2). »

Il n'y avait pas besoin d'un grand courage pour les hommes d'église plus modérés, comme Léon le Grand, à répliquer que c'est la manière dont un homme dirige son commerce, qui détermine s'il est bon ou mauvais, puisque le gain peut-être aussi bien honorable que déshonorant (3). Cependant il y avait de fortes raisons pour traiter le clergé et les laïques d'une manière différente. Aussi la législation ecclésiastique défendit, dès l'origine, au clergé de s'engager dans des opérations commerciales. S'il leur fallait absolument détourner leur attention de leurs devoirs religieux pour se procurer la nourriture et les vêtements, ce devait être vers l'agriculture, ou les métiers manuels ; par ces occupations, en tous cas, ils pouvaient produire quelque chose d'utile, et s'af-

(1) Kautz, 209.

(2) « Merito dictum negotium, quia negat otium, quod malum « est, neque quærit veram quietem, quæ est Deus », *Corp. Jur. Canonici*, *Decr.* I. dist. 88, c. 12. (éd. 1618, p. 9?, col. 2).

(3) *Epist. ad Rusticum*, c. 9 : « Qualitas lucri negotiantem aut « excusat aut arguit ; quia est honestus quæstus aut turpis », cité par Knies, 116, n. 4.

franchir des tentations que le commerce aurait placées sur leur chemin (1).

Tel fut le caractère général de la doctrine de l'Eglise en matière économique durant la première partie du Moyen Age. Il ne nous servirait de rien de considérer ici les avantages ou le danger d'une telle doctrine dans les circonstances modernes. Puisque nous nous occupons seulement de l'histoire sociale du XIIe siècle et des siècles suivants, nous n'avons pas besoin non plus d'examiner si elle se justifiait complètement à l'époque où pour la première fois elle pesa sur les consciences humaines. Longtemps après l'établissement des royaumes d'origine germaine, la condition de l'Europe occidentale était telle, que cette doctrine ne pouvait faire que peu de mal, et pouvait causer au contraire un grand bien. Elle ne pouvait faire que peu de mal, parce que le commerce était peu de chose, et que, tel qu'il était, il avait pour but de fournir d'articles de luxe les princes et les nobles. Aussi la condamnation du commerce, si en réalité le clergé continuait à la maintenir, ne pouvait peser que très peu sur les individus, mais ne pouvait empêcher aucune circulation nécessaire des marchandises. En stimulant le clergé à combattre l'avidité et la violence des puissants, en créant une opinion publique sur la base de la modération des besoins et sur la charité, la doctrine de l'Eglise au sujet des biens de ce monde ne pouvait manquer d'être bienfaisante (2).

(1) *Decret.* I, dist. 91, c. 3 : « Clericus victum et vestimentum « sibi *artificiale vel agricultura*, absque officii sui duntaxat detri- « mento, paret ». Cf. sur le sujet en général Endemann, *Die nationalökonomischen Grundsätze der canonistischen Lehre*, § 17.

(2) Cf. Roscher, *Geschichte*, 6 : « Bei der Beurtheilung dieser « asketischen Einseitigkeit darf man nicht übersehen, dass sie « im Zeitalter der früheren Kirchenväter eine ebenso natürliche « wie heilsame Reaction war gegen den Egoismus des römischen « Rechts, und dass nachmals ihre Fortdauer während des ger- « manischen Mittelalters gegenüber dem Faustrechte, dem alle

Au XIIe siècle, une grande agitation commença à se faire sentir dans les eaux stagnantes de la société du Moyen Age. L'accroissement des villes, la formation des corporations commerciales, l'établissement des marchés, ne faisaient peut-être que fournir au paysan et au seigneur du manoir la demande de leur surproduction ; ces changements cependant mettaient les hommes en face les uns des autres, en qualité d'acheteurs et de vendeurs, d'une manière qui ne s'était pas produite auparavant. Mais ils firent plus encore, ils préparèrent la voie au développement d'une nouvelle classe, celle des artisans, dont l'existence dépendait exclusivement de cette condition, qu'ils fussent à même de vendre les produits de leur fabrication. En même temps de nouveaux besoins d'argent se firent sentir, pour les croisades et pour satisfaire la passion qu'inspira à cette époque la construction des églises, conséquence de la renaissance religieuse du Xe siècle. Aussi, les questions économiques, principalement celles qui concernaient le vendeur et l'acheteur, le créancier et le débiteur, devinrent de la première importance.

Pour traiter ces nouvelles questions, une nouvelle jurisprudence se forma. Elle était fondée sur l'étude renaissante de la loi romaine, dont on trouve les traces en Italie vers la fin du XIe siècle, et qui eut pour centre Bologne. L'enseignement d'Irnerius, le fondateur de l'école bolonaise des « Glossateurs », et de ses successeurs, « les quatre docteurs », attira des foules d'élèves. La connaissance de la législation romaine devint si nécessaire, que l'étude de la théologie fut presque abandonnée. Tous les conciles, l'un après l'autre, au XIIe siècle, durent interdire l'étude de la loi séculière au clergé (1). Or, la loi

« niederen Kulturstufen huldigen, ebenfalls nur wohlthätig « wirken konnte. »

(1) Ortolan, *Le Droit romain* (trad. angl.), 528, 532. Cf. Lyte, *Hist. of Univ. of Oxford* (1886), 55.

romaine, sous la forme définitive où elle se présentait dans la codification de Justinien, reposait sur la théorie absolue de la propriété individuelle, qui était absolument opposée aux usages des peuples germains primitifs, parmi lesquels la propriété collective, ou, en tous cas, l'usage collectif de la propriété, était encore une coutume prédominante. La loi romaine reconnaissait aussi la liberté illimitée du contrat, convenant peut-être au commerce actif des peuples méditerranéens, mais instrument assuré d'injustice lorsqu'on l'appliquait au milieu de conditions sociales plus primitives (1). Lorsqu'il s'agit de l'Angleterre, ces considérations ne sont que très peu affaiblies par la constatation ordinaire, que la loi romaine ne fut jamais reconnue dans ce pays. Si on ne s'y référait jamais dans les tribunaux, elle était toujours dans l'esprit des jurisconsultes, comme un guide ou comme un point de comparaison. Le décret du roi Etienne de Blois ne réussit pas à empêcher l'étude du droit civil, que Vacarius avait introduit à Oxford (2). Les rédacteurs de Manuels, comme Bracton, firent largement usage de la loi civile, et les juges du XIII^e^ et du XIV^e^ siècle, on ne peut guere en douter, la consultaient fréquemment pour y puiser les principes capables de guider leurs décisions (3). Le droit maritime était, nous le savons, emprunté en grande partie à la jurisprudence romaine ; et il était si intimement lié aux intérêts de la communauté marchande, qu'il est impossible de supposer que toutes les autres questions, soulevées par le commerce, n'aient pas été affectées par cette législation.

En présence de ces nouveaux dangers, les hommes d'église recommencèrent à tourner leur attention vers les questions économiques, et à opposer à ce qu'ils re-

(1) Cf. Maine, *Ancient Law*, 261 ; *Early Hist. of Institutions*, 391 ; *Early Law and Custom*, 343, 344.

(2) Lyte, 11 et les références qui y sont indiquées.

(3) Maine, 82, 13, 44

gardaient comme les tendances pernicieuses de la loi romaine, « aux principes mondains », une application nouvelle des principes chrétiens. Ils insistèrent principalement sur ces deux doctrines : les marchandises doivent être vendues au juste prix ; le prélèvement d'un intérêt est un péché. — Ils les appuyèrent par les prédications de la chaire, par le confessionnal, par les décisions des cours ecclésiastiques ; et, à l'époque même où commence la période de l'activité législative du pouvoir séculier, nous trouverons que ces deux règles ont été si profondément imprimées dans les consciences humaines, que le parlement, les municipalités, les gildes, ont essayé, de leur propre initiative, d'en assurer l'exécution.

## Section XVI. — Les idées de saint Thomas d'Aquin sur le « juste prix ».

La moralité chrétienne, telle qu'elle était représentée par ses plus grands docteurs, ne cherchait pas simplement à prévenir une injustice ou une supercherie évidente, mais à assurer l'observation de la loi du Christ. « Faites aux hommes ce que vous voudriez qu'ils vous fissent » (1). Le contraste entre ce précepte et la conduite permise par la loi civile n'était aussi évident dans aucune question, que dans celle de l'achat et de la vente. Un homme devait-il être satisfait de sa manière d'agir, si, vendant un article, il obtenait le plus haut prix que l'acheteur consentît à payer, pourvu seulement qu'il ne le trompât pas frauduleusement sur le caractère de la marchandise, ou bien devait-il se borner à obtenir un prix fixé d'avance loyalement, tel qu'il désirerait lui-

(1) Saint Math., VII, 12 ; Saint Luc, VI, 31.

même le voir maintenir s'il était acheteur à son tour? Le principe, admis par la loi romaine, était que le prix était une question qui se débattait entièrement par libre contrat. Elle laissait les parties contractantes absolument libres de convenir d'un prix à leurs propres risques, sous cette seule réserve que le vendeur était obligé de révéler les défauts qui s'opposaient à la légitime jouissance de la chose vendue. Cela avait été établi clairement par le jurisconsulte Paul, au début du IIIe siècle. « Dans « l'achat et dans la vente un homme a naturellement le « droit d'acheter à bas prix ce qui vaut réellement da- « vantage, et de vendre à un prix élevé ce qui vaut « moins, et chacun peut chercher à prendre avantage « sur l'autre. » Cette dernière proposition n'est qu'un écho du dire de Pomponius, jurisconsulte du siècle précédent : « Il est naturellement permis aux parties con- « tractantes de chercher à prendre avantage l'une sur « l'autre ».

Ces deux propositions étaient citées, comme faisant autorité, dans le Digeste de Justinien (1). Et ce qui est très remarquable c'est que la seule restriction, admise par la loi romaine, à l'application de ce principe, et introduite par un rescrit de Justinien, avait uniquement pour but la protection du *vendeur*. Cet acte décidait que, lorsqu'une chose était vendue moitié moins de sa valeur, le vendeur pouvait reprendre la propriété de l'objet, à moins que l'acheteur ne préférât élever le prix à son montant réel. Beaucoup de légistes postérieurs ont, il est vrai, prétendu que cette disposition s'appliquait seulement à la terre, parce que l'exemple contemporain, donné dans le rescrit, est une ferme; et il y avait là l'in-

(1) *Digest*, IV, IV, 16 (4); XIX, II, 22 (3): « Quemadmodum in « emendo et vendendo naturaliter concessum est quod pluris sit « minoris emere, quod minoris sit pluris vendere, et ita invicem « se circumscribere, ita in locationibus quoque et conductioni- « bus juris est. »

tention, semble-t-il, de faire face à une nécessité spéciale, de réparer une injustice causée par une vente forcée (1). Les Pères s'y sont référés pour montrer que même la loi civile limitait la liberté des contrats dans des cas extrêmes ; mais cela ne faisait qu'affaiblir très peu l'impression produite par la loi civile, lorsqu'elle affirmait que l'acheteur et le vendeur étaient libres de faire tel marché qu'ils pouvaient. Contre cette opinion, l'église dressait l'idéal opposé, celui du « juste prix », que n'affectaient ni le caprice du moment ni les besoins des deux parties contractantes.

L'expression elle-même, dérivée de la législation romaine, semble se rencontrer pour la première fois chez les théologiens dans saint Augustin d'Hippone, et il l'explique par un exemple qui semblera exagéré à des lecteurs modernes. « Je connais un homme qui, comme « on lui offrait d'acheter un manuscrit, voyant que le « vendeur en ignorait la valeur, lui donna cependant le « juste prix », que celui-ci ne s'attendait pas à recevoir (2). »

Nous comprendrons mieux comment cette doctrine fut adoptée et développée par les théologiens et les canonis-

(1) Codex, IV, XLIV, 2 : « Rem majoris pretii si tu vel pater tuus minoris pretii dixtraxit, humanum est, ut vel pretium te restituente emptoribus *fundum* venditum recipias *auctoritate intercedente judicis*, vel, si emptor elegerit, quod deest justo pretio recipies. Minus autem pretium esse videtur *si nec dimidia pars veri pretii soluta est* », (*ib.* II, 179). Voyez Hunter, *Roman Law*, 318.

(2) Saint Augustin, *de Trin*, 13, 3 : « Scio ipse hominem, « quum venalis codex ei fuisset oblatus, pretiique ejus ignarum « et ideo quiddam exiguum poscentem cerneret venditorem, jus- « tum pretium, quod multo amplius erat nec opinanti dedisse. » Voyez Knies, 117. L'expression « justum pretium » se trouve dans le droit romain le plus récent, comme dans le rescrit cité dans la note précédente ; mais son emploi par les Pères de l'époque postérieure et par les scolastiques, semble dériver de saint Augustin.

tes du XIIe et du XIIIe siècle, si, au lieu de chercher à tirer de leurs écrits un certain nombre de propositions abstraites, nous tentons de suivre les arguments du plus grand scolastique de tout le Moyen Age, saint Thomas d'Aquin. Dans cette question, comme pour toutes les spéculations de son temps, il a, à la fois, résumé l'enseignement de ses prédécesseurs, et fourni un fondement pour des constructions subséquentes. Il n'y a pas de raison, il est vrai, de supposer que saint Thomas ait pris un intérêt spécial au côté économique de la vie. Sa raison pour s'en occuper c'est qu'il était encyclopédique d'intention et de méthode, et que, évidemment, il voulait explorer le champ tout entier de la pensée. Mais il est digne de remarque de constater combien son expérience fut étendue, et comment il obtint très vite une grande réputation. Né vers 1225, d'une noble famille du royaume de Naples, il devint, n'étant encore qu'un enfant, membre de l'ordre prêcheur des dominicains; il étudia à Cologne, à Paris, où il enseigna pendant beaucoup d'années, prit part à la lutte entre l'Université et les ordres mendiants, et finalement il retourna en Italie pour travailler pendant huit ans à son Encyclopédie, la *Summa Theologica* ; il y mourut en 1274. Avant sa mort même, il fut reconnu comme le plus grand des docteurs en théologie ; et il en vint bientôt à être désigné comme le représentant typique de cette science, de l'intelligence appliquée au service de la vérité chrétienne. Son rôle dans la pensée du Moyen Age est expliqué par la peinture bien connue, attribuée à Taddeo Gaddi, dans l'Eglise de Santa Maria Novella à Florence. La personne de saint Thomas, pleine de gravité, au front carré, à la haute stature, est placée sur un trône. Il est soutenu de chaque côté par les sciences sacrées et profanes, accompagnées, chacune, de leurs plus illustres représentants parmi les hommes ; sous les pieds de son siège sont les chefs des hérétiques, Arius, Sabellius, Averrhoës.

Suivant pas à pas Ulpien (1), saint Thomas a discuté les vertus intellectuelles et morales Lorsqu'il en fut arrivé à la justice, il la définit ainsi : « La volonté perpé« tuelle et constante de donner à chacun ce qui est son « droit », et ce principe l'amène à la question du commerce. La première question qu'il pose est celle-ci : *Est-il permis de vendre une chose pour plus qu'elle ne vaut?* Sa méthode consiste d'abord à donner tous les argument contre la proposition qu'il a l'intention de prouver lui-même, puis quelque citation écrasante de la Bible et des Pères contre ces arguments, puis sa conclusion avec les raisons par lesquelles il la soutient, enfin il refute soigneusement, l'un après l'autre, tous les arguments qu'il avait commencé par citer. Ainsi dans la question présente, il commence par établir les diverses raisons qui peuvent être alléguées pour admettre qu'un homme ait le plein droit de vendre une chose plus qu'elle ne vaut. D'abord, la « justice », c'est ce qui est d'accord avec la loi civile, et la loi civile permet à un acheteur et à un vendeur de se duper l'un l'autre (2). L'autorité de la loi romaine, nous le voyons, se trouve donc placée en tête de l'argument. L'argument suivant est tel aussi qu'on peut l'attendre d'un jurisconsulte ; il repose sur l'appel à la « nature » ; chacun désire acheter bon marché et vendre cher ; or, un sentiment commun à tout le monde doit être naturel, donc ce qui est naturel ne peut pas être un péché. La troisième raison présentée touche au sophisme. Si vous acceptez un don d'un ami, et que vous vous sentiez obligé de lui donner quelque chose en retour, ce que vous lui donnez sera en

(1) Digeste, I, 10.

(2) *Summa Theologica, Secunda Secundæ*, quæstio LXXVII, articulus I : « Justum enim in commutationibus humanæ vitæ secun« dum leges civiles determinatur. Sed secundum eas licitum est « emptori et venditori ut se invicem decipiant » (éd. Paris, 1664, t. XXII, p. 144).

proportion du bienfait reçu, qui est quelquefois plus grand que la valeur intrinsèque du don lui-même ; et si, en amitié, vous pouvez souvent donner plus que la valeur de la chose, sûrement vous pouvez agir de même dans un contrat de vente.

A tous ces arguments saint Thomas oppose nettement les paroles de l'Evangile : « Faites aux hommes ce que vous voudriez qu'ils vous fissent ». Or, personne n'aime à payer un objet plus que sa valeur ; c'est pourquoi personne ne doit vendre un objet plus que sa valeur. La décision personnelle de saint Thomas est celle-ci : acheter un objet à un prix inférieur à sa valeur, ou vendre un objet à un prix supérieur, c'est en soi-même défendu et injuste ; mais il y a certaines circonstances qui peuvent quelquefois autoriser à agir ainsi. Il justifie ainsi et sa décision et l'exception qu'il y apporte. Nous pouvons placer d'un côté les cas dans lesquels il y a tromperie positive : ce sont clairement des péchés. Mais l'institution elle-même de la vente et de l'achat des marchandises a dû être adoptée pour l'*avantage commun* de l'humanité. S'il en est ainsi, il faut que ce soit pour l'avantage égal des deux parties ; et cela ne peut être que si chacun obtient une valeur égale ; or, cela ne peut être, si le prix obtenu par l'un est réellement supérieur à la valeur de l'article vendu à l'autre.

Mais supposons qu'on ait absolument besoin d'un objet, et que son possesseur, en le livrant, souffre un dommage, on peut fixer avec justice le prix au-dessus de la valeur réelle pour compenser la perte éprouvée ; si, d'autre part, le vendeur n'encourt pas de dommage spécial, tandis que l'acheteur en souffrira un s'il part sans la marchandise, le vendeur n'a pas le droit d'augmenter son prix sous ce prétexte ; le dommage n'étant pas sien, il ne doit pas le faire entrer en ligne de compte. L'acheteur, il est vrai, dans cette dernière circonstance, peut, de bonne volonté et par dessus le marché, donner quelque chose en sus de la valeur, mais librement, à son vouloir.

Saint Thomas revient alors sur ses pas, et répond aux arguments qu'il a commencé par citer, d'abord à celui qui se fonde sur la loi romaine. La loi humaine ne peut pas interdire tout ce qui est contraire à la vertu ; elle ne peut interdire que ce qui détruirait la société. Elle traite comme quasi-légaux tous les autres actes répréhensibles, en ce sens que, sans les approuver, elle ne les punit pas. Mais la loi divine ne laisse rien impuni de ce qui est contraire à la vertu, et ordonne dans les ventes une justice égale. Il combat le second argument en niant qu'un vice soit moins un vice pour être « commun » à tout le monde, c'est-à-dire commun à « tous ceux qui « vont le long du grand chemin ». Là, il cite le mot de saint Augustin sur le « juste prix ». Au troisième argument, il répond : la justice commerciale est une chose différente de l'amitié ; dans l'une c'est l'égalité de l'objet elle-même qu'on exige, dans l'autre c'est l'égalité de l'avantage obtenu par chacun ; la réponse d'ailleurs est aussi sophistique que l'argument réfuté (1).

Ainsi saint Thomas, aux arguments dérivés de la loi civile ou de la soi-disant « nature », oppose le précepte de l'Evangile, en l'appuyant sur le bien public et sur

(1) Saint Thomas remarque cependant avec un soin tout spécial que bien que chaque objet ait en réalité un juste prix, on ne peut pas toujours le déterminer exactement ; et c'est pourquoi on ne doit pas insister sur la restitution si le tort causé par un prix injuste n'est pas considérable « Lex divina nihil im- « punitum relinquit quod sit virtute contrarium. Unde secun- « dum divinam legem illicitum reputatur si emptione et vendi- « tione non sit *æqualitas justitiæ* observata ; et tenetur ille qui « plus habet, recompensare ei qui damnificatus est, si sit *nota-* « *bile* damnum. Quod ideo dico, quia istud pretium rerum *non* « *est punctualiter determinatum*, sed magis in quadam æstima- « tione consistit ; ita quod modica additio vel minutio non vide- « tur tollere æqualitatem justitiæ », *ibid.*

l'égalité des droits de chaque homme. Et il adopte complètement cette opinion que chaque objet a un « juste prix » absolu, « ce qui le vaut », et qu'on peut le déterminer d'une manière suffisamment précise.

Cette façon de traiter la question est faite à coup sûr pour sembler irritante, vague et peu satisfaisante à quiconque l'aborde, l'esprit rempli des discussions récentes sur la valeur. Les économistes modernes ont commencé par définir l'objet de leur science. C'est la richesse, en tant qu'elle possède une valeur d'échange ; puis ils se sont crus obligés de se mettre à rechercher, au point de vue métaphysique et philologique, ce que c'était réellement que la valeur et les lois par lesquelles elle était déterminée. Il y a quarante ans, ils semblaient avoir achevé leur tâche, et J. S. Mill déclarait : « Il n'y a plus rien à éclaircir sur les lois de la valeur par aucun écrivain futur ». Mais on a vu la discussion renaître pendant les vingt dernières années, surtout depuis la publication, en 1871, de la *Théorie de l'économie politique* de Jevons ; et aujourd'hui un écrivain récent, des plus savants et des plus modérés, est obligé de faire cet aveu : « L'opinion que la doctrine de la valeur, telle qu'elle « existe, est la place forte sûre d'une vérité certaine, qui « placerait l'économie politique, en tant que science « exacte, au-dessus des règles instables qui guident « l'humanité, et qui tracerait une démarcation nette « entre les questions économiques et la morale, n'est « qu'une lourde erreur ».

Le lecteur moderne de saint Thomas se demande quel est le rapport du « valet », du grand scolastique, ou du « justum pretium » de saint Augustin, avec les distinctions telles que nous les faisons entre la « valeur d'usage » et la « valeur d'échange », entre la « valeur du marché ou prix courant » et la « valeur normale », et entre l' « utilité totale » et l' « utilité finale ». Cependant le sens de ces expressions de « valet » et de « justum pretium » se comprend avec assez de clarté, lorsque nous nous représentons les circonstances du temps, et quand nous les comparons avec celles de notre époque. Le consommateur moderne achète ordinairement dans une boutique, c'est-à-dire à un intermédiaire, placé entre lui et le producteur, ce dont il a besoin ; il y a même d'habitude deux ou trois de ces intermédiaires entre les fabricants et les clients. Les marchandises viennent le plus souvent d'une certaine distance ; l'acheteur n'a qu'une idée très vague du coût originaire des matières premières ou de la condition des ouvriers. De plus, dans la fabrication de beaucoup d'articles, il se produit une division très considérable du travail. Ainsi il est devenu de plus en plus difficile d'estimer quelle est la compensation due à chaque espèce de travail ; et cette difficulté a été augmentée énormément par ce fait qu'il y a aujourd'hui un grand nombre de qualités différentes dans chaque sorte de marchandises, et que la mode change souvent. Mais au XIIIe siècle, la grande majorité des articles d'usage journalier dans la masse du peuple était achetée directement au fabricant par le consommateur. Si la fabrication d'un article était partagée entre différents métiers, comme celle du drap entre les tisserands, les foulons et les teinturiers, chacun de ces groupes d'artisans vivait dans un cercle très étroit et sous les yeux de la plupart des clients qui finalement achetaient leur fabrication. Si donc le prix était déterminé par le précepte de faire aux autres ce que nous voudrions qu'ils nous fissent, alors le fabricant devait recevoir de quoi récompenser largement son travail, non pas un prix qui lui permît de faire un gain, mais qui lui permît de vivre décemment sur le pied du bien-être que l'opinion publique reconnaissait comme approprié à sa classe.

On a dit avec justesse que les moralistes du Moyen Age visaient à ce que le prix fût déterminé par *coût de production* permanent. Mais nous devons distinguer entre le sens que cette expression comporte de notre temps et celui qu'il faut lui attacher quand nous l'appliquons à la période primitive. La doctrine des économistes anglais orthodoxes était autrefois que la *valeur normale* ou le *prix* (c'est-à-dire la valeur exprimée en termes d'une commodité particulière, l'or par exemple, lorsque sa valeur elle-même n'est pas soumise à des fluctuations) est, dans le cas d'une grande majorité d'articles, déterminée par le coût de production (1). De cette façon il semblerait que la seule différence, entre le point de vue du Moyen Age et des temps modernes, serait que nous avons confiance dans la concurrence pour amener le même résultat que les moralistes et les hommes d'état du Moyen Age cherchaient à obtenir par la doctrine et par la législation. Mais considérons ce que les économistes entendent par le terme lui-même. L'expression « *coût de production* » comprend non seulement le coût des matières premières et des salaires du travail, mais aussi l'intérêt courant du capital employé (2). Prenons d'abord le dernier élément de la proposition. Sa présence en elle-même fait aujourd'hui du *coût de production* une chose tout à fait différente. Le capital joue de notre temps dans la production un rôle presque

(1) J. S. Mill, *Political Economy*, livre III, ch. III. L'explication de la doctrine de l'Eglise au Moyen Age, en tant qu'elle vise à déterminer le prix par le coût de production, a été probablement suggérée pour la première fois par Knies, Part. II § 3 (éd. 1883, p. 116). Cf. Cunningham, *Engl. Industry and Commerce*, § 43, pp. 171, 173.

(2) Fawcett, *Manual of Polit. Econom.*, liv. III, ch. IV (6e édit. p. 339). Pour les besoins de la comparaison, cette théorie moderne est exposée là sans critique. Mais M. Sidgwick a montré récemment (*Princip. of Polit. Econom.*, liv. II. ch. II). « qu'on ne « peut prétendre que le coût de production soit indépendant « de la demande. » La citation de la page 137, au sujet de la doctrine de la valeur, « qui n'est pas une forteresse sûre » est de Gustav Cohn, professeur à Gœttingue, *System der Nationalökonomie*, (1885), I, 488.

aussi important que le travail lui-même, et l'opinion publique reconnaît qu'il a droit à une rétribution séparée, même quand il ne comporte aucune espèce d'activité ou de risque personnels. Mais, comme on l'a montré, dans la période que nous avons traitée, le capital ne faisait que commencer à naître. Dans l'agriculture et dans l'industrie, il n'apparaissait pour ainsi dire pas du tout ; l'habileté était de beaucoup plus importante, et même si le capital avait été capable de jouer un plus grand rôle dans l'industrie, les moralistes et l'opinion publique lui eussent refusé le droit à une rétribution. Pour ce qui est des salaires, le contraste est presque aussi grand. Sans doute les yardlings, et les cottagers, et les artisans souffrirent quelquefois des famines, sans doute les alentours de leurs demeures étaient souvent insalubres. Encore y avait-il un certain degré de bien-être, que l'opinion générale reconnaissait leur convenir; et les prix se réglaient de façon à le leur assurer. Mais aujourd'hui, nous nous déclarons satisfaits lorsque les gages sont déterminés par le degré de bien-être qu'une classe peut faire en sorte d'obtenir, lorsquelle est abandonnée à ses propres forces, ou plutôt exposée à la concurrence des machines et de l'immigration du travail étranger.

La différence fondamentale, entre le point de vue moderne et celui du Moyen Age, est située à une profondeur plus grande encore. C'est que, pour nous, la valeur est quelque chose d'entièrement subjectif, c'est ce que chaque individu consent à donner pour un objet. Pour saint Thomas d'Aquin, c'était quelque chose d'objectif, quelque chose en dehors de la volonté de l'acheteur ou du vendeur individuel, quelque chose attaché à l'objet lui-même, existant par soi-même,qu'on le voulût ou non, et dont on devait reconnaître la réalité intrinsèque (1).

(1) Cf. Endemann, *Studien in der romanisch-canonistichen Wirthschafts-und Rechtslehre*, II, 37.

Et comme l'expérience montrait qu'on ne pouvait avoir confiance dans les individus pour admettre les valeurs réelles des choses, il en résultait que c'était le devoir des autorités compétentes, de l'Etat, de la ville, de la gilde, d'intervenir et de déterminer quel était réellement le prix juste et raisonnable.

Saint Thomas en arrive alors à cette question : « *Une vente devient-elle illégale quand il y a un défaut dans l'article vendu ?* » Il veut dire, ce qui est clair d'après le contexte, quand l'article n'est pas, en matière, en quantité, en qualité, tel qu'on a prétendu qu'il était (1). Il y a trois raisons qui permettraient de supposer que la vente n'est pas devenue illégale : d'abord, lorsque l'article répond à tous les besoins humains auxquels il répondrait s'il était fait de la matière convenue, il n'est pas déloyal de le vendre ; ainsi de l'or obtenu par l'alchimie, à la place de l'or réel (ou comme nous pourrions dire aujourd'hui de l'aluminium ou de « l'or abyssinien » pour de l'or réel) ; secondement, pour les mesures ; comme elles diffèrent d'endroit en endroit, et qu'on ne peut pas toujours éviter les mesures insuffisantes, elles ne sont pas fautives ; cela c'est un pur sophisme ; troisièmement, pour la qualité, — il faut de grandes connaissances pour affirmer la qualité réelle des objets, or, bien des marchands n'ont pas ces connaissances.

Contre tous ces raisonnements s'élève la parole de saint Ambroise. « Selon une règle évidente de la justice, « s'écarter de la vérité, causer par déloyauté du tort à « quelqu'un, ou se rendre, en quelque façon que ce « soit, coupable de tromperie, ne convient pas à un « honnête homme. » De là, conclusion de saint Thomas : vendre ou acheter une chose à la place d'une autre, sans observer la qualité et la mesure convenues, est illégal.

(1) « Utrum venditio reddatur illicita propter defectum rei venditæ », c'est le titre de l'article 2.

Il y a trois sortes de défauts. Pour la défectuosité de la matière, si le vendeur la connaît au moment de la vente, il commet une fraude, et agit d'une manière coupable. De même pour les mesures ; celui qui, en connaissance de cause, se sert d'une mesure défectueuse, agit frauduleusement, et par conséquent coupablement. Pareillement pour la qualité, celui qui vend un cheval fourbu pour un cheval bien en formes, s'il le fait en connaissance de cause, est coupable de fraude. Dans tous ces cas le vendeur est obligé de restituer. Si les défectuosités existaient sans que le vendeur les connût, il n'a pas en réalité commis de péché ; mais il est également astreint à la restitution ; et la même chose est vraie de l'acheteur, lorsqu'il a obtenu un objet à trop bon marché, grâce à l'ignorance du vendeur.

Saint Thomas s'en prend maintenant aux trois arguments qui excusent les défectuosités des objets vendus. Celui qui est fondé sur l'or des alchimistes ne vaut pas ; l'or est estimé, non pas seulement pour son usage matériel, mais encore pour la dignité et la pureté de sa substance, et pour ses propriétés médicinales. Si l'alchimie pouvait faire de l'or vrai, elle ne serait pas coupable de le vendre comme de l'or. Quant à la diversité des mesures, ce peut être le cas, d'endroit en endroit, parce que là où les objets peuvent être en plus grande quantité, les mesures qu'on emploie pour eux sont ordinairement plus grandes. Aussi est-ce le devoir des administrateurs de chaque endroit de fixer des mesures convenables, en se conformant aux circonstances ; et l'on ne doit se servir que des mesures ainsi créées par l'autorité publique ou la coutume (1). Quant à la qualité, il faut considérer

(1) *Ibid* : « In unoquoque loco ad Rectores civitatis (probablement dans le sens primitif des autorités de la *cité*) pertinet « determinare quæ sint justæ mensuræ rerum venalium, pensa- « tis conditionibus locorum et rerum. Et ideo has mensuras

quel est l'usage auquel l'objet est destiné, et cela dépend de conditions que le vendeur et l'acheteur peuvent connaître facilement.

Ainsi, dans tous ces cas, saint Thomas nous ramène à cette question : le vendeur vend-il, en connaissance de cause, un objet qui n'est pas, par la qualité ou par la quantité, tel que l'acheteur le pense ? S'il en est ainsi, il est coupable de fraude, et par conséquent de péché, ce que la loi divine interdit, quand bien même la loi humaine ne le ferait pas.

Puis saint Thomas examine une question d'une importance pratique bien plus grande encore : *Le vendeur est-il obligé de révéler un défaut dans un article ?* Il y a quatre raisons alléguées en faveur de l'opinion qu'il n'y est pas obligé. D'abord, l'acheteur n'est pas forcé d'acheter ; il est entièrement abandonné à son jugement. S'il se trompe dans son jugement, ce n'est pas la faute du vendeur (1). Secondement, ce serait fou d'agir de telle façon qu'on empêcherait la marche de ses propres affaires, et ce serait le résultat obtenu si l'on révélait les défectuosités des marchandises à vendre. Troisièmement, connaître le chemin de la vertu est bien plus important pour un homme que de connaître les qualités des marchandises. Or, au point de vue moral, vous n'êtes pas forcé de donner des avis à tout le monde ; donc vous n'êtes pas forcé, dans les questions d'achat, de donner des avis à tout le monde. Finalement il n'y a qu'une seule raison pour révéler la défectuosité des articles de vente, c'est qu'alors on pourrait baisser le prix.

« publica auctoritate, *vel consuetudine* institutas præterire non « licet. »

(1) *Ibid.* artic. 3 : « Cum enim venditor emptorem ad emen- « dum non cogat, videtur ejus judicio rem quam vendit suppo- « nere... Non ergo videtur imputandam venditori, si emptor in « suo judicio decipitur, præcipitantur emendo, absque diligenti « inquisitione de conditionibus rei. »

Mais le prix serait bien souvent baissé, si, en dehors de l'aveu des défectuosités, vous disiez d'autres choses encore. Exemple : vous êtes venu avec une provision de froment dans un marché où le grain était rare ; vous saviez d'ailleurs que beaucoup d'autres approvisionnements allaient être amenés derrière vous; vous obtiendriez bien moins pour votre froment si vous révéliez le fait.

Mais contre tous ces arguments, nous avons la parole de saint Ambroise : « Dans une vente les défectuosités doivent être révélées ». Dans sa conclusion saint Thomas s'exprime avec plus de modération. Un vendeur peut quelquefois, avec justice, pour éviter de se faire du tort, garder le silence sur les défauts secrets d'un article, *pourvu que* cette dissimulation ne tourne pas au préjudice ou au péril de l'acheteur.

Il est toujours mal, selon son opinion, d'être cause d'un péril ou d'un préjudice pour quiconque, et c'est ce que vous faites si vous vendez des articles défectueux sans garantie. Vous causez un préjudice si l'objet, eu égard au défaut, vaut moins en réalité, et si le prix n'est pas réduit proportionnellement ; vous êtes cause d'un péril pour l'acheteur si l'usage de l'objet devient dangereux par le fait même de la défectuosité ; par exemple, si un cheval malade est vendu pour un cheval sain, une maison ébranlée pour une maison solide, de la viande malsaine pour de la bonne viande. Et si les défauts ne sont pas révélés, le vendeur agit frauduleusement, et est obligé de payer une compensation. Mais si le défaut est évident (ainsi un cheval borgne), ou si l'article ne convient pas au vendeur, mais peut convenir à quelque autre, et pourvu que le prix soit diminué proportionnellement, le vendeur n'est pas obligé de parler du défaut, car, s'il le fait, l'acheteur cherchera peut-être à faire réduire le prix plus qu'il ne serait juste (1). Quant

(1) *Ibid.*, « Si vero vitium sit manifestum ; puta cum equus est

aux arguments de l'autre côté, voici : D'abord le jugement ne peut s'exercer que sur une chose placée clairement devant quelqu'un ; aussi, quand on cache un défaut, la question n'est pas soumise tout entière au jugement de l'acheteur (1). Secondement, vous n'avez pas besoin d'envoyer le crieur de la ville proclamer la défectuosité à la ronde, car cela pourrait éloigner les personnes auxquelles l'article pourrait rendre service, mais vous devez prévenir chaque individu qui demande à acheter qu'il lui est loisible de comparer les bonnes et les mauvaises qualités de l'article. Troisièmement, il est vrai que vous n'êtes pas obligé de dire la vérité sur toute question à toute personne, cependant vous êtes obligé de la dire, lorsque, de votre fait, il peut résulter un dommage pour quelqu'un. Le quatrième argument a dû présenter plus de difficulté à saint Thomas, car, d'après les principes de la moralité chrétienne, il n'y a pas de doute qu'un marchand de blé soit obligé de dire aux acheteurs possibles qu'il y a en route d'autres marchands que lui. Saint Thomas cependant fait une concession au progrès de l'esprit commercial de son temps ; et il admet que le marchand dont il s'agit ne ferait pas le mal en gardant le silence. Cependant en révélant l'arrivée prochaine d'autres convois de blé, ou en vendant son grain, en conséquence, à un moindre prix, il montrerait plus de vertu. Il doit donc, par conséquent, employer cet argument un peu faible, que les cas ne sont pas parallèles, que la valeur du blé sera seulement diminuée par l'ar-

« monoculus ; vel cum usus rei etsi non competat venditori, « potest tamen esse conveniens aliis ; et si ipse propter hujus- « modi vitium subtrahat quantum oportet de pretio ; non tene- « tur ad manifestandum vitium rei ; quia forte... emptor vellet « plus subtrahi de pretio quam esset subtrahendum. »

(1) *Ibid.*, « Dicendum quod judicium non potest fieri nisi de « re manifesta... Unde si vitia rei quæ vendenda proponitur sint « occulta, nisi per venditorem manifestentur, non sufficienter « committitur emptori judicium. »

rivée des autres convois, tandis que l'article défectueux est *déjà* déprécié à cause du défaut existant (1).

On remarquera avec quelle modération saint Thomas établit ses conclusions. Un homme, sans le savoir, est dans le cas de causer un préjudice ou un dommage à un autre; mais l'article défectueux peut encore valoir qu'on l'achète; s'il n'est pas utilisé d'une façon, il peut l'être d'une autre. Nous avons à Londres, au siècle suivant, un exemple amusant, qui nous montre quelle attention on prêtait alors aux considérations de ce genre pour la réglementation de l'industrie. En 1378, un certain tanneur fut cité devant le maire par les inspecteurs de la gilde des cordonniers sous l'accusation d'avoir mis en vente des peaux « falsifiées ». Le tanneur maintint que, si ces peaux n'étaient pas bonnes pour des cordonniers, elles étaient bonnes pour d'autres artisans. Sur ce, on forma un jury composé de deux selliers, d'un fabricant de bourses, d'un ceinturier, de deux fabricants de bouteilles de cuir, de deux tanneurs, de deux corroyeurs et de deux cordonniers. « Ils déclarèrent sous serment « que les dites peaux étaient à l'état brut, et que par « conséquent, sous cette forme, elles ne pouvaient servir « à aucun métier », aussi furent-elles confisquées (2). Le tanneur aurait été certainement acquitté, s'il avait pu prouver que ses peaux étaient bonnes pour n'importe quoi.

Les trois questions précédentes concernaient les rela-

(1) *Ibid.*, « Dicendum quod vitium rei facit rem *in presenti* « esse minoris valoris quam videatur. Sed, in casu premisso, *in* « *futurum* res expectatur esse minoris valoris per superventum « negotiatorum qui ab ementibus ignoratur. Unde venditor qui « vendit rem *secundum pretium quod invenit*, non videtur contra « justitiam facere si quod futurum est non exponat. Si tamen « exponeret vel de pretio subtraheret, abundantioris esset vir- « tutis, quamvis ad hoc non videatur teneri ex justitiæ debito. »

(2) Riley, *Memorials of London*, 420.

tions des agriculteurs et des maîtres des métiers avec le public. Saint Thomas avait gardé pour la fin la question à laquelle il lui était le plus difficile de répondre, celle des relations des marchands non fabricants avec le public. Comme nous l'avons vu, les moralistes primitifs chrétiens s'étaient souvent demandé si la profession de commerçant était en elle-même un péché. Mais sur cette question : a-t-on le droit, dans le commerce, d'acheter bon marché et de vendre cher? Saint Thomas par le clairement avec l'intention de répondre à l'interrogation par l'affirmative, mais avec des restrictions très importantes. Il y a trois arguments qui permettent de considérer le commerce comme un péché. Ce doit être un péché d'abord, parce que Chrysostome dit « celui qui « achète pour la vendre, en vue d'un gain, une chose qui « n'a pas été transformée, est le marchand chassé du « temple. » Secondement on a déjà prouvé qu'il est mal de vendre un objet plus cher ou de l'acheter moins cher qu'il ne vaut ; or, celui qui achète bon marché et vend cher, doit faire l'un ou l'autre. Troisièmement, Jérôme nous dit « fuyez comme la peste un prêtre qui est un « marchand, et qui, d'abord pauvre, devient riche ». Or, ce qui est mal pour le clergé, ne peut pas être bien pour les laïques.

Mais saint Augustin nous dit : bien que l'avide marchand blasphème pour une perte et mente sur les prix, ce sont là des vices de l'homme et non du métier, qu'on peut exercer sans y céder. La conclusion personnelle de saint Thomas est qu'il est permis de faire le commerce pour obtenir le nécessaire ; mais commercer pour s'enrichir (1) est bas en soi, à moins que le gain ne soit destiné à quelque entreprise honorable.

(1) Artic. 4 : « Negotiari propter res necessarias vitæ conse- « quendas omnibus licet ; propter lucrum vero, nisi id sit ordi- « natum ad aliquem honestum finem, negotiari ex se est turpe. »

Aristote, dit-il, distingue deux espèces d'échange ; il y a d'abord l'échange naturel, où un objet est échangé contre un autre, ou des marchandises pour de l'argent, pour satisfaire aux besoins des deux parties ; ces sortes d'échange regardent surtout les chefs de famille ou les hommes d'Etat, qui doivent assurer les choses nécessaires aux leurs ou au gouvernement. Et il y a une seconde sorte d'échange, où l'argent se donne contre de l'argent ou contre des marchandises pour de l'argent, en vue du gain. En lui-même ce genre de commerce est vil ; car il devient le serviteur du vice pour obtenir la richesse, et cette avidité ne connaît pas de limite (1). Ainsi le commerce *en lui-même* est vil autant qu'il n'implique pas une fin nécessaire et honorable. Cependant le gain, objet du commerce, n'est pas, en lui-même, contraire à la vertu : ce qui veut dire que le gain n'est pas un mal, sinon lorsqu'on le désire sans mesure. Et comme rien ne peut empêcher qu'on consacre le gain obtenu à quelque objet nécessaire ou honorable, cela suffit à rendre le commerce légitime. Exemple : un homme cherche dans le commerce un gain modéré pour l'éducation de sa famille et le soulagement des pauvres. Autre exemple plus important encore : le commerce est exercé pour le bien public, un pays ne pouvant vivre sans les choses nécessaires à la vie, et le commerçant considère son gain, non comme la fin, mais comme la rémunération de son travail (2).

(1) « Secunda autem juste vituperatur ; quia quantum est de « se deservit cupiditati lucri, quæ terminum nescit, et in infi- « nitum tendit. » Cela est pris à Aristote, *Polit.*, liv. I, ch. VIII, IX. Pour le sens du mot πέρας dans Aristote, voyez Jowett, *Politics*, vol. II, part. I, p. 30.

(2) *Ibid.*, « Lucrum tamen, quod est negotiationis finis, etsi in « sua ratione non importat aliquid honestum vel necessarium, « nihil tamen importat in sua ratione vitiosum vel virtuti contra- « rium. Unde nihil prohibet lucrum ordinari ad aliquem finem « necessarium, vel etiam honestum ; et sic negotiatio licita red-

Saint Thomas accepte donc sans difficulté le mot de saint Jean Chrysostome. Le commerce est en effet un péché, dit-il, lorsque le gain lui-même est son objet suprême, plus encore lorsque l'article est vendu à un plus haut prix sans avoir subi de transformation. Si l'article a été perfectionné dans l'intervalle, le gain n'est que la rémunération du travail additionnel ; enfin on peut viser légitimement au gain, quand on le fait pour quelque dessein nécessaire et honorable. Il combat la seconde objection en faisant une distinction entre le fait d'acheter bon marché *exclusivement* pour revendre cher, et le fait d'acheter bon marché, puis, *pour quelque autre raison*, de revendre cher. Cette dernière circonstance peut se produire quand l'article a été perfectionné dans l'intervalle, ou dans le cas où la différence de l'endroit ou de l'époque se trouve rendre aussi le prix différent, ou enfin à cause du danger couru dans le transport de l'objet d'un lieu à un autre. Ailleurs saint Thomas reconnaît d'une manière précise le droit de hausser le prix, par cette raison qu'il y a *travail* à transporter un objet d'un marché à un autre. Quant à la défense de commercer, imposée aux clercs, il ne s'ensuit pas que le commerce soit un péché ; car les clercs doivent éviter même ce qui n'a que l'apparence du mal.

Nous voilà maintenant en état de considérer la doctrine de saint Thomas dans son ensemble. Il admet certainement que, dans chaque pays, chaque district particulier, il y a pour tout article, à chaque époque spéciale, un juste prix. Les prix donc ne doivent pas varier avec l'offre et la demande momentanée (1), avec le caprice in-

« ditur. Sicut cum aliquis lucrum moderatum quod negociando « quærit ad domus suæ sustentationem, vel etiam ad subvenien- « dum indigentibus ; vel etiam cum aliquis negotiationi intendit « propter publicam utilitatem, ne scilicet res necessariæ ad vi- « tam patriæ desint, et lucrum expetit non quasi finem sed « quasi stipendium laboris.

(1) La qualification « momentanée » est insérée là, parce que

dividuel, ni avec l'habileté du marchandage. Le devoir moral de l'acheteur et du vendeur est de chercher à atteindre ce juste prix d'aussi près que possible. De plus, il y a pour tous les objets des mesures et des qualités qui leur sont propres ; on doit donc aussi en assurer la sincérité ; si les marchandises ont quelques tares ou quelqués défauts, c'est le devoir du vendeur de les signaler.

Quant au commerçant, bien que saint Thomas hésite sur la ligne exacte de démarcation, il distinguerait nettement le commerce licite du commerce illicite. La distinction dépend surtout du motif du marchand, s'il ne vise pas tant au gain qu'à son entretien et à celui de sa famille, ou à fournir aux pauvres, par son intermédiaire, les nécessités de la vie, ou s'il importe dans sa patrie des marchandises dont elle a réellement besoin. Comme il obtient le gain réalisé à titre de rémunération, il n'est pas purement attiré par le profit. Dans ce cas, ce genre de commerce est digne d'approbation. Mais si c'est exclusivement le désir du gain qui pousse un homme, un tel commerce est vil et bas. Ce qui est plus important, saint Thomas d'Aquin condamne tout commerce *fondé uniquement sur la spéculation*, toute tentative pour réaliser un gain, en se servant habilement des fluctuations du marché. Il ne nous dit pas, il est vrai, comment on peut déterminer

saint Thomas reconnaît nettement que la variation dans l'approvisionnement peut causer des variations dans le prix, par exemple dans l'article 3 « Caristia frumenti ». Mais les canonistes n'ont jamais accordé que le prix dépendait de la volonté arbitraire de l'acheteur ou du vendeur. Leur argument était qu'à chaque état du marché, il y avait un juste prix que les marchands devaient admettre. Pour les doctrines les plus récentes des canonistes, et les difficultés dans les quelles ils tombaient, voyez Endemann, *Studien*, II, 44-46. Pour éclaircir le résultat pratique de l'établissement « d'un prix commun de vente dans « un marché particulier, à un jour particulier », voyez *Memorials of London*, 236.

le juste prix d'un article apporté par un marchand à un marché éloigné. A ce qu'il semble résulter de ses paroles au sujet du commerce justifiable, il admettrait que cette valeur fût telle, qu'elle couvrît le juste prix payé par le marchand lui-même pour l'objet, plus un gain suffisant pour lui assurer les nécessités de la vie, proportionnées à sa condition, selon l'opinion publique.

La seule forme sous laquelle saint Thomas recommande d'une manière précise l'action de l'Etat, c'est la réglementation des poids et mesures. Mais la doctrine qui, dans le domaine économique, établit ce qui est péché et ce qui ne l'est pas, doit avoir inévitablement pour résultat l'intervention des autorités. L'Etat, la municipalité, la gilde doivent essayer d'abord de corriger les délits particuliers ; puis, ceux-ci augmentant, de contrôler, de toutes les façons, le commerce et l'industrie. Car c'est à une époque relativement récente, que la distinction entre la loi et la moralité a été faite soit par l'opinion publique, soit par les théoriciens politiques. Les hommes pensaient que tout ce qui était mal, pouvait être dûment interdit sous peine de châtiment. On disputait sur les limites légales, qui existent entre l'autorité des deux grands pouvoirs, le pouvoir spirituel et le pouvoir temporel. Il y avait différentes théories sur les conditions qui constituent l'autorité temporelle suprême dans un Etat. Il y avait des conflits entre les différents organes de l'Etat, par exemple entre l'autorité centrale et les municipalités. Mais il n'y avait rien qui ressemblât à ce sentiment moderne, que certaines catégories d'actes dépendent entièrement de la conscience individuelle et ne doivent pas légalement subir une « intervention extérieure ».

## Section XVII. — La doctrine de l'Eglise sur l'usure.

La doctrine de l'Eglise au sujet de l'*usure*, c'est-à-dire du prélèvement d'un intérêt quelconque pour un prêt d'argent, reposait plus directement encore que le principe du juste prix sur les leçons de l'Evangile. Elle eut pour origine la tentative très naturelle pour mettre en vigueur ce précepte : « Prètez sans espoir de retour » (1), qui faisait partie des devoirs de l'amour fraternel parmi les chrétiens. Il était considéré comme ayant la valeur d'un commandement de Dieu, et par conséquent comme devant être obéi, quand même il ne ferait pas un appel direct à la conscience, comme il le faisait d'après l'opinion de la plupart des Pères. A l'origine, la défense de prêter de l'argent à intérêt, était une règle de discipline qui s'appliquait exclusivement au clergé. Le concile de Nicée, en 325, interdit aux clercs de faire l'usure sous peine d'être dégradés de leurs fonctions ecclésiastiques. Et les décrets des synodes, les écrits des Pères insistèrent, à de nombreuses reprises, sur le devoir de s'abstenir de ce vil profit. L'interdiction fut étendue aux laïques dans l'Europe de l'ouest par les capitulaires de Charlemagne et les conciles du IXe siècle (2). Puis pendant quelque temps, cette question n'apparaît que rarement dans les documents contemporains, probablement parce que les cas où les individus avaient à leur disposition de grandes sommes d'argent étaient si rares, parce que l'influence de l'Eglise était si grande, qu'on rencontrait rarement des exemples de prêts à intérêt.

(1) Voyez saint Luc, VI, 35, cité d'après la Vulgate : « Mutuum date, nihil inde sperantes. »

(2) Pour l'histoire de la prohibition, voyez Endemann, *Grundsätze der canonistischen Lehre*, § 2.

Il nous est impossible de ne pas voir une relation entre la renaissance de l'étude de la loi romaine dans l'ouest, et l'attention nouvelle que les hommes d'Eglise donnèrent au péché d'usure, depuis le XII$^{e}$ siècle et dans la suite. Pas un législateur, pas un juge ne pouvait ignorer que le code, regardé par les hommes comme la plus haute expression de la sagesse humaine et de la science politique, permettait le prêt à intérêt, et avait établi des voies et moyens pour rendre obligatoire le paiement de l'usure aussi bien que du capital prêté (1). Le plus grand des « Glossateurs », Accurse de Bologne (1182-1260), ignorait complètement l'interprétation donnée par la loi canonique au chapitre du Code de Justinien sur l'usure ; en fait, il se réfère spécialement à Irnerius et à son élève Bulgarus, dans le siècle précédent, qui sont ses autorités pour admettre la légitimité absolue d'un contrat qui implique le paiement d'un intérêt (2). Si l'on pouvait se fier aux satires contemporaines, Accurse ne craignait pas d'éclairer sa théorie par la pratique ; à ses

(1) La législation de Justinien a limité le taux de l'intérêt à douze pour cent pour les prêts maritimes, à huit pour cent pour les prêts commerciaux, à six et quatre pour cent dans les autres cas : « Jubemus illustribus quidem personis, sive eas præ-« cedentibus, minime licere ultra tertiam partem centesimæ usu-« rarum in quocunque contractu vili vel maximo stipulari ; illos « vero qui ergasteriis præsunt, vel *aliquam licitam negociationem* « *gerunt*, usque ad *bessem centesimæ* suam stipulationem moderari ; « in *trajecticiis* autem contractibus, vel specierum fenori dationi-« bus *usque ad centesimam* tantummodo licere stipulari nec eam « excedere, *licet veteribus legibus hoc erat concessum* : ceteros au-« tem omnes homines dimidiam tantum modo centesimæ usu-« rarum posse stipulari, et eam quantitatem usurarum etiam in « aliis omnibus casibus nullo modo ampliari in quibus citra sti-« pulationem usuræ exigi solent. Nec liceat judici memoratam « augere taxationem occasione consuetudinis in regione obtinen-« tis » Codex, IV, XXXII, 26 § 2. « Centesima » veut dire un pour cent par mois, c'est-à-dire 12 0/0, voyez aussi Knies, 118.

(2) Endemann, *Studien*, I, 119.

gains de professeur, il aurait ajouté, dit-on, ceux de prêteur, même à ses élèves (1). Pour des Anglais, il est intéressant de noter que le fils de ce jurisconsulte fut, au moins pendant sept ans, au service d'Edouard Ier comme membre de son conseil intime (2).

Dès 1179, la législation pontificale commença à combattre ce que les papes considéraient comme un mal grandissant. Parmi les canons du grand concile de Latran, tenu cette année là par Alexandre III, il en est un qui s'exprime ainsi : « Depuis que, presque dans chaque « endroit, le crime d'usure est devenu tellement dominant, « que beaucoup de personnes ont abandonné toutes les « autres affaires pour devenir usuriers, comme si ce mé« tier était autorisé, et sans égard à son interdiction « dans les deux Testaments, nous ordonnons que les usu« riers manifestes ne soient pas admis à la communion « et, s'ils meurent dans leur péché, qu'ils ne soient pas « enterrés chrétiennement, et qu'aucun prêtre n'accepte « leurs aumônes ». Les clercs désobéissant à cet ordre devaient être suspendus de leur office, jusqu'à ce qu'ils eussent donné satisfaction à leur évêque (3). Le même pape, dans des lettres à l'archevêque de Salerne et à l'évêque de Plaisance, avait décidé que les usuriers et même leurs héritiers seraient obligés de restituer leurs gains injustes sous peine d'être frappés pareillement (4).

Au début du siècle suivant la naissance de l'ordre mendiant et de celui des prêcheurs, voués tous deux à la pau-

(1) Ortolan, *op. cit.*, 542.

(2) Stubbs, *Const. Hist.*, II, 116, et n. 2. Francesco d'Accorso résida quelque temps avec sa femme au King's-Hall, dans le faubourg nord d'Oxford. Lyte, *Hist. of Oxford*, 89, pense qu'il avait dû sûrement faire des conférences sur la loi romaine à Oxford.

(3) *Decretales Gregorii* (citée sous le chiffre X), liv. 5, tit. 19 (*de usuris*), c. 3 (éd. 1618, p. 694).

(4) *Ibid.*, cc. 5, 9.

vreté absolue, donna une impulsion nouvelle aux efforts tentés pour diminuer les maux de l'usure par l'intermédiaire du pouvoir de l'Église. Le premier de ces ordres comprenait un parti important tourmenté par le besoin d'imiter saint François dans son mépris absolu des biens de ce monde. Le second avait fait tout un système de la doctrine de l'Église, et son plus grand représentant, saint Thomas, avait donné à l'argumentation contre l'usure une forme philosophique. Jusqu'alors, les usuriers n'avaient été menacés que de pénalités spirituelles, et on n'avait fait aucun effort pour influer sur les autorités séculières des différents États. Ce fut dans un autre grand concile, celui de Lyon en 1274, que Grégoire X s'aventura à faire un pas de plus dans cette double direction. Ainsi, il décrète qu'aucune communauté, aucune corporation, aucun individu ne pourra permettre aux usuriers étrangers de prendre des maisons en location, ou, en fait, de demeurer en aucune façon sur leur territoire; mais au contraire qu'ils seront expulsés dans le délai de trois mois ; et il défend que personne ne leur loue des maisons. Si les contrevenants sont des prélats, leurs domaines seront mis en interdit, si ce sont des laïques, ils seront inspectés par l'ordinaire et subiront les censures ecclésiastiques (1). Cette dernière décision ne pouvait pas être vraisemblablement très effective. Aussi il faut attacher plus d'importance au canon suivant, lequel ordonnait que les testaments des usuriers impénitents, c'est-à-dire qui n'auraient pas restitué, ne seraient pas valides (2). Ce canon plaçait définitivement l'usure sous la juridiction des cours ecclésiastiques, qui partout avaient obtenu le monopole des questions testamentaires.

Le dernier pas fut fait en 1311, lorsque Clément V dé-

(1) *Liber Sextus* (cité sous le chiffre VI), liv. 5, tit. 5 (*de usuris*), c. 1.

(2) *Ibid.*, c. 2.

clara hardiment toute la législation séculière en faveur de l'usure nulle et vaine, et flétrit comme une hérésie la croyance que l'usure n'était pas un péché. Il semble, d'après sa rédaction, que le canon ait été primitivement adressé aux autorités des villes, et particulièrement à celles d'Italie et de la France du sud. « Comme d'affligeantes infor-« mations, dit ce canon, sont arrivées jusqu'à nous, sur « la conduite de certaines communautés, qui, offensant « Dieu et leur prochain, contre toute loi divine et hu-« maine, permettent dans leurs statuts l'exigence et le « paiement d'un intérêt, et forcent les débiteurs à le « payer, nous décrétons en conséquence, avec l'appro-« bation de ce sacré concile (celui de Vienne), que les « autorités quelconques, capitaines, consuls, recteurs, « juges, conseillers, ou tout autre, qui oseront établir « dans aucun statut futur, ou que les débiteurs paieront « l'usure, ou que l'usurier ne sera pas tenu à restitution, « encourront une sentence d'excommunication ». Ils encourront aussi la même pénalité, si, dans le délai de trois mois, ils n'abrogent pas tous les statuts de cette nature. Les usuriers doivent être contraints de produire leurs livres à la moindre contestation, et « si quelqu'un « tombe dans cette erreur d'oser audacieusement affir-« mer, que ce n'est pas un péché que de faire l'usure, « nous décrétons qu'il sera puni comme hérétique, et « nous ordonnons à tous les ordinaires et inquisiteurs « de procéder vigoureusement contre tous ceux qui se-« ront soupçonnés de cette hérésie (1) ».

Nous ne pouvons donc pas être surpris que le légiste Barthole (1314-1357), ayant cet avertissement sous les yeux, bien qu'il soit le fondateur de la seconde grande école de droit civil, ait pris dans cette question une position tout à fait différente d'Accurse. Il commente de la façon accoutumée la loi de Justinien concernant l'in-

(1) *Clementinarum*, liv. V, tit 5 (*de usuris*), cap. unicum.

térêt, mais il remarque fréquemment que le prélèvement d'une usure est désormais interdit par la loi civile, aussi bien que par la loi canonique (1). Mais le changement dans la doctrine des légistes avait été graduel. La loi de Justinien elle-même avait mis quelques restrictions aux prêts d'argent (2) ; pour les expliquer, les légistes avaient naturellement été conduits à se servir de quelques-uns des arguments des théologiens (3). Nous verrons plus tard, que ce fut dans cette période, que la législation laïque elle-même commença à suivre l'exemple de la législation ecclésiastique, et le légiste Baldus (1327-1400), dont l'autorité fut particulièrement grande dans la législation commerciale, se réfère fréquemment à la prohibition de l'usure comme ayant force de loi dans toutes les cours séculières de son temps (4).

Occupons-nous maintenant des arguments par lesquels les théologiens et les jurisconsultes justifiaient cette prohibition. Le plus important, nous l'avons déjà dit, était le précepte de l'Evangile, qu'on considérait comme décisif en lui-même, au point qu'on regardait rarement comme nécessaire d'expliquer les raisons qui l'avaient inspiré. Une seconde preuve était tirée de l'Ecriture Sainte ; elle se référait à la loi mosaïque, qui défendait à un Hébreu de tirer usure d'un autre, et tout particulièrement à l'avertissement suivant : « Si tu prêtes de « l'argent à quelqu'un de mon peuple qui soit pauvre, tu « ne seras pas pour cela un usurier, et tu ne lui imposeras « pas d'intérêts (5) ». Les écrivains postérieurs se réfé-

(1) Endemann, *Studien*, I, 27.

(2) Voyez ci-dessus page 187, n. 1, et Cf. Cunningham, *Usury*, 7, 8.

(3) Endemann, *op. cit.*, I, 19.

(4) *Ibid.*, 27-28.

(5) Exod., XXII, 25. Mais, comme saint Thomas d'Aquin l'a bien vu, on peut prétendre que la défense de prendre un intérêt d'un frère juif, implique la permission d'en prendre des gentils. Saint Thomas l'accorde, mais dit que cela était permis à cause de la

raient à ce principe d'Aristote, que l'argent, de lui-même, n'est pas productif, et que par conséquent on ne peut avec justice exiger, pour son usage, ni intérêt ni produit. De tous les arguments théoriques, celui-ci était l'un des plus facilement saisis par l'esprit public, et celui, par conséquent, qui apparaît le plus fréquemment dans la littérature : ainsi, dans ce passage bien connu du « Marchand de Venise » où Antonio raille Shylock de « faire produire un métal stérile ». Mais il y avait un argument capital, par lequel les grands scolastiques et les légistes établissaient que le prélèvement de l'intérêt était, en lui-même, injuste et contraire à la raison naturelle. Cet argument était bien plus subtil que le précédent, et nous devons lui prêter une attention très méticuleuse. Il roule sur une distinction empruntée à la loi romaine, mais dont l'application est tout à fait étrangère à cette législation. C'est la distinction entre les *choses consomptibles,* le blé par exemple, qui disparaissent et sont consommées par l'usage, et les *choses fongibles,* une maison, par exemple, que l'usage ne détruit pas. L'argent, disaient les canonistes, appartenait à la première catégorie. Aussi demander un intérêt, c'était vendre un objet, puis exiger de nouveaux frais pour qu'on en pût faire usage, ce qui était injuste. Le lecteur moderne objectera probablement que le prêt moderne ne peut guère s'appeler une vente. Mais c'était une doctrine de la législation romaine, que, lorsque l'argent était passé dans les mains de l'emprun-

dureté de leurs cœurs : « Quod autem ab extraneis usuram acci-« perent, non fuit eis concessum quasi licitum, sed permissum ad « majus malum vitandum ; ne scilicet a Judæis Deum colen-« tibus usuras acciperent, propter avaritiam cui dediti erant. », *Secunda Secundæ*, quæstio LXXVIII, art. 1. Le *Pipe Roll* de la quatrième année de Richard contient la mention d'une amende payée par Judas, juif de Bristol, « parce qu'une enquête dans une communauté de juifs aurait montré qu'il était douteux « qu'un juif pût prendre un intérêt d'un autre juif », *Exchequer* 166, et n (*u*).

teur, il en recevait non seulement la « possessio », mais le « dominium », c'est-à-dire le droit absolu de propriété ; les canonistes prétendaient donc que cette transaction devait être regardée comme une vente, dans laquelle le paiement était différé. A quiconque objectait encore qu'il était dû un certain intérêt pour la perte de temps que l'attente du prix faisait éprouver, les canonistes répondaient que le temps est une propriété commune, et ne peut pas être vendu.

L'argument, fondé sur cette distinction, était apparu relativement de bonne heure. Dans le *Decretum*, on l'attribue à St-Jean Chrysostome ; mais il est nécessaire ici de préciser, par une citation, la forme sous laquelle il a été fixé par St-Thomas, d'après lequel il a été adopté et commenté par tous les théologiens et légistes postérieurs.

« Prendre un intérêt pour un prêt d'argent est, en soi-« même, injuste ; car c'est vendre une chose qui n'existe « pas, ce qui est une iniquité, c'est-à-dire une injustice. « Pour comprendre cela, il faut savoir qu'il y a des « choses dont l'usage comporte la consommation, ainsi : « quand nous consommons le vin en le buvant, le blé en « le mangeant. Aussi, dans des articles de cette espèce, « l'usage de la chose ne doit pas être compté à part de la « chose elle-même. Quand on donne la chose, on en « donne l'usage par cela même. Par conséquent, en prê-« tant une chose de cette espèce, on donne, avec elle, tous « les droits de propriété sur elle. Si donc un homme « voulait vendre, séparément, et du vin et l'usage de ce « vin, ou bien il vendrait deux fois la même chose « (l'usage ayant le même sens que le vin lui-même), « ou bien il vendrait ce qui n'a jamais existé. D'où il « résulte qu'il commettrait manifestement une injus-« tice et un péché. Pour la même raison, il commet-« trait une injustice, celui qui, prêtant du pain ou du « vin, chercherait pour lui-même deux rémunérations, « la restitution de la valeur égale d'un article, plus

« un paiement pour l'usage qui en est fait, ce qu'on « appelle *usure* ».

« Mais il y a des choses dont l'usage ne comporte pas « la consommation. Ainsi on a l'usage d'une maison pour « y demeurer, non pour la détruire ; par conséquent, dans « les cas de cette espèce, les deux choses peuvent être ad-« mises ; par exemple il arrive qu'un homme transfère « la propriété d'une maison à un autre, mais s'en réserve « l'usage pour un certain temps, et réciproquement. Donc « un homme peut légalement recevoir un prix pour l'usage « d'une maison, et en outre demander la restitution de « la maison elle-même à la fin de la période convenue. « Or, l'argent, comme dit Aristote dans le cinquième « livre de l'Ethique et dans le premier livre de la Poli-« tique, a été imaginé pour le besoin des échanges ; donc « son premier et son principal usage est d'être con-« sommé ou dépensé ; donc il est mal en soi-même de « recevoir (outre la restitution de l'argent lui-même) un « prix pour son usage (1) ».

On montrera, dans un alinéa postérieur, comment au XVIe siècle, au lieu de la théorie que tout prélèvement d'intérêt était usuraire, naquit la théorie que l'usure ne commençait qu'avec un prélèvement supérieur à un certain pourcentage. Quand nous arriverons à notre

(1) « Pecunia...... principaliter est inventa ad commutationes faciendas : et ita proprius et principalis pecuniæ usus est ipsius consumptio, sive distractio... et propter hoc secundum se est illicitum pro usu pecuniæ mutuatæ accipere pretium, quod dicitur usura », II, 2, Q. 78, Art. I. Dans le *Decretum*, distinctio LXXXVII, c. XI, cet argument apparaît dans une citation d'un ouvrage attribué à saint Jean Chrysostome. Il répond à cette proposition. « Pourquoi un homme qui prélève un intérêt est-il « pire qu'un homme qui loue une maison ou un domaine, et re-« çoit une rente pour cela? » « Qui agrum locat ut agrariam reci-« piat aut domum, ut pensiones recipiat, nonne est similis ei qui « pecuniam dat ad usuram? Absit. Primum, quidem, quoniam « pecunia non ad aliquem usum deposita est, nisi ad emendum ».

siècle, nous verrons les difficultés pratiques qu'entraîne une pareille distinction. Avec la croyance au droit naturel de chaque homme à faire des marchés d'argent dans les conditions qu'il lui plaît, ces difficultés ont été la cause de la suppression de toutes les restrictions légales (1). Il y eut une période pendant laquelle, à soutenir les lois contre l'usure, on se faisait la réputation d'un réactionnaire sentimental. Mais il y avait un danger politique dans la liberté absolue des contrats en matière de prêt. Ce fut dans l'Europe centrale et orientale une cause de périls assez grands, pour induire la législation allemande à revenir sur ses pas et à remettre en vigueur l'interdiction légale de l'usure, sous une forme plus pratique ; et cela peut nous permettre de considérer quelle peut être la justification des idées que nous avons exposées, par rapport aux circonstances de l'époque où elles étaient dominantes (2). Mais d'abord nous pouvons mettre d'un côté

(1) Jeremy Bentham commence ainsi ses célèbres *Lettres sur l'usure* (1787) : « La conviction que j'ai pris l'habitude de me « faire à moi-même sur ce sujet est la suivante ; aucun homme « d'âge mûr et d'esprit sain, agissant librement, et les yeux « ouverts, ne doit être empêché de faire en vue de son avantage « tel marché qu'il juge convenable pour gagner de l'argent, et « (ce qui est une conséquence nécessaire) personne ne doit être « empêché de lui en fournir, dans les conditions auxquelles il « juge utile d'accéder. Si cette proposition était acceptée, elle « supprimerait d'un seul coup toutes les barrières que la loi, les « statuts ou l'usage ont élevées, dans leur sagesse commune, contre le péché criant de l'usure. » Ces lettres, avec une lettre de Calvin, souvent citée, et un discours intéressant de Richard Dana, à la chambre des Représentants de Massachusetts (1867) sont réimprimées en forme de brochure, sous le titre de *Tract IV*, publiée par la « Société Américaine pour l'éducation politique » (1881).

(2) L'histoire postérieure des lois contre l'usure, surtout en Allemagne, a été esquissée excellemment par Wagner dans le *Handbuch der politischen Œkonomie* de Schönberg, I, 313-316. Il montre que l'objet de la législation récente de l'Allemagne est d'établir l'idée que l'usure est un crime, mais sans fixer de démarcation tranchée entre l'usure et l'intérêt légal.

l'argument en faveur de l'intérêt, qui se présentera probablement de lui-même à neuf personnes sur dix qui réfléchissent sur cette question. « Un homme qui a de l'ar-« gent, n'est pas obligé de le prêter ; s'il consent au prêt, « il est certainement libre de faire les conditions qu'il « lui plaît. » Les théoriciens du Moyen Age répondraient : « C'est vrai, il n'est pas obligé de le prêter ; « mais s'il le fait, il ne doit le faire que sous de justes con-« ditions. S'il persiste à imposer des conditions illégales, « il doit être frappé de peines spirituelles, et si elles ne « suffisent pas, de peines séculières. Un homme n'a pas « le droit de faire ce qui lui plaît avec son propre bien. »

Or, d'une manière générale, on peut dire que, durant la période qui va du douzième au quatorzième siècle, le champ qui s'ouvrait au placement du capital était très peu étendu (1). Il y avait, il est vrai, dans les centres commerciaux, pendant la dernière partie de cette période, des occasions opportunes pour un homme de prendre une part dans une entreprise de commerce. Aucun obstacle n'était opposé par l'Eglise, ni par l'opinion publique, à des placements de cette nature lorsqu'un intérêt déterminé n'était pas stipulé, mais lorsque le contractant devenait un associé *bona fide* pour le gain comme pour la perte (2). D'ailleurs de telles occasions étaient encore rares. Nous ne devons pas oublier que l'Angleterre était une contrée presqu'entièrement agricole, et que l'agriculture y était pratiquée, d'après un système coutumier, qui fournissait très peu d'occasions au placement d'un capital. Même dans la création des manufac-

(1) Cf. Roscher, *Pol. Econ.*, liv. III, ch. IV, § 190 (Amer. trans., II, 128).

(2) Cela est accordé expressément par saint Thomas (q.78,art.2). La chose est certainement condamnée par une décrétale de Grégoire IX ; X, lib. 5, tit. 19, cap. 19. « Naviganti...... mutuans pecuniæ quantitatem » etc. ; mais voyez Neumann, *Gesch. des Wuchers*, 17, 18.

tures de l'époque, il y avait peu de place « pour l'esprit d'entreprise » ou pour « le développement des affaires ». La demande était trop petite, les ouvriers utilisables trop peu nombreux, pour qu'il pût se produire un de ces accroissements rapides de la production avec lesquels nous sommes familiers de nos jours. Dans ces circonstances, lorsqu'on empruntait de l'argent, c'était ordinairement pour faire face à quelque catastrophe imprévue, ou pour une dépense « improductive » ; ainsi les emprunteurs étaient un chevalier pour partir à la croisade, ou un monastère pour l'édification d'une église. Nous en avons un bon exemple dans l'histoire de saint Edmundsbury, qui a été commentée par Carlyle dans *Passé et Présent*. Le vieil abbé avait mal administré les revenus du couvent : la *camera* tombait en ruines. Pour la reconstruire, il fallut emprunter 27 livres à un Juif. Cette dette, avec les intérêts composés, s'était élevée en quelques années à plus de 400 livres (1).

Dans des cas comme ceux-ci, il semblait injuste qu'une personne ayant de l'argent, dont elle-même ne pouvait tirer un usage productif, fît un gain aux dépens des besoins ou de la piété d'autrui. En général, on donnait de grandes sûretés pour la restitution de l'argent prêté (2). L'alternative était celle-ci : ou l'argent restait inerte entre les mains de son possesseur, ou il le prêtait. Lorsque le possesseur le recouvrait, il se trouvait donc juste dans la même position que s'il ne s'en était jamais séparé. A coup sûr, dans de telles circonstances, nous ne saurions blâmer les moralistes qui regardaient les crimes de l'usure comme si grands, qu'ils pensaient agir

(1) *Past and Present*, liv. II, ch. IV.

(2) Les propriétaires fonciers empruntaient ordinairement en hypothéquant leurs terres ; les autres emprunteurs obtenaient de leurs amis d'être garants, « cautions » ou « mainpernors ». L'emploi fréquent de ce dernier procédé se voit dans les articles du *Statut des Marchands*, 1283, *Stat. of Realm*, I, 54.

raisonnablement en défendant le paiement de tout intérêt ; et leur opinion devait être naturellement fortifiée par les tristes résultats, qu'ils avaient sous les yeux, de l'usure telle qu'on la permettait, et qui était exercée par les Juifs. Dans la réalité de l'histoire, les Juifs n'étaient pas des poltrons serviles, mais trop souvent des tyrans sans pitié, confiants dans la protection royale. Il est difficile de les condamner. Il leur était interdit par la loi ou le préjugé, dans presque tous les pays, de se livrer à l'agriculture, à l'industrie ou au commerce : ils étaient ainsi presque contraints au trafic de l'argent. En vain, Innocent III fit appel aux princes chrétiens pour forcer les Juifs à abandonner leurs usures. C'était une source trop considérable de revenu pour qu'on s'en départît, jusqu'à ce que des souverains se montrassent capables d'assez d'abnégation et de cruauté pour les chasser complètement du royaume, tel Edouard I en 1290. Les cours ecclésiastiques étaient obligées de fermer les yeux sur eux. Ajoutons que, jusqu'à 1274, les plus grandes pénalités, que les cours ecclésiastiques pussent infliger, étaient l'exclusion de la communion et le refus de sépulture chrétienne. Dès lors, il est difficile de voir comment on aurait pu gêner les Juifs dans leurs affaires, quand même les officialités auraient été assez hardies pour l'essayer (1).

(1) Endemann, *Studien*, II, p. 383, sqq. Les histoires sur les crucifixions et les autres crimes semblables attribués aux Juifs sont, sans doute, légendaires. Ce dont on ne peut douter, c'est qu'ils étaient souvent coupables d'insultes publiques contre la foi du peuple au milieu duquel ils vivaient. Ainsi, en une occasion, le jour de l'Ascension, 1263 ,« comme une longue pro« cession du clergé suivait sa route vers le cimetière de saint « Frideswide, pour entendre le sermon public que le chan« celier de l'université avait l'habitude de prononcer ce jour« là, un grand nombre de Juifs attaqua tout à coup le porte« croix, et lui ayant enlevé la croix, la foula aux pieds igno« minieusement », Lyte, *Oxford*, 67.

Les critiques modernes compétents peuvent difficilement nier que, pendant une certaine partie du Moyen Age, les occasions pour placer les capitaux d'une manière productive aient presque entièrement manqué. C'est ce qui justifie relativement le préjugé si fort qu'on avait contre l'intérêt. Les opinions ne diffèrent que sur la question de savoir jusqu'à quelle époque s'étend cet état de choses. Tel écrivain pense que, même avant le XIIe siècle, la situation économique était déjà telle que les décrets pontificaux ne pouvaient obtenir la soumission. Il ne peut considérer la tentative de l'Eglise que comme un vain effort contre des tendances irrésistibles (1). Pour un autre, la prohibition semble prouvée jusque très avant dans le XVe siècle (2). D'un côté, il est clair que le développement du commerce, à partir du XIIIe siècle, a élargi le champ des placements profitables et diminué l'injustice de demander un intérêt pour l'usage de l'argent. Si, par exemple, sur un certain capital engagé dans le commerce, un homme pouvait obtenir vingt pour cent de gain, il semblait difficile de l'empêcher d'emprunter de l'argent à dix pour cent. Il était impossible de maintenir que l'argent fût, dans tous les cas, stérile, après qu'Innocent III eût expressément décidé qu'on pouvait, en certains cas, *confier des fonds à un commerçant* pour obtenir « un gain honorable » (3). D'autre part, nous pouvons difficilement supposer que la prohibition de l'usure eût été maintenue par l'opinion publique, eût été officiellement établie par les statuts, et aurait eu force de loi dans les cours de justice pendant tout le XIVe siècle, comme elle l'eut certainement, s'il s'était rencontré des cas fréquents, dans lesquels elle aurait réellement empêché des entreprises commerciales légitimes, ou arrêté

(1) Endemann, *Studien*, I, 13.

(2) Cunningham, *City-Opinion on Usury*, in *Banker's Journal*, février 1887.

(3) X, lib. IV, tit. 20, c. 7.

le progrès des manufactures. En résumé, nous pouvons peut-être conclure que la prohibition de l'intérêt convenait à la condition économique de l'Europe occidentale, bien que, au milieu de l'activité commerciale des villes, il y eût parfois des cas où elle parût être un fardeau.

Des écrivains postérieurs, surtout ceux du XVIe siècle, se sont donné la tâche de systématiser la législation canonique, et de l'appliquer à des cas nouveaux, à mesure qu'ils se produisaient. Ils sont ainsi arrivés à certaines conceptions théoriques, concernant le capital, l'argent et la valeur, qui leur semblaient ressortir des préceptes particuliers. Ils ont montré comment ces conceptions se reliaient entre elles ; et, de cette façon, pour la première fois, on arriva à formuler une théorie économique générale. Endemann a expliqué cette théorie avec beaucoup d'abondance ; son argumentation implique ceci que, comme certaines conceptions générales semblent être la base logique de règlements définis, ces conceptions ont dû exister dans les esprits de ceux qui ont rédigé ces règlements. Mais les idées, que nous avons déjà exposées, apparaissent tout à fait suffisantes pour rendre compte des règles et des maximes, au moins dans la période qui va jusqu'à la moitié du XIVe siècle. Il semble donc raisonnable de remettre l'examen de la théorie générale des canonistes, aussi bien que les exceptions, limitations, prétextes à échappatoires, qui ont été imaginés graduellement, jusqu'à ce que nous soyons arrivés aux siècles postérieurs.

Nous devons cependant remarquer que la prohibition fut appliquée à d'autres cas qu'aux prêts d'argent. La restitution d'un prêt à laquelle s'ajoutait un intérêt en argent, fut certainement soumise la première à la prohibition ; mais même au IVe et au Ve siècles, les Pères avaient réfuté ceux qui prétendaient que l'usure consistait seulement à prélever une rémunération *en argent*. Si vous prêtez de l'argent à un homme, avec la pensée que vous recevrez de lui plus que vous ne lui avez donné, que ce soit de l'argent, du blé, du vin, de l'huile ou quelque chose d'autre, vous êtes un usurier, dit saint Augustin. Presque avec les mêmes mots, saint Jérôme établit que l'usure consiste à recevoir plus qu'on a donné, et condamne ceux qui, pour de l'argent prêté, « ont coutume « de recevoir des petits présents de différentes sortes ». Saint Ambroise déclare que l'usure est « tout ce qui « s'ajoute au capital, que ce soit de la nourriture, des « vêtements ou toute autre chose de quelque nom que « vous l'appeliez ». Toutes ces définitions ont été comprises par Gratien dans son « *Decretum* » (1). Grégoire IX en a tiré la déduction suivante : Vous donnez une somme d'argent, sous la condition que vous serez plus tard remboursé en marchandises : « un certain nombre de « mesures de grain, de vin ou d'huile » ; si vous saviez qu'avant l'échéance, la valeur de ces articles devait dépasser la somme avancée, vous êtes aussi un usurier (2). Cette transaction pourrait s'appeler soit un prêt, soit une vente. La prohibition, certainement, n'avait rien à faire dans une vente où l'acheteur n'avait pas la moindre idée de la plus ou de la moins-value possible des marchandises au moment où elles devront être livrées, tandis qu'il s'agissait bien d'une *spéculation* commerciale lorsque l'acheteur *s'attendait* à la surélévation de la valeur (3) ; car le péché ne consistait pas tant dans le fait qu'on recevait un gain plus grand que dans l'intention de l'obtenir.

(1) *Decret*, causa. 14, quæst. 3, cc. 1-4. Endemann, *Grundsatze*, § 4.

(2) C'est le sens très clair du n° X. V, tit. 19, cap. 19, qui établit qu'un homme ne doit pas être compté parmi les usuriers, lorsqu'il a reçu en réalité une valeur supérieure au prêt si « utrum plus vel minus solutionis tempore fuerint valituræ, ve« risimiliter dubitatur. »

(3) Endemann, *Grundsatze*, 21, 22.

Une seconde déduction probablement plus importante encore était celle-ci : puisqu'il était mal de recevoir, en retour d'un prêt, le principal en argent et, en même temps, un intérêt en nature, il devait être mal aussi, si vous receviez la valeur en nature, d'exiger en plus le capital en argent. Cela s'appliquait aux cas dans lesquels une terre était engagée pour servir d'hypothèque à une dette. Quand le prêteur avait pris possession de la terre et l'avait gardée assez longtemps pour retirer de ses produits la valeur de la somme originairement prêtée, il était obligé de restituer la propriété. Les cas de cette espèce doivent avoir été tout particulièrement nombreux. Le canon rédigé sur ce sujet au Concile de Tours en 1163 ne s'occupait que des agissements coupables du clergé; la prohibition de ces profits injustes imposée aux laïques se trouve dans une bulle d'Alexandre III adressée à l'archevêque de Canterbury et à ses suffragants. « Puisque la poursuite des gains de l'usure est dange- « reuse non seulement pour le clergé, mais pour tous les « autres, nous vous enjoignons de forcer, sous peine des « châtiments ecclésiastiques, ceux qui ont récupéré le « capital prêté, en même temps qu'ils ont couvert les « dépenses de l'exploitation, avec l'usufruit des pro- « priétés ou des bois qu'ils occupent notoirement à titre « de garantie, à restituer ces dites garanties » (1). Au siècle suivant, ce règlement fut répété dans un canon publié par saint Edmond Rich de Canterbury. « Nous « défendons que personne tente de conserver une ga- « rantie, après avoir reçu la somme prêtée sur les fruits « de la terre, en y comprenant ses frais, puisque c'est « faire l'usure qu'agir ainsi ».

La transition était facile de l'usure, dans le sens strict du mot, aux pratiques usuraires dans le commerce ordinaire. Ainsi étaient réputés usuraires tous paiements

(1) X, lib. V, tit. 19, c. 2.

d'argent en retour d'une *avance de crédit*, tous marchés, dans lesquels les objets étaient vendus à un prix supérieur à leur valeur réelle, sous ce motif que le vendeur devait attendre un certain temps avant d'être payé (1). Car c'était comme si le vendeur exigeait une usure pour prêter à l'acheteur, soit les marchandises elles-mêmes, soit leur montant en argent, qui n'était que le juste prix de ces objets, pour la période durant laquelle ledit vendeur attendait son remboursement. C'est un fait significatif que la prohibition directe de telles pratiques ait apparu pour la première fois dans une bulle adressée par Alexandre III en 1176 à l'archevêque de Gênes. Cette ville luttait alors avec Pise pour la supériorité commerciale dans la Méditerranée, et il faut remarquer que les marchandises spécialement mentionnées dans la Bulle étaient les épices. C'est ce commerce qui fut probablement l'origine de la première association de *commerçants en gros*, s'occupant d'une marchandise spéciale ; on les appelait les épiciers. Il nous est peut-être permis de conjecturer que les cas d'achats à crédit, tels que ceux dont parle la lettre pontificale, devaient probablement se produire de la part des petits commerçants en gros s'adressant à de plus grands négociants. « Vous nous « dites qu'il arrive souvent dans votre ville que des gens

(1) Lyndwood, *Provinciale*, liv. III, tit. 10 (éd. Oxford, 1677, p. 160). Le *Pipe Roll* de la 9e année de Jean sans terre (Madox, *Exchequer*, 170) contient un article rappelant la pétition d'un certain baron demandant à garder ses terres en payant jusqu'à décharge complète de la dette leur valeur annuelle aux Juifs, au lieu de les remettre entre leurs mains, comme il s'y était engagé en les leur hypothéquant. « Rogerus de Berkele « (debet) LX marcus : ut inquiratur quantum valeat per annum « terra ejusdem Rogeri...... cum pertinentiis, quæ eis vadium « Judæorum Bristolliæ et Glocestriæ pro debito quod eis debet : « et quod ipse in manu sua teneat terram illam, et predictis « Judæis valorem illius terræ singulis annis reddat, quousque « prædictum debitum suum eis persolvatur ».

« achètent du poivre ou de la cannelle, ou autres mar-
« chandises qui, présentement, ne valent que cinq livres,
« et promettent de les payer six livres, à une époque
« fixée, à ceux qui les leur procurent. Bien que des arran-
« gements de cette espèce et de cette forme ne puissent
« pas être appelés strictement de l'usure, néanmoins les
« vendeurs s'exposent à être considérés comme cou-
« pables, à moins qu'ils ne puissent douter réellement
« de la plus ou de la moins-value des marchandises à
« l'époque du paiement. C'est pourquoi vos concitoyens
« feront bien, pour leur propre salut, de cesser de passer
« de tels contrats (1) ».

On voit aisément comment la théorie de l'usure, après s'être développée jusqu'à ce point, a dû en arriver à s'entremêler avec celle du juste prix, jusqu'à ce que l'une, dans beaucoup de cas douteux, ait pu servir à fortifier l'autre. Il sera bon de terminer cette division de notre travail par deux citations qui montreront comment la doctrine était présentée sous une forme populaire. Jusqu'à présent, nous nous sommes référés exclusivement aux écrits des Pères, des Scolastiques, aux canons des conciles et aux décrétales des papes. Les citations suivantes sont empruntées à l'*Ayenbite of Inwyt* [Le remords de l'âme ?]. C'est une espèce de manuel du confesseur, qui fut fort en usage à la fin du Moyen Age. Ce manuel était lui-même une traduction, faite en 1340, par un certain Dan Michel, moine du Kent, d'un traité en français, écrit au siècle précédent. « La huitième branche
« de l'avarice c'est le trafiquage, par lequel les hommes,
« pour un profit mondain, pèchent de différentes ma-
« nières, spécialement de sept façons. La première c'est
« de vendre les choses aussi cher qu'on peut, et de les
« acheter aussi bon marché que possible. La seconde

(1) X, lib. V, tit. 5, c. 6.

« c'est de mentir, de jurer et de se parjurer, pour vendre « plus cher ses marchandises. La troisième, c'est au « moyen des poids et des mesures, et cela peut se faire « par trois procédés. Le premier consiste à avoir des « poids et des mesures différents ; à acheter en se ser- « vant des poids et des mesures plus grands, à vendre « avec ceux qui sont moindres ; le second procédé con- « siste à avoir des poids et des mesures légaux, mais à « en user déloyalement, par exemple lorsque les caba- « retiers remplissent la mesure d'écume ; le troisième « procédé consiste à peser une denrée de façon à la faire « paraître plus lourde qu'elle ne l'est. La quatrième ma- « nière de pécher en trafiquant est de vendre avec un « délai [ceci se rapporte sans doute à ces ventes à « crédit, que nous venons justement d'expliquer]. La « cinquième manière consiste à vendre une chose autre « que celle qu'on a montrée d'abord, comme font les écri- « vains quand ils n'écrivent lisiblement que les premiers « mots. La sixième consiste à cacher la vérité sur l'objet « vendu, comme font les maquignons ; et la septième « consiste à s'efforcer de faire paraître l'article à vendre « meilleur qu'il n'est, comme les drapiers qui vendent « leur drap dans un jour sombre ». L'usure est aussi partagée en sept espèces. « Dans la première, le prêt « est fait en argent et le prêteur reçoit des intérêts soit « en argent, ou en blé, ou en vin, ou en produits de la « terre, qu'il détient comme garantie, en plus et au- « dessus du capital, et sans les compter comme étant « une partie du remboursement. Ce qui est pire, un « créancier demandera parfois des intérêts plusieurs fois « par an, pour élever le taux de l'usure, même quand il « reçoit un présent à chaque terme, et souvent il ajou- « tera l'intérêt au principal de la dette. Ce sont là des « formes mauvaises et absolues d'usure. Le prêteur « généreux est celui qui prête sans faire un marché pour « y gagner... La seconde manière d'usure est celle des

« gens qui ne prêtent pas eux-mêmes, mais qui re-« tiennent par devers eux ce que leurs pères, ou ceux « de la richesse desquels ils ont hérité, ont gagné par « l'usure. La troisième façon est celle des gens qui ont « honte de prêter directement, mais qui prêtent par « l'intermédiaire de leurs serviteurs ou de quelque « autre. Ils sont ainsi maitres-prêteurs ; et ne sont pas « indemnes de ce péché, ces grands personnages qui « soutiennent les juifs et les autres usuriers, ces destruc-« teurs du pays, et reçoivent d'eux l'argent de leur ran-« çon, pris sur les biens du pauvre. La quatrième ma-« nière est celle des gens qui empruntent à un taux peu « élevé et prêtent eux-mêmes à un taux plus considé-« rable, ce sont les petits usuriers. La cinquième ma-« nière consiste à vendre une chose à temps pour un « prix supérieur à sa valeur, ou ce qui est pire, à vendre « à temps deux ou trois fois leur valeur des marchan-« dises dont le pressant besoin se fait sentir. Un com-« merce pareil est ruineux pour les chevaliers qui « suivent les tournois ; ils abandonnent leurs domaines « en garantie et ne peuvent jamais les recouvrer. « D'autres achètent des articles, comme le blé et le vin, « moitié moins de leur valeur, et les revendent plus de « deux fois ce qu'ils valent, ou bien ils les achètent au « temps de la moisson, ou quand ils sont spécialement « bon marché, avec l'intention de les revendre quand « ils sont chers, souhaitant une époque de famine, « tandis que d'autres, à leur tour, achètent le blé « sur pied, et le vin en fleur. La sixième manière « d'usure est de prêter de l'argent à des commerçants « sous condition qu'ils partageront les profits, mais « non les pertes... Et finalement la septième manière « est celle des gens, qui prêtent quelque petite chose « à leurs voisins pauvres, sous condition qu'ils tra-« vailleront pour eux, et leur soutirent la valeur de

« trois pence de travail pour chaque penny prêté (1) ».

Rien, plus que ce dernier passage, ne peut nous faire mieux comprendre comment ces deux règles, vendre à un prix loyal et éviter l'usure, en sont arrivées à être identifiées l'une avec l'autre, même dans l'esprit de l'auteur d'un manuel du confesseur. Il nous faut voir maintenant comment la législation civile a cherché à exprimer ces principes et à leur donner force de loi.

## Section XVIII. — Histoire de la monnaie.

La plupart des questions économiques qui se sont présentées d'elles-mêmes à la pensée du Moyen Age, se sont heurtées à cette affirmation que pour toute marchandise et pour tout service il y a un juste prix équivalent. Mais pour que ce principe pût avoir un effet pratique, il était nécessaire qu'un pays possédât une monnaie courante qui inspirât confiance. De plus, le droit exclusif de la frappe était expressément proclamé par la loi romaine comme la prérogative du chef de l'Etat ; et cet exemple ne pouvait manquer de se faire valoir de lui-même auprès des souverains dont les royaumes s'étaient élevés sur les ruines de l'Empire. Pour ces deux raisons, maintenir une prérogative et satisfaire un besoin général, les princes des jeunes nations de l'Europe occidentale commencèrent de très bonne heure à frapper des monnaies. Ainsi la création d'un moyen d'échange fut le premier service que l'organisation de l'Etat rendit à la société. Il est donc nécessaire de s'occuper un peu

(1) Traduit librement du *Ayenbite of Inwyt*, éd. Early Engl. Text.Soc, pp. 35, 44.

plus longuement d'un sujet, auquel on a déjà fait une courte allusion.

La plus ancienne fonction de la monnaie, dans les sociétés primitives, n'était pas tant d'être un moyen d'échange que d'être une *réserve de valeur*. Le trafic régulier ou l'achat des marchandises était peu de chose, les hommes vivaient du produit de leurs terres, cultivées par eux-mêmes ou par leurs tenanciers. Cependant il se produisait certaines occasions où l'on pouvait avoir besoin, être désireux même, de posséder de quoi acheter pour soi de la nourriture, de la terre, des esclaves ; ou bien d'aventureux marchands arrivaient parfois chez un grand seigneur avec des joyaux et des robes à vendre ; quelquefois aussi il s'agissait d'un *vergeld* à amasser peu à peu ; et enfin n'eût-on pas à se dessaisir de sa réserve de métaux précieux, la possession seule d'objets universellement désirés comme ornements ne pouvait qu'accroître le respect avec lequel un homme était regardé. Les bracelets et les anneaux d'or (1) répondaient à ce besoin, chez les Anglais comme chez les peuples scandinaves, ainsi que les quelques monnaies romaines en or que la conquête barbare avait laissées derrière elle, ou que les commerçants avaient apportées avec eux. La première monnaie nouvelle de l'Europe occidentale fut frappée par les princes mérovingiens. Elle était en or et à l'imitation des petites pièces romaines (2). L'introduction du christianisme en Angleterre apporta avec lui des idées nouvelles sur les devoirs et les pouvoirs des rois, et établit des relations plus étroites avec le continent. Aussi conduisit-il presque aussitôt à l'imitation de la monnaie mérovingienne. Ces premières pièces anglaises étaient en or. Il y en eut peu de frappées. Les pièces qui

(1) Keary. *Introd. to Cat. Engl. Coins*, VI, VII ; pour la *réserve de valeur*, cf. Jevons, *Money*, 15, 16.

(2) Keary, *ibid.*, XI.

formaient cette monnaie, avaient trop de valeur pour servir facilement au commerce. D'ailleurs les peuples teutoniques avaient depuis longtemps montré qu'ils préféraient l'argent à l'or. Aussi, lorsque le commerce naquit le long des côtes de Frise, et avec l'importance croissante des Francs Austrasiens, on vit apparaître une monnaie d'argent dans la région du Rhin inférieur (1). L'exemple fut suivi dans les royaumes anglais qui commerçaient avec ces pays, c'est-à-dire le Kent, l'Essex et la Mercie. Les pièces d'argent, frappées alors, et connues sous le nom de *sceattas* furent presque certainement les premières qui furent d'un usage général en Angleterre pour le commerce (2). Elles n'étaient pas destinées cependant à jouer un rôle considérable dans l'histoire de la monnaie anglaise. Environ un siècle plus tard, elles furent remplacées par une monnaie d'un caractère différent, le penny d'argent qui, depuis la fin du VIII^e^ siècle jusqu'au milieu du XIV^e^ siècle, fut la seule pièce d'un usage général en ce pays. C'était aussi une imitation directe des « nouveaux sous » mis en circulation par Pépin-le-Bref dans le royaume franc, vers 755 (3) ; et, comme nous pouvions nous en douter, ce penny d'argent fut frappé par Offa, qui était en communication continuelle avec les princes carolingiens. Pendant quelque temps, la Northumbrie eut une monnaie de cuivre qui lui était particulière ; mais vers la fin du IX^e^ siècle, cette monnaie fit place aussi à un penny d'argent, semblable à celui du sud (4).

Il est probable que le droit de monnayage fut regardé,

(1) *Ib.*, XVI, XVII. Le début du commerce de Frise est éclairci par la mention dans Bède, *Eccl. Hist.*, v, 22, d'un marchand frison qui acheta à Londres un esclave « dont les chaînes tombèrent, lorsqu'on eut chanté des messes pour lui ».

(2) Keary, *Introd.*, XIX, XX.

(3) *Ibid.*; XXIII.

(4) *Ibid.*, XXVIII, XXIX.

dès l'origine, en Angleterre, comme spécialement attaché à la dignité royale. Les *sceattas*, il est vrai, ne portent pas d'inscriptions; mais les pence d'argent ont d'un côté le nom du monnayeur qui les a frappés, de l'autre ordinairement celui du roi sous l'autorité duquel ils ont été mis en circulation. Ces documents nous montrent que chacun des royaumes existant alors en Angleterre (Kent, Est-Anglie, Northumbrie, Mercie et Wessex) eut sa propre monnaie, tant qu'il fut gouverné nominalement par un roi, même lorsqu'il était tombé dans la position d'un état vassal. Bien que les grands aldermen des siècles suivants fussent devenus des princes à moitié indépendants, ils ne frappèrent jamais de monnaies à leur propre nom. Il y a cependant trois exceptions remarquables à la règle qui faisait dépendre le monnayage de l'autorité royale. Nous avons encore un certain nombre de pence, qui portent le nom d' « Edmond roi », ou de « saint Edmond », et qui furent frappés, semble-t-il, à la fin du IX^e^ ou au commencement du X^e^ siècle. Il est probable qu'ils étaient destinés à être portés, comme une médaille, en mémoire du roi martyr de l'Est-Anglie, et qu'ils n'entrèrent que très peu dans la circulation générale (1). Les deux frappes archiépiscopales ont beaucoup plus d'importance, celle de Canterbury, qui porte le nom de ses archevêques, de 766 à 914 environ, et celle d'York, consistant en *pièces* ou *stycas* de cuivre au nom des archevêques, de 734 à 900 environ, et en pence d'argent avec le nom de saint Pierre, pendant la première moitié du IX^e^ siècle (2), à l'époque de l'anarchie presque continuelle des règnes des derniers rois Northumbriens, tant Angles que Danois. L'archevêque d'York obtint une position unique comme le seul représentant de l'ordre dans la moitié nord de

(1) *Ibid.*, II, XXIX, XXX.
(2) *Ibid.*, II, III, XXXI.

l'Angleterre. Le primat de Canterbury avait aussi une influence et une autorité assez grandes pour qu'Egbert fît prudemment alliance avec lui, comme avec un potentat qui aurait été son égal (1). Il est donc assez facile de comprendre pourquoi on laissa les deux archevêques exercer des droits que les rois se réservaient à eux-mêmes. Mais ce n'est pas pure imagination que de suggérer, que cela était dû aussi au sentiment que l'Eglise était, d'une façon toute spéciale, la gardienne de la moralité dans les questions de commerce. Aussi était-il naturel que la sincérité fondamentale de la monnaie fût garantie par le fait que la frappe en était placée entre les mains des grands prélats. Même après que les archevêques de Canterbury eurent cessé de mettre en circulation des pièces à leur nom, ils gardèrent le droit de désigner deux des sept monnayeurs employés dans la cité de Canterbury, tandis que l'abbé de Christ-Church en nommait un ; à Rochester, l'évêque en désignait un sur trois (2). Sans doute, comme nous le trouvons dans des concessions postérieures, le droit d'avoir un monnayeur impliquait aussi la recette de certains profits.

En 954, le royaume danois de Northumbrie disparut. Depuis lors, il n'y eut plus qu'un roi en Angleterre, celui de Wessex (3). De plus, vers le même temps, les rois saxons de l'ouest commencèrent à prendre des titres comportant le pouvoir impérial : *Basileus*, *Imperator*, *Cæsar* (4). C'était sans doute en partie pour affirmer leur

(1) Cf. Green, *Conquest of England*, 72, 73.

(2) Laws of Athelstan, II (*Concilium Greatanleagense*), 14, § 2, dans Schmid, *Gesetze der Angelsachsen*, 140.

(3) Excepté naturellement pendant les deux ans de gouvernement d'Edgar sur l'Angleterre au nord de la Tamise, pendant qu'Edwy était reconnu dans le sud, et aussi pendant le partage du royaume entre Edmond Côte-de-fer et Canut.

(4) Freeman, *Norman Conquest*, I, 554, sqq.

propre supériorité seigneuriale sur les princes de l'intérieur de la Grande-Bretagne, mais en partie aussi probablement, pour réclamer personnellement une dignité égale à celle qu'ils supposaient avoir appartenu aux empereurs romains. La conséquence naturelle de cette prétention était l'affirmation que la frappe de la monnaie était la prérogative exclusive du roi. « Qu'aucun homme n'ait de monnayeur, excepté le roi », cette défense apparaît dans les lois d'Ethelred en 997 (1). Mais il s'écoula bien du temps avant que le travail de la frappe fût borné à un seul endroit, sous la surveillance immédiate des officiers royaux. Il semblerait que les monnayeurs fussent autorisés à s'établir eux-mêmes ou fussent employés par intervalles, dans tous les centres de commerce importants ; cependant on sait peu de chose de leur situation et de la manière précise dont les pièces étaient mises en circulation. Ce fut l'accroissement du commerce dans les villes, surtout dans les ports, qui rendit la monnaie de plus en plus nécessaire, et les monnayeurs de chaque ville peuvent être considérés comme ayant travaillé d'abord pour suffire aux besoins des marchands de chaque endroit particulier (2). En fait il était tellement impossible de maintenir l'étalon de l'alliage et du poids, à moins que la frappe n'eût lieu publiquement dans les villes sous la surveillance constante du reeve, que la loi édictait la défense d'y procéder dans aucun autre endroit, sous peine de mort (3).

Jusqu'à cette époque l'Anglerre s'était contentée de suivre, dans le développement du système monétaire, la même voie que les autres contrées de l'Europe occidentale. Mais, à partir du x<sup>e</sup> siècle, elle présenta un con-

(1) Ethelred, III (*Concilium Wanetungense*), c. 8, dans Schmid, 216.

(2) Voyez les listes, dans Schmid, p. 140 ; dans Ruding, vol. I.

(3) Athelstan, III, 14 ; Ethelred, III, c. 17 ; dans Schmid, 138, 219.

traste frappant avec elles. En France, en Allemagne, en Italie, les cités et les princes les plus importants obtinrent le droit de monnayage. En Angleterre, jamais la prérogative du roi ne fut en danger, excepté pendant le règne d'Etienne. A cette époque, il est vrai, apparurent des monnaies baronales. Les contemporains précisément regardaient la prétention des barons de frapper des monnaies à leur nom comme un empiètement sur les droits de souveraineté. Mais Henri II n'eut aucune difficulté à mettre fin à cette « fausse » monnaie (1) ; et il faut remarquer que le droit exclusif du roi à régler le cours des espèces fut dans la suite affirmé non seulement individuellement contre les barons, mais aussi bien contre le Parlement. Les lords ordonnateurs avaient décidé qu'aucun droit ne pourrait être mis sur la monnaie du royaume sans le consentement des barons, réunis en Parlement ; cet acte fut rappelé en 1322 (2).

Jusqu'au règne de Henri VIII, les rois d'Angleterre se sont gardés honorablement du crime d'avilir le titre des monnaies, d'où un contraste frappant avec leurs voisins de France. Cependant le danger d'une altération se produisit pendant un court espace de temps. Guillaume le Roux semble avoir exigé ou menacé d'exiger un impôt de ses sujets sous le nom de *monnayage, monetagium*. Ce qui impliquait en apparence la reconnaissance du droit royal d'altérer les monnaies et de prélever une maltote pour ne pas le faire. Mais, entre autres innovations, Henri I^er^ renonça expressément à cette prétention. Dès cette époque les efforts des souverains et de leurs

(1) Stubbs, *Const. Hist.*, (Libr. ed.), I, 378, 549. Pour la France, voy. Hallam, *Le Moyen Age* (angl. éd. 1878), I, 205; pour l'Italie et l'Allemagne, Raumer, *Hohenstaufen*, V, 344.

(2) Ducange définit ainsi le mot *monetagium* « præstatio quæ a « tenentibus et vassalis domino fit tertio quoque anno, ea condi- « tione ut monetam mutare ei non liceat ». Voy. art. 5 de la *Charte des libertés* d'Henri I (*Select Charters*, 101), et cf. Ruding, I, 163:

ministres tendirent constamment à assurer au pays une monnaie saine. Il y avait à éviter deux dangers principaux ; d'abord que les monnayeurs éludassent la vigilance des autorités locales et missent en circulation des pièces de bas titre, et que les pièces fussent rognées en passant de main en main. On para au premier de ces inconvénients, et même on le fit disparaître, par une sévérité impitoyable dans la punition des faux-monnayeurs. On leur coupera les mains et on les fera asseoir sur la forge à monnayer, dit une loi d'Athelstan ; on les mettra à mort, dit une loi d'Ethelred (1). Henri Ier en revint au supplice primitif du démembrement, et l'infligea, en 1125, à tous les monnayeurs d'Angleterre (2), pour faire justice d'un seul coup. D'après les chroniqueurs, la conduite d'Henri fut certainement accueillie avec reconnaissance par la nation. Deux ans auparavant seulement, un concile à Rome, sous le pape Calixte, avait prononcé contre les criminels de cette espèce la plus haute pénalité que l'autorité ecclésiastique pût infliger. Il avait séparé de la congrégation des fidèles quiconque sciemment avait fabriqué ou fait circuler à dessein de la fausse monnaie, comme des gens maudits, oppresseurs des pauvres et perturbateurs de l'Etat (3). En somme, le gouvernement réussit, et les difficultés qui s'élevèrent dans les siècles suivants, furent dues à l'importation des monnaies avilies de l'étranger. L'autre danger était plus grand et fut évité en partie seulement. La pratique du rognage des monnaies était si généralement répandue, qu'il devint souvent nécessaire de défendre l'usage des vieilles pièces en cours, et d'en faire frapper de nouvelles, ainsi en 1180 et en 1248 (4). Henri Ier essaya de diminuer cet

(1) Athelstan, III, 14, § 1 ; Ethelred, II, 8 ; dans Schmid, 140, 216.

(2) *English Chronicle*, A. 1125.

(3) Ruding, I, 164.

(4) *Ib.*, I, 171, 184. De la frappe de 1180, Ralph de Diceto dit :

abus, en ordonnant que tous ceux qui vivaient dans les villes prêteraient serment de conserver les monnaies intactes (1) ; de même les ministres de Jean sans Terre, dans une proclamation de 1205, qui défendait à quiconque de garder des monnaies rognées en sa possession, sous peine de saisie (2), et l'année suivante, dans une Ordonnance, qui fixait la limite de la tolérance à un huitième de la diminution du poids, et qui ordonnait d'employer un jury d'enquête à découvrir ceux qui se rendaient coupables de rognage (3).

Il fut entièrement impossible de mettre fin à cette sorte de fraude tant que les procédés du monnayage furent aussi primitifs qu'ils restèrent jusqu'au XVII^e siècle. Il fut impossible de produire des pièces parfaitement rondes jusqu'à ce que la frappe des coins au marteau ait été remplacée par la frappe au « moulinet » (4). Or, le fait

(II, 7, Rolls'ed.) : « Philippus Aymari, natione Turonicus, man-« dato regis in Angliam veniens, numismatis innovandi pro-« curationem suscepit. Hyemali siquidem festo beati Martini « moneta veteri reprobata, nummus in forma rotunda com-« merciis hominum passim est per regnum expositus ».

(1) Rymer, *Fœdera*, I, 12. Henri à Samson, évêque, à Urso d'Abetot, et à tous les barons anglais et français du Worcestershire : « Sciatis quod volo et precipio quod omnes burgenses « et omnes illi qui in burgis morantur, tam Franci quam Angli, « jurent tenere et servare monetam meam in Anglia, et non « consentiant falsitatem monetæ meæ ». Ceci prouve combien l'importance croissante de la monnaie était due au développement de la vie urbaine.

(2) Ruding, I, 178.

(3) *Ibid.* Toute monnaie en déficit de plus de 2 shillings 6 pence à la livre ne devait pas avoir cours, les pièces ainsi dépréciées devaient être trouées et rendues à leurs propriétaires pour ne plus servir.

(4) Macaulay, ch. XXI. Le stock de monnaies était si peu considérable que le gouvernement d'Edouard I donna cours forcé, au taux de deux pour un, même aux *pollards* et aux *crockards*, c'est-à-dire aux pennies *polled*, ou rognés, et *crooked*, ou informes, *Memorials*, 42 ; *Liber Custumarum*, 563.

que les pièces sorties des mains des monnayeurs différaient déjà quelque peu de circonférence, rendait facile le travail du rogneur. Aussi, était-ce tout ce qu'il y avait de plus important que d'assurer, autant que possible, l'uniformité des monnaies. En 1208, tous les monnayeurs, essayeurs, gardes des coins furent convoqués de Londres, Winchester, Exeter, Chichester, Canterbury, Rochester, Ipswich, Norwich, Lynn, Lincoln, York, Carlisle, Northampton, Oxford, Saint-Edmundsbury et Durham, pour comparaître à Winchester avec leurs vieux moules ; on les leur prit, et on les renvoya avec de nouveaux coins du même modèle ; ce fut une précaution souvent répétée (1). Cet expédient eut de plus l'avantage de précipiter la tendance trop lente vers l'uniformité du type ou du modèle des coins. Dès le règne de Henri II le nombre des types avait été réduit à deux, et enfin sous Edouard Ier, il n'y en eut plus qu'un. La première épreuve publique du titre des monnaies frappées date de 1248 (2) ; en 1270, on ordonna un essai général des coins en usage dans tout le royaume (3) ; la première *épreuve de la collection des monnaies* régulière eut lieu en 1281 ou 1282 (4). Elle consista en un examen par les barons de l'Echiquier des monnaies récemment frappées dans les ateliers de Londres et de Canterbury. Peu à peu nous voyons les monnaies locales prendre une certaine extension, sous la surveillance de l'autorité centrale, puis leur nombre réduit. En 1279 un habile frappeur de Marseille fut nommé maître des monnaies, avec le pouvoir d'en frapper à Londres, Canterbury, Bristol et York. Sous Edouard III on ne frappa des pence

(1) Ruding, I, 179 ; pour la tendance générale à l'informité du type, cf. Keary, *Monnaies et Médailles*, (angl.) éd. Law Poole (1885), p. 107.

(2) Ruding, I, 70.

(3) *Ibid.*, I, 187.

(4) *Ibid.*, I, 70.

qu'à Londres, York, Durham, peut-être Canterbury, et des pièces d'or seulement à Londres (1).

Le titre du métal, dont se composait le penny anglais, était presque toujours élevé ; mais son poids variait considérablement. En cela, comme dans toutes les autres parties de leur administration, les souverains anglais étaient fortement influencés par l'exemple du royaume de France. Charlemagne avait pris pour type une livre beaucoup plus lourde que celle qui servait d'étalon aux monnayeurs mérovingiens ; ses sous avaient en moyenne 22,5 grains *troy*. Le penny anglais qui pesait d'abord 18 grains, atteignit presque le sou carolingien sous Egbert et sous Ethelwulf. Mais l'unité de l'empire franc ayant disparu sous les derniers carolingiens, la France occidentale revint à son ancien étalon, et les deniers frappés durant le règne des rois capétiens pesaient seulement environ 16 grains *troy* et demi. Ce changement ne fut pas sans influence sur l'Angleterre : la légèreté extraordinaire de quelques-uns des pence de Canut, dont certains ne pèsent que 12 grains *troy*, peut s'expliquer par l'imitation du « pening » scandinave, qui est d'une légèreté égale ; mais les pièces du Confesseur étaient aussi légères que celles de ses contemporains en France, et il n'y eut pas d'amélioration sous les rois normands. Pendant ce temps cependant, le type carolin, la « livre de Charlemagne » resta en usage dans le royaume oriental, le nouveau royaume d'Allemagne. Le penny établi sur ce modèle pénétra en France et en Angleterre, où il fut connu sous le nom de *penny sterling*, par comparaison spécialement avec le denier français, fondé sur la *livre tournois*, plus légère.

Il semble que ce fut Henri II qui ramena l'Angleterre à l'étalon primitif et plus lourd. 215 des pence frappés en 1180 pesaient, dit-on, autant que 240 de ceux qui

(1) *Ibid.*, I, 193.

étaient auparavant en circulation. Depuis cette époque, tout notre système de poids et de mesures fut fondé sur le penny-sterling de 22 grains 1/2 *troy*, ou de 32 grains *wheat* (de froment). L'« Assise des poids et mesures » attribuée tantôt à Henri III, tantôt à Edouard I^er^, commence ainsi : « Du consentement de tout le royaume, la mesure « royale a été établie de façon à ce que le penny anglais « appelé sterling, rond et sans rognage, pèse 32 grains « de froment pris au milieu de l'épi. Vingt pence font une « once, douze onces font une livre, huit livres font un « gallon de vin, et huit gallons de vin font un boisseau « de Londres (bushel) (1). »

Non seulement ainsi le gouvernement s'efforça de maintenir la valeur de l'ancienne monnaie du royaume et de l'améliorer, mais lorsqu'il vit que les nouveaux besoins du temps l'exigeaient, il prit l'initiative d'introduire dans la circulation des monnaies d'autres noms que celui des pièces auxquelles le peuple était accoutumé. Les demi-pence et les farthings ronds et d'argent qui furent frappés dans la première moitié du XIII^e^ siècle, étaient nécessaires non seulement pour le commerce de détail, conséquence de la multiplication des gildes et des marchés, mais pour faciliter aussi la transformation des services agricoles. La monnaie d'or d'Henri III était, il est vrai, prématurée ; mais on sentit presque aussitôt que celle d'Edouard III répondait à un besoin. Cependant le préjugé en faveur de la pièce usuelle d'un penny était si fort, qu'aucune de ces nouvelles monnaies ne fut d'abord populaire (2) ; et nous ne pouvons guère douter que, si la fourniture des nouvelles

(1) Toutes les affirmations des deux précédents paragraphes sont fondées sur les *Historical Essays* de E. W. Robertson (1872), 41-45, 60-67. Pour l'Assise des poids et mesures, voyez *Statutes of the Realm*, I, 204.

(2) Voyez Ruding, et pour la monnaie d'or d'Edouard, *St. of the Realm*, I, 301.

monnaies, en supposant qu'on pût concevoir la chose comme possible, avait été abandonnée à l'initiative privée, le pays n'eût dû attendre bien plus longtemps qu'il ne l'a fait, ces moyens si utiles d'échange. Cependant, si l'on doit remarquer l'inconvénient qu'il y avait à ne posséder qu'une monnaie de même nom et de valeur relativement peu considérable, on y obviait du moins pour ce qui regarde le règlement des paiements et la tenue des livres, en se servant de ce que nous appelons une *monnaie de compte*, c'est-à-dire une unité ou des unités qui permettaient de calculer, et qui, sans exister alors en tant que monnaies, se trouvaient avec les pièces présentement en circulation en un certain rapport très clair et universellement accepté (1). Tels en Angleterre, depuis une période certainement antérieure à la conquête normande, la livre, le mark, le shilling. Avant le règne de Henri VII on ne frappa aucune des pièces appelées shillings et livres. Enfin on surmonta sans doute une grande partie des difficultés causées par la pratique du rognage, grâce au procédé auquel on eut souvent recours, de faire les gros paiements en *pesant* et non en *comptant* les pièces (2).

(1) Il faut faire mention de la frappe de *groats* et de *demi-groats*. Le continuateur de Murimuth (p. 182), suivi par Walsingham (Rolls'ed. I, 275), l'attribue à l'année 1351 : « William of « Edyngdon, évêque de Winchester, trésorier du royaume, « homme de grande prudence, qui aimait le bien du roi plus « que celui de la communauté, imagina et fit frapper une nou- « velle monnaie, le groat et le demi-groat ; mais elle était plus « légère que la somme équivalente en monnaie sterling. Ce fut « dans la suite la cause du renchérissement de la nourriture et « des marchandises dans toute l'Angleterre ». Le chroniqueur n'est que l'écho du mécontentement populaire à propos d'une nouveauté. La grande peste, antérieure de deux ans, et ses conséquences suffisent tout à fait à expliquer l'augmentation des prix.

(2) Pour la monnaie de compte anglaise, voyez Jevons, *Money*, 71 ; et Keary, *Introd. to Catal.*, XXXIII-XXXV.

De cette façon, l'Angleterre avait été fournie d'une monnaie satisfaisante, mais, sans la vigilance constante du gouvernement, elle l'aurait bientôt perdue. On frappait à l'étranger quantité de pièces fausses, et elles étaient apportées dans le pays par les aventuriers. Un statut attribué au règne d'Edouard II distingue entre la monnaie « à la mitre », dont vingt shillings ne pèsent que seize shillings et quatre pence de monnaie anglaise, et deux sortes de monnaies « aux lions », également légères, des monnaies faites de cuivre et blanchies, des monnaies fabriquées en Allemagne, du même poids que la monnaie à la mitre, mais portant le nom d'Edouard, des monnaies de cuivre recouvertes d'une mince feuille d'argent, et enfin des monnaies rognées. « Les pièces, « fabriquées ou rognées hors d'Angleterre sont apportées « surtout par les commerçants, et comme ils savent que « la surveillance a lieu surtout à Douvres, ils les placent « dans leurs habits ou dans les ballots, ou bien ils ne pé- « nètrent pas par Douvres ou Sandwich, mais par « Londres, ou dans l'Essex, ou en Suffolk ou en Nor- « folk, ou par Hull, ou par Lindsay ou tout autre port « d'Angleterre, dans lequel ils espèrent ne pas rencontrer « d'empêchement. Lesquelles choses amèneraient bien- « tôt la monnaie anglaise à rien, si l'on permettait qu'il « en fût ainsi pendant longtemps (1) ».

Cette importation de monnaie avilie, comme le rognage des pièces dans l'intérieur de l'Angleterre elle-même, était un mal que le pays souffrit dans une proportion assez étendue pendant tout le Moyen Age. Le gouvernement essaya d'y remédier par des mesures toujours les mêmes, spécialement en punissant le crime,

Pour les paiements au poids, voyez l'exposition du procédé de l'Echiquier dans le *Dialogus de Scaccario*, I, ch. VII (*Select Charters*, p. 193).

(1) *Statut of Realm*, I, 219.

quand un coupable était pris, de la perte de la vie et des biens (1). Cependant le danger devenu réellement plus grand réclamait une organisation spéciale si on voulait y tenir tête. Aussi fut-il ordonné par le statut *De falsa moneta* de 1299, que la municipalité de chaque port choisirait deux wardens pour assurer l'exécution de la prohibition de la fausse monnaie. Tous ceux qu'on surprenait introduisant en Angleterre de la fausse monnaie, devaient être envoyés à la geôle du comté. Les commerçants qui apportaient des espèces dans le pays, étaient tenus de les remettre aux wardens ; si, après essai, il était prouvé que la monnaie était de bons « sterlings », probablement qu'elle fût frappée en Angleterre ou non, elle devait être restituée, et on pouvait en faire usage en Angleterre. Mais toute monnaie « ayant cours sous la juridiction du roi de France », étant, nous l'avons vu, de moindre poids et de métal plus vil, devait être gardée, et sa valeur était donnée aux négociants en espèces anglaises. Un statut postérieur défend entièrement la circulation, dans le pays, de toute autre monnaie que celle du roi d'Angleterre, d'Irlande et d'Ecosse (2).

Les négociants devaient porter aux Bureaux de change, établis à Douvres et dans d'autres ports, tous les lingots, l'argenterie, la monnaie d'argent, qu'ils avaient apportés en Angleterre ; ils devaient recevoir en retour des pièces anglaises pour les besoins de leur commerce (3). Mais si l'argent étranger ne pouvait être introduit dans le pays, il fut édicté nombre de fois que l'argent anglais ne pourrait être exporté sans une licence spéciale du roi (4). Les Anglais, au moment de partir

(1) *Ibid.*, 132, sursis de pénalité, 134 ; allégement, 201.

(2) *Ibid.*, 219 (attribué à la 12e année d'Edouard II).

(3) *Ibid.*, 273 (1335).

(4) *Ibid.*, 132, 272. Pour les licences accordées à des marchands individuels, voy. Ochenkowski, *Englands wirthschaftliche Entwickelung*, 205.

pour l'étranger, devaient prendre leurs monnaies au change royal, dans le port d'embarquement, et devaient en recevoir l'équivalent en argent étranger. Mais des autorisations spéciales d'emporter de l'argent anglais furent certainement données dans des cas exceptionnels, par exemple lorsque les négociants pouvaient prouver à l'entière satisfaction du gouvernement, que cette permission était nécessaire pour leurs affaires. La prohibition s'étendit au delà de l'exportation des monnaies, et comprit l'argenterie sous toutes ses formes. Edouard III, en 1335, en pensant d'avance à sa nouvelle monnaie, y ajouta les vases d'or. De pareilles mesures, à première vue, ressemblent d'une façon remarquable à celles qui furent inspirées par la théorie « mercantile » au XVIe siècle, époque où la politique du gouvernement tendait à l'accroissement du stock des métaux précieux. Mais dans toute la législation du XIIIe et du XIVe siècle, il n'y a pas de trace du désir d'augmenter la quantité d'or et d'argent du pays ; le seul mobile de la loi est de retenir en Angleterre la monnaie qu'on avait eu tant de peine à créer (1). La seule disposition légale, qui paraisse avoir quelque teinte de mercantilisme, se trouve dans un statut de 1340, qui ordonne que les exportateurs de laine donneront garantie d'emporter dans les trois mois, et de livrer au change royal, de l'argent pour la valeur de deux marcs par chaque sac de laine (2). Cette disposition peut être regardée comme un procédé peu heureux afin d'assurer aux monnaies royales les lingots nécessaires pour remplacer le déchet des pièces, causé par l'usure et les cassures du métal, plutôt que comme un plan délibéré pour accroître le stock d'argent dans le pays. Le « mercantilisme » de l'époque postérieure, sous sa forme primitive (il visait alors à empêcher,

(1) Ochenkowski, 212, 213.
(2) *Stat. of Realm*, I, 291.

par une prohibition directe, la monnaie de quitter l'Angleterre), ou sous sa forme récente (il tendait alors à accroitre le stock national des espèces au moyen de la « balance du commerce »), regardait le commerce de l'Angleterre comme *un tout*, et le comparait avec celui des autres pays ; mais nous avons vu qu'on n'avait encore admis que fort peu cette opinion sur le commerce anglais (1).

Nous sommes tellement accoutumés au monopole du gouvernement dans toutes les affaires de monnayage, que nous le considérons comme tout naturel, comme un service placé forcément dans « les limites des devoirs de l'Etat ». J. S. Mill montre que « personne, pas même parmi « ceux qui se défient le plus de l'intervention de l'Etat, « n'a jamais fait d'objection au monopole du monnayage, « comme étant un exercice abusif du pouvoir du gou- « vernement », bien que « on ne puisse en donner « d'autre raison que celle-ci, qui est très simple, que ce « monopole répond à des convenances générales (2) ».

(1) L'œuvre de la législation du Moyen Age sur le monnayage devient plus facile à comprendre lorsqu'on remarque que le *change* était un monopole royal. *Cambium* est d'abord employé à la fois pour *monnaie* et *change* et pendant longtemps le soin du change fut confié aux monnayeurs royaux. Le décret de Henri I, cité plus haut (Rymer I, 12), ajoute « Defendo « ne aliquis monetarius denarios mutat nisi in comitatu suo, « et hoc coram duobus legitimis testibus... et nullus sit au- « sus cambire denarios nisi monetarius ». Jean confia le « cam- « bium totius Angliæ » à une seule personne contre une grosse somme, il désigna probablement des changeurs locaux. On conserva longtemps le système de désigner pour tout le royaume un changeur, payant ordinairement au roi une somme annuelle pour son privilège. De fréquents statuts, à partir de 1354, défendaient sous les peines les plus sévères « aucun change à intérêt » fait par des personnes non autorisées ; cette prohibition fut maintenue jusqu'en 1539 ; à cette époque sa suppression fut due surtout aux représentations de sir Thomas Gresham. V. Ruding, II, 138 et sqq.

(2) *Political Economy*, liv. V, ch. I, § 2 (I, 387).

Mais il n'a pas non plus manqué de théoriciens, qui ont prétendu qu'il était meilleur pour l'Etat de laisser la monnaie à elle-même. Que les individus, a-t-on dit, émettent de la monnaie, s'ils le jugent profitable, et s'ils peuvent amener le peuple à la recevoir ; et ayons confiance dans l'intérêt personnel pour empêcher la mise en circulation de mauvaises pièces. M. Herbert Spencer, non content de prétendre que le monopole du gouvernement « est une atteinte à la loi de l'égalité et de la liberté », et force la société « à payer plus pour ses es- « pèces métalliques qu'il ne serait nécessaire autrement », va jusqu'à dire que « l'avilissement de la monnaie, dont « nos aïeux souffraient, n'avait été rendu possible que par « la contrainte légale, et qu'il ne se serait jamais pro- « duit si la monnaie avait été laissée à elle-même (1). » Cependant on peut justifier l'action du gouvernement à la fois contre les faux monnayeurs et contre ceux qui n'étaient pas autorisés en Angleterre, et contre les monnaies étrangères. Cette justification repose sur ce fait, noté au XVI^e^ siècle par sir Thomas Gresham comme évident : La mauvaise monnaie attire la bonne à l'étranger ; et la bonne monnaie n'y attire pas la mauvaise. La *loi* ou *théorème* de Gresham est vraie, que le cours des espèces soit déprécié, ou non, par l'émission d'une mauvaise monnaie (2). S'il n'est pas déprécié et si les fausses pièces passent à leur valeur nominale, l'intérêt de tous ceux qui ont à payer des sommes considérables, sera de payer en monnaie légère ou avilie ; les bonnes pièces seront retirées de la circulation par les monnayeurs, et fondues ; ou bien elles seront refrappées, avec un alliage de poids inférieur, et émises de nouveau, ou autrement elles seront exportées comme lingots dans les hôtels des monnaies et sur les marchés étrangers. Si au con-

(1) *Social Statics*, ch. XXIX.
(2) Jevons, *Money*, 81.

traire le cours des espèces est déprécié, la bonne monnaie tombera dans l'estimation commune, aussi bien que la mauvaise. La plupart des gens, en effet, pourront difficilement faire la différence ; et il arrivera de la même façon que l'intérêt de ceux qui peuvent discerner cette différence, sera de retirer les bonnes pièces, de les fondre, de les refrapper, pour obtenir une plus grande quantité de monnaie avilie. Ainsi le résultat inévitable de la liberté du monnayage aurait été, non qu'on eût préféré la bonne monnaie à la mauvaise, mais que la mauvaise aurait complètement chassé ou absorbé la bonne, et serait devenue progressivement pire. Et ce fait, dans une période de commerce primitif, aurait eu probablement cette conséquence de plus, d'éveiller les soupçons du peuple sur toutes les pièces, de l'engager à essayer de se passer entièrement de monnaie, enfin de le ramener à employer le troc. Ainsi on aurait détruit le véritable usage de la monnaie, qui est d'aider le commerce à s'élever au-dessus du troc pur et simple.

Mais on peut faire cette nouvelle objection. Pourquoi le gouvernement, puisqu'il prenait des mesures contre la circulation de la fausse monnaie, n'a-t-il pas permis l'importation et l'exportation de la bonne monnaie, selon que les individus jugeaient la chose avantageuse. Ricardo a déclaré, et beaucoup d'économistes sont tombés d'accord avec lui, que si une liberté complète existait en cette matière, un pays aurait toujours, d'une manière constante, la monnaie nécessaire pour ses échanges. Car si un pays, avec les conditions spéciales dans lesquelles il se trouve, eu égard à la rapidité de la circulation, a moins de monnaie en proportion que d'autres nations, il serait impossible de donner autant de monnaie pour une marchandise dans ce pays qu'à l'étranger, c'est-à-dire que les marchandises y seraient meilleur marché qu'autre part. Ce serait donc l'intérêt des marchands étrangers d'acheter ces articles dans ce pays, et dans cette intention, d'y apporter des espèces, puisque, avec elles, ils pourraient obtenir plus d'objets que chez eux. Dans le cas opposé d'une surabondance d'espèces, les prix s'élèveraient ; et ce serait l'intérêt des commerçants de ce pays que d'exporter la monnaie pour acheter des marchandises autre part. Ainsi, il faut qu'un pays s'impose cette règle de conserver la quantité d'espèces nécessaires pour ses échanges exclusivement par les fluctuations des prix. « L'argent, dit Ricardo, ne peut jamais être exporté « en excès », ni même dans une telle proportion « que « cette exportation puisse causer un vide dans la cir- « culation (1). »

Il est inutile d'examiner présentement, si cette proposition serait entièrement vraie, même dans les conditions modernes et dans le cas de la liberté absolue du commerce. Mais, quand même au XIII$^{e}$ et au XIV$^{e}$ siècle l'établissement de l'équilibre des prix aurait été possible, tel qu'aujourd'hui, il faut marquer qu'il aurait entraîné des maux très sérieux. Car, pendant tout le Moyen âge, l'Europe, et par conséquent chaque nation européenne, n'avait qu'une provision extrêmement petite de métaux précieux, comparée avec la quantité qu'elle en posséda après la découverte de l'Amérique. On a estimé en gros que, du IX$^{e}$ au XV$^{e}$ siècle, la somme des espèces en circulation ne montait qu'au 10$^{e}$ de celle qui existait à la fin du XVI$^{e}$ siècle (2). Ainsi, pour le commerce intérieur, un retrait d'espèces, si peu considérable fût-il en lui-même, aurait produit les conséquences les plus embarrassantes. Les prix auraient pu s'abaisser facilement dans une proportion qui aurait entravé la production, sur-

(1) Ricardo, *Les hauts prix des lingots* (angl.). Voyez la critique de Walker, *Money* (1878), p. 48 et sqq.

(2) Ces estimations, souvent indiquées dans la littérature économique, sont empruntées à Jacob, *Recherches sur les métaux précieux* (angl. 1831). On en trouvera le résumé dans Walker, *Money*, p. 124 et sqq.

tout parce que les difficultés des communications étaient si grandes, que chaque marché, dans la pratique, dépendait de la quantité de monnaie en cours *dans la localité*. Après une longue suite d'années, l'argent aurait pu être attiré en Angleterre par les bas prix ; mais, pendant ce temps, la production aurait été arrêtée, et ce qui est plus important encore, toute la doctrine économique de l'Eglise, toute la politique économique de l'Etat auraient été rendues impraticables. Le but de cette doctrine et de cette politique était d'obtenir le *prix loyal*, et l'on pensait ne pouvoir le trouver que dans un prix *constant* et *réglé par la loi*. Or, l'exportation de la monnaie aurait rendu impossible cette stabilité et cette réglementation des prix.

### Section XIX. — Poids et mesures.

Après une monnaie digne de confiance, ce qu'il y avait de plus important, c'étaient des poids et mesures auxquels on pût légitimement se fier. « Qu'il y ait des « poids et mesures justes » selon le décret d'un concile à Mayence, décret cité dans le *Corpus Juris Canonici*. Si « quelqu'un ose fausser les justes poids et mesures, en « vue du gain, qu'il fasse pénitence au pain et à l'eau « pendant trente jours (1) ». Nous avons vu que saint Thomas d'Aquin, s'il établit des principes généraux au sujet du commerce, s'abstient soigneusement de prescrire aux autorités les moyens à employer pour leur donner force de loi. Ce qu'il y a de plus significatif, c'est que, dans cette seule question, il se départit de son procédé habituel et assigne d'une manière précise aux autorités

(1) X. Liv. III, tit. XVII, c. 2.

séculières le devoir de fixer les étalons des poids et des valeurs (1).

Dès le xe siècle, les rois d'Angleterre avaient essayé d'empêcher l'emploi de mesures frauduleuses. Les lois d'Edgar, d'Ethelred, de Canut, et de Guillaume le Conquérant contiennent des injonctions générales, pour qu'on évite les mesures fausses, ou pour qu'on fasse les mesures légales (2). Mais on ne définissait pas ce que sont des poids et des mesures sincères, sauf dans un acte d'Edgar, où il est prescrit que tous les poids et mesures doivent être semblables à ceux de Londres et de Winchester ; et il est certain que la tâche de prévenir la fraude deviendrait plus difficile tout à fait, si le gouvernement devait entrer en conflit avec les préjugés naturels de chaque district en faveur de ses étalons particuliers de poids et mesures.

Il ne fut pas possible avant la fin du xiie siècle de travailler sérieusement à cette question. A cette époque, un puissant système administratif fut créé. On avait trouvé praticable l'idée de faire appel à environ quatre ou six personnes de chaque comté pour aider le gouvernement à donner force de la loi à ses mesures. Ces agents locaux du pouvoir exécutif étaient inspectés et contrôlés par les juges itinérants. La méthode, qui avait réussi pour les impôts et pour la procédure judiciaire, pouvait, dans la pensée des ministres de Richard Ier, s'appliquer à cette question, bien qu'elle fût encore plus difficile. Aussi en 1197, on publia l'*Assise des Mesures* (3). Cet acte décidait que les poids et mesures seraient partout les mêmes, que quatre ou six personnes, désignées selon la loi, recevraient dans chaque cité ou dans chaque bourg la fonction de faire exécuter l'Assise, que les contreve-

(1) *Summa*. Secunda Secundæ, quæstio LXXVII, art. 2.

(2) Schmid, *Gesetze*, et Glossaire v° *Gemet*; pour la loi d'Edouard, p. 192.

(3) Roger de Hoveden (Rolls' series), IV, 33.

nants seraient envoyés en prison, que leurs biens meubles seraient confisqués. Selon une tradition plus récente de la cité de Londres, toutes les mesures alors en usage furent en même temps examinées, soumises à l'acceptation, et les étalons furent déposés dans cette ville (1). L'année suivante, les juges itinérants reçurent l'ordre de rechercher si les inspecteurs institués par l'Assise faisaient leur devoir dans chaque ville (2). Ce règlement rencontra apparemment l'approbation générale, car il fut inséré dans les articles de la Grande Charte, avec cette addition, que pour le blé la mesure devait être le *quart* de Londres (3).

La règle de l'uniformité ne consistait pas en ce que les mêmes mesures devaient servir pour tous les articles, mais en ce que la même mesure devait être employée partout pour les mêmes articles. Elle fut souvent répétée postérieurement dans des assises, des rescrits, et des statuts, surtout dans l'*Assise des mesures* attri-

(1) *Liber Custumarum*, 383. Dans la 14e année d'Edouard II, contre une ordonnance qui décidait que le gallon de bière serait plus grand que le gallon de vin, les citoyens de Londres « dixe- « runt quod una mensura vini et cervisiæ erit concordas per to- « tam Angliam, sicut continetur in Magna charta de libertatibus « Angliæ, et sicut usi sunt semper, et maxime a temporis regis « Ricardi, ab anno regni ipsius VIII; quando omnes mensuræ « Angliæ examinatæ fuerunt et factæ concordes, et in Londonia « standarda regia posita. » Cette citation et beaucoup d'autres citées dans les sections XIX et XX de ce livre sont empruntées à Schanz.

(2) Hoveden, IV, 62.

(3) Roger de Wendover nous donne une intéressante information, qui montre combien l'œuvre gouvernementale dépendait de l'action personnelle du souverain. Il nous dit que Henri III, dans son voyage d'York à Londres, en 1228 « mensuras bladi, vini, et « cervisiæ falsitatis arguens, quasdam confregit, et comburere « nonnullas præcepit; et vasa substituens capaciora, panem ma- « joris ponderis jussit fieri, et hujus statuti contemptores pœna « gravi pecuniaria multari præcepit », Mathieu Paris, *Chronica Maiora* (Rolls' ed. III, 143).

buée à l'année 1303, qui établit pour unité de compte le penny sterling de 32 grains de blé ou 22 grains 1/2 troy (1). Sous Edouard II, le Trésorier imagina de faire établir à Londres des modèles de bronze d'aunes et de boisseaux, et de les distribuer dans tout le pays. Il est certain cependant que l'autorité centrale aurait été incapable de faire exécuter ces règlements, si faciles à éluder, si elle n'avait pas été aidée par les autorités locales. Nous pouvons avoir des doutes sur l'efficacité des actes royaux dans les temps primitifs, mais nous ne saurions douter qu'au xive siècle les autorités municipales des principales villes n'aient pris en main cette question avec vigueur, et n'aient réussi à imposer, dans chaque cité, l'emploi de certains étalons dans les poids et mesures (2). Mais bien que ces actes aient beaucoup contribué à diminuer la fraude, ils n'ont pu assurer l'uniformité des modèles dans tout le pays ; des différences locales, par exemple pour le nombre des onces à la livre, existent encore aujourd'hui.

Ce qui montre l'importance particulière de la fabrication des draps anglais, est ce fait que l'Assise des mesures de Richard prescrit une longueur et une largeur obligatoires pour chaque pièce de drap mise en vente, tandis que pour les autres marchandises on fixe seulement la quantité. « Il est ordonné que les draps de « laine, quel que soit l'endroit de leur fabrication, « seront faits de la même largeur, à savoir de deux « aunes entre les lisières, et de la même qualité au mi« lieu et sur les côtés. » Cette règle fut réinscrite dans la grande Charte, malgré l'opposition que les commerçants avait faite à son exécution, surtout à la foire de

(1) *Stat. of Realm*, I, 204.

(2) Voyez Schanz, 580, et les références, qui y sont données, pour les *Munimenta Gildhallæ*. Voyez aussi, *Memorials of London*, 78, le serment exigé des tourneurs de ne pas faire de fausses mesures (1310).

Stamford. Sous Edouard Ier un fonctionnaire spécial fut désigné pour veiller à l'exécution de l'Assise, « avec la « garde de l'aunage et de l'Assise du drap, à la fois « anglais et étranger, vendu dans toute l'Angleterre. » L'office d'*Auneur* exista jusqu'au règne de Guillaume III. Son importance s'accrut pendant le premier siècle de son existence, mais depuis alla en diminuant régulièrement. De nouvelles qualités de drap apparurent avec l'immigration des tisserands flamands, dans la seconde moitié du XIVe siècle. Alors il suffit d'une réglementation s'appliquant à deux aunes, pour ouvrir la porte à des distinctions méticuleuses et à des séries de prix très nombreuses. En 1353 il se produisit un changement significatif. Un statut de cette année décréta que, puisque les commerçants étaient détournés de venir en Angleterre, leur drap étant confisqué quand il n'avait pas les dimensions fixées par l'Assise, la confiscation n'aurait plus lieu désormais ; « l'auneur royal mesurera le drap, le marquera ; par « cette marque, on pourra savoir le contenu de la pièce, « et selon qu'elle sera trouvée inférieure aux dimensions « de l'Assise, il sera fait à l'acheteur une réduction, ou « une remise (1). » Le gouvernement fit donc ses efforts pour garantir aux draps mis en vente une certaine dimension ; mais il ne chercha pas à établir l'honnêteté du commerce en donnant aux clients la facilité de s'assurer de la valeur de ce qu'ils payaient. Donner une garantie publique de certaines marchandises, tout en laissant au clients et aux marchands la liberté de leurs marchés, est un service que, dans bien des cas, le gouvernement pourrait rendre à la fois sûrement et avantageusement. Aussi tard qu'en 1776, Adam Smith parle avec approbation de timbrer le drap, comme un moyen de donner une sécurité réelle aux acheteurs.

(1) *Stat. of Realm*, I, 330. Quelques phrases sont prises ici de mon livre, *Woollen Industry*, 31, 34.

## Section XX. — Règlementation du commerce.

Il ne suffisait pas aux autorités publiques d'avoir fourni à la société de simples instruments d'échange ; avec l'accroissement du commerce au XIIIe siècle, elles se sentirent d'elles-mêmes obligées à régler toute espèce de transaction économique dans laquelle l'égoïsme individuel paraissait conduire à l'injustice. Cette réglementation était guidée par ce principe général, qu'on ne doit que le juste prix, ou le prix raisonnable, et qu'on ne doit vendre que des articles de bonne qualité, avec des mesures légales. La plupart des actes ou des règlements avaient pour but de prévenir quelque forme particulière de fraude, ordinairement au sujet d'un article spécial ; et l'on ne pourrait tirer une démarcation précise entre l'action de l'autorité centrale, celles de la ville ou de la gilde. Cependant quelques-uns de ces règlements étaient de l'ordre des lois générales du commerce ; l'on sentait que certaines marchandises étaient d'une importance tellement universelle, qu'il devenait nécessaire pour le gouvernement de leur donner une attention toute spéciale. Il sera utile de suivre cette division en exposant les mesures en question.

Les règlements, dont les conséquences étaient de beaucoup les plus importantes, étaient ceux qui prohibaient ces trois procédés, d'ailleurs unis entre eux, l'accaparement, la vente en gros et la vente aux détaillants. Chacun de ces termes a eu plus tard un sens séparé ; mais au XIIIe et au XIVe siècle, on s'en servait presque comme de synonymes, pour exprimer l'acte qui empêchait le producteur ou le commerçant *bona fide* de porter directement ses marchandises au marché public. L'accapareur ou le commerçant en gros, vendant ses marchandises aux détaillants, soit hors de la ville, soit sur le marché lui-même, s'assurait par voie de monopole un prix plus élevé que celui qui eût été payé autrement. Comment de tels artifices commerciaux étaient-ils considérés? On peut le voir clairement, dans la première définition juridique du délit, que nous trouvons dans un statut ou ordonnance, attribué tantôt à la 51e année d'Henri III, tantôt à la 13e année d'Edouard I. « Il est ordonné spécialement, « de la part du roi notre seigneur, qu'on ne souffrira « l'établissement d'aucun accapareur dans la ville, car « c'est un homme qui, ouvertement, est l'oppresseur du « pauvre, l'ennemi public de toute la communauté et de « tout le pays, un homme qui ne cherche que son mau- « vais gain, qui opprime le pauvre, qui trompe le riche, « qui s'en va au-devant du blé, du poisson, des harengs, « et autres articles de vente, quand on les apporte par « terre et par eau, les enlève, et force à les acheter à un « taux plus élevé. Il trompe les commerçants étrangers, « qui apportent leur marchandise, en offrant de les « vendre pour eux, en leur disant qu'ils peuvent les « vendre plus cher qu'ils ne l'espéraient, et ainsi par ruse « et par subtilité il trompe sa ville et son pays. Celui « qui sera convaincu de telles pratiques, la première fois, « sera condamné à l'amende et perdra les objets ainsi « vendus, et cela selon les coutumes et les ordonnances « de la ville. Celui qui sera convaincu pour la seconde « fois sera condamné au pilori ; à la troisième, il sera « emprisonné et frappé d'une amende ; à la quatrième, « il devra quitter la ville ; et ce jugement atteindra toute « espèce d'accapareurs, et aussi bien ceux qui leur auront « fourni conseil, aide ou faveur (1). »

(1) *Stat. of Realm*, I, 203, 204, pour les distinctions postérieures entre accapareurs, marchands en gros et revendeurs, voy. 5 et 6 Edouard IV, c. 14 (*Stat. of Realm*, IV, 148). Mais pour l'emploi du mot revendeur dans le sens qu'on attribue mot *accapa-*

Entre autres procédés d'accaparement, les ordonnances de la même période mentionnent spécialement les accapareurs qui achètent des marchandises dans une ville, avant l'heure fixée pour l'ouverture du marché, et ceux qui, dans les ports, montent à bord des navires chargés de marchandises, comme ils entrent dans le port, « achètent les marchandises en gros, puis les revendent « à un prix plus élevé et plus cher que les premiers « marchands ne l'auraient fait, au grand dommage du « commun peuple » (1). Dans les dernières années d'Edouard III, la prohibition de l'accaparement fut renouvelée à de nombreuses reprises par statut (2).

D'après le texte des statuts, cette prohibition se référait tout d'abord à ceux qui cherchaient à s'assurer le monopole local et temporaire des approvisionnements alimentaires, surtout du blé, monopole d'ailleurs assez large pour couvrir toute tentative similaire sur les autres marchandises. Les archives de la cité de Londres fournissent deux excellents exemples à la fois du délit et de la manière dont les autorités locales se comportaient à cet égard. Le premier est de l'année 1311. Thomas Lespicer de Portsmouth avait apporté à Londres six barils de lamproies de Nantes. Au lieu de se tenir avec ses lamproies dans le marché public, pendant quatre jours après son arrivée, près du mur de l'église de sainte Marguerite dans Bridge-Street, il les porta à la maison de Hugh Matfrey, poissonnier ; il les y déposa clandestinement, et les vendit deux jours après à Matfrey, sans les porter en aucune façon au marché public. Ils furent cités,

*reur* dans l'ordonnance citée dans le texte, voyez *Domesday of Ipswich*, dans le *Livre noir de l'Amirauté* (Rolls' Series), II, 101. La vente en gros et l'accaparement semblent être synonymes dans 27, Edouard III, st. I, cap. 5 (*Stat. of Realm*, I, 331).

(1) *Stat of Realm*, I, 202 ; *Black Book of Admiralty*, I, 71.

(2) De même en 1350-51, 1353, 1357 (*Stat. of Realm*, I, 315, 331, 353).

tous deux devant le maire et les aldermen, confessèrent leur faute et furent excusés. Thomas prêta serment que, désormais, il vendrait toujours ses lamproies à la place légale, et Hugh, qu'il dirait toujours aux étrangers où ils devaient les porter. L'autre exemple est de 1364, et, comme il concerne le froment, il est peut-être encore plus caractéristique. Jean du Bois (John at Wood), boulanger, fut inculpé, devant le sergent de la ville, du délit suivant : « Comme un certain Robert de Cawode avait à « vendre deux quarts de froment dans le marché public « situé sur le *Pavé d'intra-Newgate*, lui, le dit John, par « ruse, et murmurant des paroles secrètes dans l'oreille « de Cawode, le conduisit, en fraude, hors du marché « public, et alors ils vinrent ensemble à l'église des Frères « Mineurs, et là, John acheta les deux quarts à 15 pence « et demi par boisseau, ce qui faisait deux pence et demi « de plus que le prix de vente public, sur le marché, à « cette époque, pour la grande perte et tromperie du « commun peuple et pour l'aggravation de la cherté du « blé. » Du Bois (At Wood) a nié le délit « et se retira à la « campagne. » C'est pourquoi un jury fut formé dans le voisinage de Newgate, et son verdict fut que, non seulement Du Bois avait acheté le blé, mais qu'il était ensuite revenu sur le marché, qu'il s'était vanté de sa mauvaise action. « Il avait parlé et agi ainsi pour élever « le prix du blé ». En conséquence, il fut condamné à être mis au pilori pour trois heures, l'un des shériffs fut chargé de faire exécuter la sentence, et proclamation fut faite de la cause de son châtiment (1).

Une intervention aussi violente contre la liberté des sujets semble être en opposition flagrante avec nos opinions modernes sur la liberté de contrat. Non seulement elle est en conflit avec tous « les droits naturels » ; mais encore elle peut sembler incontestable-

(1) *Memorials of London*, 83, 318.

ment futile et puérile, l'une des insanités si curieuses des âges de l'obscurantisme. « La crainte populaire de la « vente en gros et de l'accaparement peut être com- « parée aux terreurs populaires et aux soupçons inspirés « par la sorcellerie » dit Adam Smith. « Les malheu- « reuses sorcières, accusées du crime de sorcellerie, « n'étaient pas plus innocentes des malheurs qu'on leur « imputait, que ceux qu'on accusait d'accaparement (1). » Il montre que le marchand de blé rend à la communauté un service très important, en maintenant l'approvisionnement constant. Son intérêt, en effet, est de garder le blé jusqu'au moment où il devient rare; en le vendant alors, même à un prix élevé, il empêche la valeur de hausser autant qu'elle le ferait si l'approvisionnement était épuisé, au moment même où les prix sont bas. Mais il faut remarquer que ces lois ne forçaient pas le producteur à vendre à aucune époque spéciale, et M. Rogers, dont l'autorité est si grande sur la question des prix au Moyen Age, nous dit comme une chose certaine « que les producteurs étaient très habiles dans « l'art de distribuer leurs approvisionnements sur le « marché. Les ventes les plus répréhensibles de l'année « s'effectuaient au début de l'été, lorsque le chiffre de « la récolte de l'année précédente était connu avec assez « de certitude, et qu'on pouvait deviner facilement les « promesses de la moisson suivante (2). » Un argument, auquel Adam Smith donne une importance encore plus grande, c'est que la prohibition de l'accaparement forçait le fermier à vendre son blé en détail. Il était obligé ainsi « à partager son capital entre deux emplois différents. « Il lui en fallait une part en grenier et en magasin, « pour fournir aux demandes fortuites du marché, et « employer l'autre à la culture de la terre. » Cela faisait

(1) *Richesse des nations* (angl.), éd. Rogers, II, 103-111.
(2) *Six Centuries of Works and Wages*, 144.

renchérir le blé de deux façons. En immobilisant une partie du capital du fermier pour un temps, « on faisait « obstacle à l'amélioration du sol, et on tendait ainsi à « rendre le blé plus rare qu'il n'eût été autrement » ; en imposant le travail de la vente du blé à des hommes qui avaient d'autres occupations, on empêchait toutes les économies et tous les avantages, qui résultent de la division des fonctions. Mais on peut mettre en doute que cet argument corresponde beaucoup aux faits contemporains, même avec l'habitude des grandes fermes de notre temps. Que le blé soit vendu un mois ou six mois après la moisson, le fermier aura toujours besoin de granges. Ce ne serait certainement pas pour le fermier la meilleure manière de faire des profits, « que de vendre toute sa « récolte à un marchand de grains, aussi vite qu'il pour- « rait la battre. » On peut se servir sans dépenses additionnelles des bœufs et des chevaux qui tirent la charrue pour transporter le blé au marché. Si le fermier vend son blé immédiatement après la moisson, il aura, il est vrai, l'argent en poche ; mais si la terre a déjà reçu une bonne façon, il ne désirera pas envoyer ses hommes labourer plus tôt que d'habitude; enfin le bailli, ou le yardling au XIVe siècle, ne pouvait placer son argent dans une banque et en tirer intérêt.

Mais accordons même que dans les circonstances modernes, le producteur, lorsqu'il ajoute à son travail de production celui de distribuer les produits, doive employer, pour son travail additionnel, un capital aussi considérable que le distributeur qui n'a pas d'autre fonction. Il ne s'en suit pas qu'il doive réclamer le même profit; supposer cela serait prétendre comme beaucoup d'économistes « que le taux de l'intérêt tend à être le « même, non seulement sur des capitaux de même « chiffre, mais pour des capitaux de chiffre différent. » Mais, et le professeur Sigdwick l'a remarqué (1), la

(1) *Principles of Pol. Economy*, 205 (liv. II, ch. XVI, § 14).

peine, que cause l'administration d'une affaire, n'augmente pas du tout nécessairement dans la même proportion que le capital à administrer. Mill lui-même admet « qu'un fermier doit espérer le profit accoutumé » seulement « sur l'ensemble de son capital. Lorsqu'il « tente la fortune sur sa ferme... il voudra y dépenser « son capital de toutes les façons, qui lui apporteront une « plus-value de bénéfice, si petite soit-elle, outre la « valeur du risque et de l'intérêt... il peut donc chercher « à faire valoir son capital en dehors de la ferme (1). » Aussi, comme il n'a pas droit au même taux d'intérêt sur tout son capital, et comme il ne pourrait pas s'obstiner à l'obtenir, le producteur, qui est en même temps un vendeur vend ses marchandises meilleur marché qu'un homme dont tout le capital est engagé dans le commerce.

La discussion ci-dessus s'applique seulement à la justification théorique de l'argument d'Adam Smith. Un point de vue plus utile est peut-être celui-ci. Un accapareur ou marchand en gros essayait d'obtenir un monopole temporaire, de créer ce que nous appelons aujourd'hui des « corners » (accaparements). Nous n'intervenons pas aujourd'hui dans des spéculations de ce genre, non parce que nous ne croyons pas à leur efficacité, mais parce que nous ne croyons pas qu'il puisse réussir sur une grande échelle. Cependant la tentative en elle-même est encore considérée avec une désapprobation générale, et nous avons des indices que les « corners » n'éviteraient pas l'intervention de l'Etat, s'ils pouvaient réussir au sujet d'une marchandise dont l'importance sociale serait très considérable (2). Pendant

(1) *Polit. Economy*, I, 523, 524 (liv. II, ch. XVI, § 4.)

(2) Un article du Spectateur (déc. 31, 1887) sur le *Monopole du cuivre*, éclaire d'une manière frappante l'impuissance de l'économiste moderne abstrait à manier les problèmes pratiques. L'auteur déclare que les journalistes français, qui demandent l'interven-

le Moyen Age on peut affirmer que les conditions économiques étaient telles que les individus, si on ne les en avait empêchés, auraient pu surveiller, ou mettre en leur pouvoir les approvisionnements de marchandises. On doit se rappeler que les approvisionnements, pour le blé et pour les autres matières alimentaires, étaient naturellement tout à fait locaux. Puis pendant des siècles, ils furent fournis par tant de sources d'origine différente, que les individus ne pouvaient plus les dominer. Aujourd'hui avec la centralisation croissante des affaires et la facilité des communications, il semble redevenu possible pour les individus d'exercer leur monopole sur l'approvisionnement non pas seulement d'une ville, comme au XIV^e siècle, mais du monde civilisé ; et si de pareilles tentatives peuvent réussir, nous devons examiner avec un peu plus de sympathie la législation du Moyen Age sur cette question.

## Section XXI. — Les taxes du pain, de la bière et du vin.

De tous les objets, le pain est celui au prix duquel la

tion de l'Etat dans le syndicat d'accaparement, sont *économiquement* dans leur tort, parce que, si les prix élevés persistent, il y aura accroissement de production, de nouvelles mines seront exploitées, etc., etc., jusqu'à ce que la surproduction force les prix à baisser de nouveau. Il oublie l'énorme quantité de capital et de travail que comporte l'exploitation de nouvelles mines, qui devra être arrêtée après un court espace de temps. Il prétend « qu'on ne peut prouver que l'accaparement soit immoral, quand l'article acheté ne touche pas à la vie humaine » ; cette conception de la moralité est probablement moins satisfaisante que celle des scolastiques du Moyen Age. Cependant il semble penser que si l'application des lois françaises actuelles contre l'accaparement pouvaient détruire cette pratique, cela pourrait sembler satisfaisant au public, mais non aux « économistes sensés ».

communauté est le plus intéressée. C'était donc de lui tout d'abord que le gouvernement devait s'occuper. Il ne parut pas possible de fixer un prix immuable pour le blé. Les contemporains auraient peut-être opposé l'argument suivant : L'agriculteur donne chaque année la même somme de travail à sa terre, il doit donc recevoir la même rémunération, ce qui ne pouvait se produire que s'il obtenait un prix plus élevé lorsque la moisson était en déficit. Tout ce que la législation, sur laquelle nous venons d'attirer l'attention, tentait de faire, c'était de prévenir les spéculations sur les grains et toute intervention inutile des intermédiaires. Il y a, en fait, dans les archives de Londres, vers 1291-1307, un texte se rapportant « aux agents assermentés pour « veiller à ce qu'on ne vende pas le blé au-dessus du juste « prix (1). » Les magistrats des villes étaient décidés à punir du pilori ou de la prison toute personne provoquant une hausse frauduleuse des prix. Ainsi, par exemple, en 1347, un vendeur fit porter au marché deux boisseaux de blé lui appartenant, puis « pour aug- « menter la cherté du grain, il offrit, pour un boisseau « de son propre froment, un penny et demi de plus que « le prix commun du boisseau vendu dans ce marché, « le même jour (2). » Un peu plus tard nous trouvons ce cas : un homme fut envoyé au pilori, simplement pour avoir poursuivi un serviteur à travers le marché, un échantillon de froment dans les mains, et disant « qu'un pareil froment ne pouvait être acheté à un prix « inférieur à 21 pence par boisseau, lorsque le même « jour, à la même heure, le même serviteur aurait pu « en acheter de semblable pour 18 pence (3). » Mais,

(1) *Liber Albus,* 692.

(2) *Memorials of London,* 236.

(3) *Ibid.*, 314 (1363). On aurait dû faire mention dans le texte de l'action du gouvernement dans la question de l'*exportation du blé.* La règle générale, certainement depuis 1177, probablement

même d'après ces exemples, il est évident que la détermination du prix loyal était abandonnée au marchandage libre du marché.

Par conséquent, en fixant le prix du pain, on ne cherchait pas à établir, comme par une loi, une mercuriale invariable, mais seulement une échelle mobile, selon laquelle le *poids* d'un pain d'un farthing pouvait varier avec le prix du quart de blé. Une *Assise du pain* de cette espèce fut publiée en 1202 comme une conséquence naturelle de la réforme monétaire d'Henry II et de l'Assise des mesures de Richard Ier (1).

dès une époque bien antérieure, était que l'exportation était complètement interdite, sauf par licence royale. Le Dr Faber, *Enstetehung des Agrarschutzes in England* (Strasbourg, 1888), p. 65, prétend que la politique du pouvoir exécutif fut influencée au XIIIe siècle surtout par le désir d'assurer le bon marché de la nourriture, et au XIVe siècle, l'accroissement du revenu royal. La *Carta Mercatoria* permet aux commerçants étrangers d'exporter le blé en payant un droit de trois shillings à la livre. Ce privilège appartenait à l'histoire des autres clauses de cette charte. V. *supra*, p. 221, n. 2 et 3, et *Faber*, 75-77.

(1) Mathieu Paris, *Chronica Majora* (Rolls' Series), II, 480. L'acte le plus ancien sur ce sujet se trouve dans les règlements rédigés pour les croisés par Richard et Philippe-Auguste, à Messine, en 1190 « Statutum est a domino rege Anglorum et « constabulariis et justitiis et marescallis exercitus regis Angliæ, quod mercator de quacunque mercatione sit, non potest « emere panem *ad revendendum* in exercitu nec farinam [c'est-à-dire accaparer]... Si autem aliquis bladum emerit, et de eo « panem fecerit, tenetur lucrari in salma (un *seam* ou quart de « grain) unum terrim [pièce sicilienne appelée *tarenus*, pesant « 20 grains d'or] tantum et brennon [le son]. Alii vero mercatores, de quacunque mercatione sint mercatores, in decem denarios tenentur lucrari unum denarium... et ne aliquis carnem « mortuam emat ad revendendum, nec bestiam vivam, nisi eam « occiderit in exercitu. Nullus vinum suum post primam conclamationem carius vendat. Nullus panem faciat, nisi ad unum « denarium », Benedictus, *Gesta Henrici II et Ricardi I*, II, 131 (éd. Stubbs, Rolls' Series).

Toutes les fois qu'on les publia de nouveau plus tard, on distingua les différentes espèces de pain, et l'on fixa soigneusement le rapport dans lequel leur poids devait être établi « avec le pain ordinaire d'un farthing, blanc et bien cuit ». La plus importante de ces ordonnances est l'*Assise du pain et de la bière* attribuée à la 51e année d'Henri III (1). Elle contient une échelle de prix, fixant les variations de poids du pain d'un farthing, pour chaque différence de six pence dans la valeur du quart de froment, depuis douze pence jusqu'à douze shillings. Elle admettait donc des prix considérablement plus bas et plus élevés que le prix ordinaire. Car, pendant la période qui va de 1259-1400, la moyenne fut de cinq shillings, dix pence trois quarts. Le quart ne tomba qu'une seule fois au-dessous de trois shillings : ce fut en 1287, où il descendit seulement à 2 shillings, 10 pence et un quart. Dans les deux seules années de famine, en 1315 et en 1316, il s'éleva au-dessus de 12 shillings (2). L'Assise déclarait, d'après le témoignage des boulangers royaux, que, aux prix fixés, « sur « chaque quart de froment, un boulanger peut gagner « quatre pence, en dehors du son, plus deux pains pour « l'enfournement (pour le coût du four), trois demi- « pence pour trois serviteurs (journaliers), un demi penny, « pour deux garçons (apprentis) ; pour le sel, un demi « penny, pour le pétrin un demi-penny, pour la chan- « delle, un farthing ; pour le bois, deux pence, pour le « tamis, trois demi-pence (3). » Si un boulanger viole

(1) *Stat. of Realm*, I, 199.

(2) Rogers, *Hist. of Agric.*, I, 217.

(3) Comme la traduction n'est pas du tout certaine, il sera bon de donner le texte ici : « Sciendum est quod pistor potest lucra- « ri, in quolibet quarterio frumenti, ut probatum est per pistores « domini regis, quatuor denarios et furfur [et duos panes]ad fur- « nagium, tribus servientibus denarium et obolum. In sale, obo- « lum. In gesto obolum ; in candelâ quadrantem, in bosco [II de-

l'assise, il doit être frappé d'une amende ; si l'insuffisance du poids est considérable, il doit être mis au pilori. L'ordonnance contemporaine, appelée *Judicium Pilloriæ,* qui ordonne que six personnes, désignées légalement, auront dans chaque ville la surveillance des poids et mesures, les charge de s'enquérir du prix du froment au dernier marché, et de fixer le poids « du « pain ordinaire d'un farthing » selon les dispositions de l'Assise (1). L'exécution de l'assise fit bientôt partie des fonctions des autorités municipales ordinaires. Un statut d'Edouard II, ordonne que les fonctionnaires des cités et des bourgs, qui, en raison de leurs fonctions, doivent faire observer les assises des denrées alimentaires, ne pourront en trafiquer ni en gros ni en détail, tant qu'ils seront en charge (2). A la fin du XIV^e^ siècle, le soin de faire exécuter l'Assise fut ajouté aux devoirs des juges de paix (3).

Comment fut-elle exécutée en réalité ? Un cas qui se produisit en 1321, devant le maire et les aldermen de Londres, nous éclairera à ce sujet (4). Un certain William

« narios]. In bultello habendo [denarium et obolum] ». chiffres donnés entre crochets diffèrent dans l'exemplaire conservé à Londres du *Liber Horn*.

(1) *Stat. of Realm*, I, 201.

(2) Statut d'York, c. 6, 12. Ed. II, in *Stat. of Realm*, I, 178. La prohibition comprend la vente du vin.

(3) Cf. Schanz, 637, 638. Pour l'office du Juge de paix, voyez Gneist, *Self-government* (1871), § 11.

(4) Dans les Archives de Londres, il y a un in-folio de 164 feuilles (34 blanches), intitulé *Assisa Panis*, contenant un registre des poids du pain, tels qu'on les fixait de temps à autre, et beaucoup de cas de violation de l'Assise portés devant le maire. Des extraits en sont imprimés dans l'Appendice aux *Munimenta Gildhallæ*, III. Pour le cas de William le Bole, voy. p. 411 ; l'idée de compter le prix du quart, au prix du quart de froment sur le marché, plus le coût de la cuisson semble différer de celui qui est prescrit dans l'exemplaire de l'Assise imprimé dans le « Statute book ».

le Bole, était associé avec un autre boulanger, pour l'exploitation d'un four dans la rue du Pain. (C'était là, naturellement la résidence des boulangers de Londres). Il fut accusé d'avoir fait du pain léger (cocket), au-dessous du poids légal. Deux « bladarii », ou marchands de blé, prouvèrent qu'au dernier marché du mercredi, le quart de bon froment s'était vendu 8 shillings. « Si on « ajoutait douze pence pour les gages des boulangers « et les autres choses nécessaires à la cuisson, cela met« tait le quart à neuf shillings. » Le pain léger d'un demi-penny aurait donc, disaient-ils, dû peser, « le poids de 43 shillings 3 pence et demi ». William le Bole déclara impudemment que le pain n'était pas de sa fabrication, et qu'il n'était pas associé dans la boulangerie en question. Sur cette réponse, le sheriff reçut l'ordre de former un jury de 12 personnes du district de la rue du Pain, et d'autres districts ; et les jurés rendirent le verdict suivant : l'accusé était bien associé et son pain était de trois shillings 10 pence et demi pesant au-dessous du poids légal. En conséquence, pour le double délit de violation de l'Assise et de dénégation d'association, William le Bole fut condamné à être traîné sur la claie à travers la ville. On dit que cette pénalité, pour une fraude de boulanger, fut imposée pour la première fois par le maire en 1283 ; et on l'appliqua sans discontinuer jusqu'au règne de Henri VI (1).

Du pain, le législateur a tourné naturellement son attention vers l'autre produit alimentaire, indispensable dans la vie du Moyen Age, la bière. Le *Judicium Pilloriæ* ajoute à ses règlements sur le pain et sur l'accaparement une brève échelle de prix, fixant le nombre de gallons de bière devant être vendus pour un penny, selon les variations de prix du quart d'orge. Lorsque le quart est à deux shillings, quatre gallons pour un

(1) Glossaire des *Mun. Gildh.*, III, 304, v° « claie ».

penny ; lorsqu'il est à deux shillings 6 pence, trois gallons et demi : à 3 shillings, trois gallons ; à trois shillings six pence, deux gallons et demi ; 4 shillings, deux gallons ; et ainsi de suite sur le pied d'un demi gallon en moins, à mesure que le prix s'élève de six pence (1). Le prix moyen du quart d'orge pendant cette période fut de 4 shillings trois pence trois quarts ; de sorte que le consommateur devait probablement se déclarer satisfait, comme par règlement précis, lorsqu'il obtenait deux gallons de bière pour son penny. Comme la moyenne du prix annuel ne tomba au-dessous de deux shillings six pences que quatre fois pendant cette période, le législateur semble avoir été confiant à l'excès dans ses prévisions (2). Depuis ce temps, le pain et la bière furent toujours associés dans la réglementation ; les brasseurs furent surveillés de la même façon que les boulangers, et punis de même, lorsqu'ils violaient l'Assise.

Il y avait en Angleterre une importation très considérable de *vin* de France, surtout de Guyenne. Son prix moyen était un peu plus de deux fois le prix de la bière ; et nous avons des preuves sûres qu'il était consommé assez généralement par les classes moyennes, surtout dans les villes (3). Dès 1199, le gouvernement avait essayé d'en réglementer le prix, à la fois pour la vente en gros et pour la vente en détail ; mais au lieu d'imaginer une sorte d'échelle mobile, il adopta le plan moins

(1) *Stat. of Realm*, I, 202. Un article de l'*Assise du pain* (*ib.* 200) fait une distinction entre les prix de ville et de campagne. « Quand un quart de froment est vendu 3 sh. et 3 sh. 4 pence et un quart d'orge pour 20 pence ou 2 shillings, et un quart d'avoine pour 16 p., alors les brasseurs des villes doivent et peuvent bien consentir à vendre deux gallons de bière pour un penny, et hors des villes à vendre trois gallons pour un penny, et lorsqu'en ville trois gallons sont vendus un penny, ils peuvent bien, hors de ville, en vendre quatre pour ce prix ».

(2) Rogers, *Hist. of Agric.*, I, 219.

(3) *Ibid.*, 618, 623.

heureux de fixer les tarifs maxima, au delà desquels les prix des différents vins, d'Anjou, de Poitou, de France ne devaient pas s'élever. « Mais les commerçants ne pouvaient supporter les exigences de cette Assise, et on leur rendit (1) l'autorisation de vendre leur vin à un prix dépassant de moitié le taux obligatoire ». Cependant on revint à la fixation d'un prix maximum pendant tout le siècle suivant. Le prix fixé pour un « setier » était douze pence. Si les taverniers demandaient davantage, les maires et les baillis devaient faire fermer les portes de leur boutique, et arrêter leur commerce, jusqu'à ce qu'ils eussent obtenu la permission royale (2). Les autorités municipales étaient invitées à ne pas attendre l'arrivée des juges royaux pour rechercher les violations de l'Assise (3). Il apparaît cependant, par un statut de 1330, que ces mesures ne furent pas mises à exécution. Cette année là, le parlement se plaignit du grand nombre toujours croissant de taverniers qui vendaient dans le royaume du vin de mauvaise qualité, et qui majoraient aussi leurs prix indûment, « parce qu'on n'avait pas « ordonné contre eux de châtiment, comme on l'avait « fait contre les vendeurs de pain et de bière ». Un acte officiel défendit donc « que personne ne fût assez auda- « cieux pour vendre des vins autrement qu'à un *prix* « *raisonnable*, en rapport avec le prix au port de débar- « quement, et les dépenses du transport jusqu'au lieu « du marché ». Deux fois par an, les maires ou baillis devaient faire l'essai des vins et répandre tous ceux qu'ils trouvaient gâtés (4). Il semblerait cependant que ce statut ne faisait qu'étendre à d'autres villes les dispositions de l'édit royal consacré à Londres en 1311 ; sans aucun doute, les personnes désignées chaque semestre

(1) Hoveden, IV, 99. Voy. Schanz, I, 642, 599.
(2) Statuts des Boulangers, dans *Stat. of Realm*, I, 203.
(3) Statut de Glocester, *ib.*, I, 50.
(4) *Ibid.*, 264.

par les autorités municipales pour examiner la qualité des vins, exerçaient le même pouvoir qu'ils avaient, nous le savons déjà, à Londres, de fixer à la même époque le prix du vin de chaque espèce jusqu'à un nouvel essai (1).

Passé le milieu du XIVe siècle, le prix du vin doubla pour le moins ; cette hausse s'explique facilement par la peste et la guerre de Cent ans (2). Depuis cette époque, il devint de plus en plus difficile de réglementer les prix. Le gouvernement essaya en vain d'influencer les prix d'importation, en empêchant et en encourageant tour à tour les commerçants anglais à exporter eux-mêmes les vins de France, au lieu de laisser ce commerce aux mains des Gascons. Mais ces difficultés se rencontrent en dehors de la période que nous examinons pour le moment. Il est intéressant de remarquer que la grande bataille qui eut lieu dans les rues d'Oxford en 1354, entre la ville et la robe, sortit d'une dispute entre un étudiant et un tavernier, au sujet d'un quart de vin, et que l'un des résultats du combat fut que le roi « accorda au chance« lier de l'Université, à l'exclusion absolue du maire, « l'entière surveillance de l'Assise du pain, de la bière

(1) L'ordonnance royale de 1311 ordonne que « le maire et « les aldermen fassent choisir 8 ou 12 personnes bonnes et lé« gales, parmi les plus connaisseurs en vins, et leur fassent jurer « d'essayer loyalement et légalement les vins de toutes les ta« vernes de Londres et dans les faubourgs en dépendant, et ils « feront marquer les tonneaux, chacun à sa valeur, avec le prix « désormais obligatoire, à savoir : le gallon du meilleur vin « pour être vendu cinq pence, la qualité inférieure, quatre « pence, les autres, trois pence par gallon, pour cette année ; « et que chaque vin soit évalué sans mélange, que chaque ton« neau soit marqué sur la face antérieure, pour que l'ache« teur puisse voir aussitôt la valeur du vin ; que chaque ache« teur voie tirer son vin, pour ne pas pouvoir être trompé. » *Memorials*, 82, cf. 182.

(2) Rogers, *Hist. of Agric.*, I, 262.

« et du vin, et des autres produits alimentaires » (1).

Ce qui contraste curieusement avec la surveillance inquiète du prix du pain, c'est que le gouvernement central abandonna complètement la surveillance du prix de la viande aux autorités locales, se contentant de décréter que les bouchers qui vendraient de la viande malsaine, seraient sévèrement punis (2). A Londres, les bouchers étaient soumis à l'inspection de *wardens* dont la fonction consistait à produire la viande corrompue devant le maire et l'alderman. L'accusé avait le droit de demander un jury d' « enquête » sur la nature de la viande ; s'il était condamné, il était puni de pilori, et on brûlait sa viande sous ses yeux (3). Les autorités municipales aussi, au moins dès les dernières années d'Edouard I^er^, fixaient le prix maximum du poids mort, pour les bœufs, les vaches, les moutons et les porcs (4).

Les magistrats des villes, en effet, étaient tout aussi préoccupés que le parlement et les ministres de tenir sous un contrôle légitime tous les objets de consommation. Outre qu'ils faisaient appliquer les Assises du pain, de la bière et du vin, ils publièrent des ordonnances, qui réglaient le prix de la volaille et du poisson, qui fixaient les marchés de chaque espèce de nourriture pour la vente, qui en organisaient la surveillance (5). Les listes des punitions, infligées

(1) Rob. of Avesbury, *De miribilibus gestis Edwardi tertii* (éd. Hearne, 1720), 197.

(2) Statuts des Boulangers (*Stat. of Realm*, I. 203).

(3) *Memorials*, 134, 139.

(4) *Liber Custumarum*, 304 ; *Liber Albus*, 713.

(5) L'*Assise de la Volaille* de la 14 d'Edouard II est donnée dans le *Liber Custumarum*, 304 « et a ceste assise gardier, soient « ordonez par les Meire, Aldermans et Viscountes, VI prodes-« hommes de la cite, qe *ne soient pas du mestier ;* issint qe les III « soit assignez a garder lassise à la Sale de Plom [Leadenhall] « entre les foreins [non-bourgeois] et les autres trois soient à la

aux personnes vendant des aliments malsains forment une partie considérable des archives municipales (1).

Parmi les gens de métier, quelques-uns étaient plus que d'autres soumis à la réglementation par les magistrats municipaux. C'étaient ceux qui n'avaient pas de boutiques fixes, mais qui allaient d'endroit en endroit pour faire certains travaux particuliers. « Les charpentiers, maçons, gâcheurs de plâtre, peintres en bâtiments, couvreurs et leurs ouvriers (2) ». Une ordonnance du maire et des aldermen de Londres sous le règne d'Edouard Ier fixait les gages des « maîtres », dans tous ces métiers, à quatre pence par jour entre la Saint-Michel et la Saint-Martin, ou trois demi-pence et la nourriture, à la table de celui qui les employait, selon qu'il préférait l'un ou l'autre procédé. Entre la Saint-Martin et la Chandeleur, trois pence, ou « un penny et la table », entre la Chandeleur et Pâques, cinq pence « ou deux pence et la table ». Les journaliers devaient recevoir moins. Les « paveurs », en toute saison, doivent recevoir deux pence pour un dallage de sept pieds et demi de long et d'un pied de large. « Si quelqu'un de la cité donne plus à un « ouvrier, qu'il n'est écrit et ordonné, qu'il paye une amende de quarante shillings à la ville, sans excuse possible ».

Avant le milieu du XIVe siècle, il y eut cependant très peu d'autres cas dans lesquels les autorités municipales cherchèrent à réglementer les salaires et les prix. Il conviendra, pour le présent, de nous limiter à la période, qui précède la peste noire, et de laisser de côté pour un paragraphe postérieur, la question de l'influence

« Poletrie [Poultry, volaille] pour garder lassise entre les den- « zeins ». Pour Leadenhall-Market, voir *Memorials*, 220, 221.

(1) Cf. *Memorials*, 90, 119. 121, 132, 139.

(2) *Liber Albus*, 728. Pour les conditions du travail dans les districts ruraux, voy. Rogers, *Hist. of Agric.*, I, 253.

de ce fléau sur la politique industrielle. Sans aucun doute, les magistrats municipaux réclamèrent le droit de régler les gages quand ils le jugeaient utile, et ils l'exercèrent à l'occasion, ainsi à Londres, pour régler le tarif de la pose des fers à cheval par le forgeron (1). C'était un cas, dans lequel le voyageur pressé pouvait être à la merci de l'ouvrier. De même, les exigences des corroyeurs (2) et des mégissiers (3) étaient limitées. Mais, comme par une loi tacite, il semble qu'on ait laissé la détermination du prix des marchandises fabriquées aux règlements des gildes; nous n'avons qu'un exemple unique du contraire, c'est la limitation par une ordonnance municipale du prix des éperons à Londres (4). Malheureusement nous avons trop peu de preuves pour pouvoir parler avec certitude de la manière dont les gildes réglaient les prix. Dans beaucoup de métiers, l'artisan n'achetait pas les matières premières lui-même ; mais il les recevait du client, pour les employer, et il recevait le prix de la façon. Dans chaque métier sans doute, ces prix étaient fixés par la coutume et par le consentement mutuel, et il semble qu'on ait puni ceux qui surfaisaient la valeur du travail (5). Le chiffre de la rémunération, quand l'artisan ne fournissait que le travail et non les matières premières, devait sans doute contribuer à déterminer le prix à payer pour un objet semblable, lorsqu'on l'achetait tout fait. Le point faible du système fut que, une fois que les gildes furent établies solidement, elles tendirent à limiter le nombre de leurs membres et à élever les prix. Ce danger fut surtout

(1) *Liber Albus*, LIII, 733.

(2) *Ibid.*, 719.

(3) *Memorials*, 234.

(4) *Liber Albus*, Introd. LIII.

(5) Pour apprécier le § 24, des ordonnances des Tisserands ; 28 Ed. I, *in Liber Custumarum*, 126 ; voyez la traduction dans *Mun. Gildh.*, II, 2, p. 550.

évident dans les dernières années du XIVe siècle, mais dès 1321, il commença à apparaître dans la conduite des tisserands de Londres. La gilde des tisserands était la première qui se fut formée ; elle avait été forcée de soutenir une longue lutte contre les autorités municipales pour avoir simplement droit à l'existence ; et maintenant, moins de vingt ans après sa victoire finale, on la trouve limitant le stock du drap et le nombre des gens du métier. Cependant les gildes ne laissèrent pas que d'éprouver quelques échecs. Les districts de Candlewich ou Cannon-Street et de Walbrook citèrent les tisserands devant les juges royaux sous l'accusation, « d'avoir, par conspiration et confédération dans l'église « de Sainte-Marguerite, décidé entre eux que, par chaque « pièce de drap, ils prendraient six pence de plus qu'ils « n'avaient coutume de le faire autrefois », et il semblerait, bien que le document soit incomplet, qu'ils aient été obligés à revenir aux anciens prix (1).

## Section XXII. — Cahorsins et Juifs.

L'action directe du gouvernement influença la vie économique de la société à beaucoup d'autres égards, soit dans l'intention de faciliter le commerce, soit aussi pour le limiter dans certaines directions. De ces limitations la plus importante fut la prohibition de l'usure. Dans la compilation connue sous le nom de *Lois d'Edouard le Confesseur*, rédigée probablement au début du XIIe siècle, on dit qu'Edouard avait prononcé la confiscation et la mise hors la loi comme châtiment de l'usure. « Le roi avait coutume de dire qu'il avait

(1) *Liber Custumarum*, 416, sqq. Cf. *English Woolen Indust.*, 45-57.

appris, lorsqu'il demeurait à la cour du roi de France, « que l'usure était la racine de tous les vices (1) ». Mais à mesure que les cours spéciales ecclésiastiques grandirent, les cas d'usure furent enlevés à la juridiction laïque ; l'auteur du *Dialogue sur l'échiquier*, écrivant vers 1178, a soin de remarquer « que le pouvoir « royal n'a pas d'action contre un usurier, qu'il soit « clerc ou laïque chrétien, tant qu'il est encore vivant, « mais que tout usurier est réservé à la juridiction « ecclésiastique, pour être condamné selon sa situa- « tion sociale ». Cependant, après sa mort, s'il ne s'est pas repenti dignement, c'est-à-dire, si par son testament il n'a pas pris ses dispositions pour restituer à ceux aux dépens desquels il a fait ses injustes profits, ses biens meubles seront confisqués au profit du roi (2). Ce compromis entre les deux juridictions fut confirmé par un statut de 1341. « Le roi et ses hoirs connaîtront « des usuriers après leur mort, et les ordinaires de la « Sainte Eglise connaîtront des usuriers vivants, comme « il leur appartient de leur imposer, par les censures de « la Sainte Eglise, pour leur péché, la restitution des « usures qu'ils ont prélevées contre les lois de la Sainte

(1) Schmid, *Gesetze*, 518.

(2) Dialogus II, ch. 10, in *Select Charters*, p. 229. L'auteur distingue entre l'usure « publique » et « privée ». « Publicas igitur et « usitatas usuras dicimus quando, mora Judæorum, in eadem spe- « cie, ex conventione quis amplicio percepturus est, quam com- « modavit : sicut libram pro marca, vel pro libra argenti duos « denarios, in septimana de lucro prœter sortem [le taux permis « aux Juifs] ; non publicas autem, sed tamen damnabiles cum « quis *fundum* aliquem vel ecclesiam pro commodato suscipit, et « *manente sortis integritate*, fructus ejus, donec sors ipsa soluta « fuerit, sibi percipit hoc genus propter laborem et sumptum « qui in agriculturis solent impendi licentius visum est : sed « procul dubio sordidum est inter usuras computandum merito ». Nous avons vu (p. 203) qu'Alexandre III l'avait défendu formellement.

« Eglise (1) ». Mais les ecclésiastiques étaient si loin d'être en avance sur l'opinion publique que, dans les dernières années du XIVe siècle, le parlement se plaignit fréquemment de la faiblesse des cours d'Eglise. Dès 1363, la municipalité de Londres reçut du roi des pouvoirs spéciaux, pour faire des règlements contre le fléau de l'usure. Dans un cas, qui fut porté devant le maire et les aldermen en 1377, l'usurier fut condamné à la confiscation du double de l'intérêt qu'il avait demandé (2).

En dépit de la législation de l'Angleterre et de toute la chrétienté, le commerce de l'argent, que l'opinion du temps regardait comme usuraire, fut au XIIIe siècle l'occupation des Cahorsins, et au XIVe des Lombards. Les moyens, grâce auxquels ils évitaient les pénalités des cours ecclésiastiques, sont spécialement intéressants, parce qu'ils montrent le développement d'une théorie, qui dans la suite fit beaucoup pour affaiblir la force de la prohibition de l'usure. Cette théorie est celle de l' « intérêt », dans le sens primitif du mot. Selon la loi romaine, lorsqu'une partie contractante, dans une vente, un louage, ou toute autre espèce de contrat, n'a pas rempli son engagement, elle peut être forcée non seulement à exécuter ce qu'elle a promis, ou à payer un équivalent, mais encore à donner à l'autre partie une compensation pour toute perte ayant pu résulter de la non exécution de la convention ; c'est proprement faire *id quod interest*, c'est-à-dire, combler la *différence* existant entre la position présente de la partie lésée et ce qu'elle eût été, si le contrat avait été exécuté. Ainsi supposez que vous avez fait marché pour vendre un cheval, et que vous n'ayez pas remis le che-

(1) *Stat. of Realm*, I, 296. Madox, *Exchequer*, 237, donne cinq exemples, tirés des Pipe Rolls des dernières années de Henri II, de la confiscation de la « pecunia » et « catalla » des usuriers,

(2) Voir Cunningham, in *Journal of Institute of Bankers*, fév. 1887,

val à l'acheteur, à l'époque fixée, et supposez que celui-ci soit un docteur, et qu'il ait perdu, pour n'avoir pas pu se rendre auprès d'un malade, les honoraires qu'il aurait pu gagner, vous pourriez être forcé, non-seulement de lui restituer l'argent du marché, mais aussi de lui tenir compte de la perte supportée (1). Les cas dans lesquels, pour non exécution d'un engagement, on pouvait produire une pareille réclamation, étaient divisés par les légistes primitifs du Moyen Age en *damnum emergens* et *lucrum cessans* (perte surgissante, ou gain empêché) ; et ils prétendaient que cette réclamation pouvait être produite légitimement par un prêteur, si l'emprunteur ne *restituait pas le prêt* à l'époque fixée. La doctrine fut acceptée de bonne heure par les universitaires et les canonistes, du moins pour ce qui concernait une *perte* consécutive à la non-restitution ; et saint Thomas d'Aquin accorde que cette compensation peut être équitablement prévue dans le marché lui-même. « Un prêteur peut, sans péché, « convenir avec le débiteur qu'il recevra une compen- « sation pour une perte... Ce n'est pas vendre l'*usage* « de l'argent (ce qui serait l'usure) mais simplement « éviter une perte ». Mais l'exigence d'une compensa-

(1) Endemann, *Studien* II, 243, sqq. Le passage le plus important de la loi romaine dans cette question est dans le *Codex* VII, 47. « Cum *pro eo quod interest* dubitationes antiquæ in infini- « tum productæ sunt, melius nobis visum est hujusmodi prolixi- « tatem prout possibile est in augustum coartare. Sancimus « itaque in omnibus casibus, qui certam habent quantitatem vel « naturam, veluti in venditionibus, et locationibus et omnibus « contractibus, hoc quod interest dupli quantitatem minime « excedere : in aliis autem casibus, qui incerti esse videntur, « judices, qui causas dirimendas suscipiunt, per suam subtilita- « tem requirere, ut quod re vera inducitur damnum, hoc redda- « tur, et non ex quibusdam machinationibus..... in circuitus « inextricabiles redigatur.... Et hoc *non solum in damno sed etiam in lucro* nostra amplectitur constitutio ».

tion, pour manque de gain, ne pouvait pas être acceptée par les canonistes, d'après leurs propres principes. Ils tenaient pour démontré qu'on transmettait, avec les pièces de monnaie, le droit d'en user, et d'en tirer tout le profit possible ; que, par conséquent, une fois que le prêteur avait remis l'argent, il avait abandonné toute réclamation de cette nature. « On ne peut faire un « marché, dit saint Thomas d'Aquin, afin d'obtenir une « compensation pour une perte paraissant venir de ce « que l'argent n'a fourni aucun profit ; car un homme « ne doit pas vendre, ce qu'il n'a pas acquis (1) ». Par conséquent, pendant longtemps, les jurisconsultes de droit civil purent difficilement insister sur ce côté de la question pour légitimer la rémunération du prêt : et par conséquent ils se tournèrent avec d'autant plus d'énergie vers la prise en considération du *damnum emergens*. Ils commencèrent par formuler cette règle : « L'intérêt n'est dû que là où il y a *délai* (2). » L'argument que le simple fait du prêt impliquait en lui-même une perte ou un inconvénient pour le prêteur, et entrainait une rémunération, les aurait constitués en un conflit violent avec toute la doctrine sur l'usure. C'était donc seulement lorsque le temps de la restitution était passé sans que le débiteur eût payé, que le créancier commençait à obtenir le droit à une somme supérieure au prêt lui-même. Quels étaient les inconvénients ou les pertes subis par le créancier qui était obligé d'attendre? voilà qui n'est pas très clairement précisé. Les jurisconsultes se contentèrent d'imaginer des cas où le prêteur pouvait souffrir une perte, ainsi l'impossibilité de payer ses impôts (3). Mais ils en arrivèrent à cette conclusion pleine de conséquences :

(1) *Summa*, Secunda Secundæ, quætio LXXVIII, artic. 2.

(2) « Interesse non debetur nisi ex mora », Endemann, 253, 254.

(3) *Ibid.*, 272.

puisqu'il est permis à un homme d'éviter une perte pour lui-même, il peut justement passer un marché afin d'obtenir le paiement d'une rémunération *fixe* pour la perte qu'il subira par suite d'un délai de restitution.

Les procédés des Cahorsins en Angleterre montrent l'usage qu'ils pouvaient faire d'un tel principe. Il ne semble pas qu'on puisse savoir pourquoi la ville de Cahors a eu cette mauvaise réputation d'être la demeure des usuriers, au point que Dante, dans son « Enfer » la place a côté de Sodome, la demeure du péché de la chair. Le terme de Cahorsins fut probablement appliqué d'une manière vague en Angleterre à tous les marchands d'argent du sud de la France, et quelquefois peut-être à ceux d'Italie. Ils vinrent pour la première fois en Angleterre, vers 1235, comme « marchands du pape », c'est-à-dire pour aider à la collecte des revenus pontificaux en Angleterre, et à leur envoi à Rome. Mathieu Paris nous raconte comment le roi lui-même était leur débiteur à de lourds intérêts, et comment ils dupaient ceux qui avaient besoin d'eux, « prétendant ignorer que tout ce qu'on ajoute au capital « est usure, de quelque façon qu'on puisse l'appeler ». Roger, évêque de Londres, les avertit en vain d'abandonner leurs procédés monstrueux. Il en arriva à les excommunier et à leur ordonner de quitter son diocèse, spécialement la cité de Londres, « qui jusqu'alors n'avait pas connu un tel fléau ». Mais le même chroniqueur nous dit que les Cahorsins avaient une telle influence à Rome, que l'évêque y fut cité, et fut forcé d'abandonner sa tentative d'expulsion (1). En 1240, « les yeux du roi s'ouvrirent », les Cahorsins furent bannis ; mais beaucoup d'entre eux, grâce à la corruption, purent se cacher en Angleterre (2). Le plus grand nombre cepen-

(1) *Chronica Maiora* (Rolls' Series), III, 328, 331.
(2) *Ibid.*, IV, 8.

dant partit en 1245, quand le légat du pape reçut l'ordre de quitter le pays(1). Mais en 1251, ils étaient de nouveau nombreux et prospères à Londres ; et ils s'établirent dans des palais magnifiques. Marchands du pape, ils défiaient les prélats, ils défiaient le peuple, protégés qu'ils étaient par les grands, dont quelques-uns, selon les accusations de Mathieu Paris, confiaient de l'argent aux Cahorsins pour le faire valoir. Mais la conscience du roi s'inquiéta, et beaucoup d'entre eux, dans cette année, furent cités devant les cours séculières et condamnés à la prison (2).

Comment se fait-il qu'ils purent échapper à la fois aux lois de l'Eglise et à celles de l'Etat, et permettre ainsi aux papes de les protéger? C'est ce qu'on voit par la formule de la reconnaissance qu'ils obtenaient de leurs débiteurs. Mathieu Paris nous en a conservé un exemplaire.

« N... le Prieur, et le couvent de M., à tous ceux qui « liront les présentes, salut dans le Seigneur. Sachez que « nous avons reçu à Londres... de A, et B, pour eux-« mêmes et leurs associés, citoyens et marchands de la « cité de C, cent quatre marcs en bons et légaux ster-« lings... lesquels marcs susdits nous promettons, par « contrat légal, et sommes obligés, en notre nom et ce-« lui de notre église, de restituer et de rendre entière-« ment aux dits marchands, ou à l'un d'entre eux, ou à « l'un de leurs agents qui présentera cette lettre..., au « 1er août, au Temple de Londres, l'année 1235 de l'in-« carnation de Notre-Seigneur ; avec cette condition ad-« ditionnelle que, si l'argent n'est pas payé au temps et « au lieu fixés, alors, la période convenue étant passée, « nous promettons en conséquence... de leur payer...

(1) *Ibid.*, VV, 422.

(2) *Ibid.*, IV, 245. On y trouve l'expression « *Transalpini* quos Causinos appellamus ».

« tous les deux mois... un marc par dix marcs en com-« pensation des pertes [pro recompensatione damno-« rum]... quelles que soient les pertes et les dépenses « qu'ils pourront encourir et souffrir de ce fait : de telle « façon qu'ils puissent ainsi obtenir [une compensation « pour] les pertes, les dépenses et le capital, et aussi pour « les frais d'un marchand, avec un cheval et un servi-« teur, partout où il puisse être, jusqu'à entier paiement « de toutes les sommes susdites. Nous paierons aussi et « nous restituerons aux marchands, ou à l'un d'entre « eux, ou à leur agent, tous les frais qui sont ou seront « causés par le recouvrement de l'argent. Cette compen-« sation pour les pertes, l'intérêt, les frais [recompensa-« tio damnorum, *interesse*, et expensarum] nous pro-« mettons de ne pas la compter, comme une partie du « principal... Pour remplir les promesses ci-dessus, nous « engageons et nous mêmes, et notre église, et nos suc-« cesseurs, et toute notre propriété, et celle de notre « église, meubles et immeubles, ecclésiastique et sécu-« lière, présente et à venir, partout où elle sera trouvée, « aux dits marchands et à leurs hoirs, jusqu'à l'entier « paiement des sommes ci-dessus, reconnaissant que « nous tenons nos biens de leur bon vouloir. Et nous « consentons à nous présenter pour les susdits marchands « partout et devant tout tribunal [in omni foro conveniri], « renonçant pour nous-mêmes et pour nos successeurs à « aucune aide canonique ou civile, à tout privilège de « clergie ou juridiction (ecclésiastique)..., à la protection « des statuts, lettres, indulgences ou privilèges obtenus « ou à obtenir, aux dépens du Siège Apostolique, du roi « d'Angleterre et de ses sujets..., nous renonçons au bé-« néfice de l'appel aux lettres d'inhibition, du roi d'Angle-« terre, à toute autre opposition contre le présent contrat. « En foi de quoi nous avons apposé notre sceau sur le « présent document, avril 19, 1235. » (1).

(1) *Ibid.*, III, 329.

Dans cet exemple, original sans aucun doute, une somme d'argent est prêtée nominalement, seulement pour un peu plus de trois mois. Si le couvent a la chance de pouvoir restituer le 1er août, il ne paiera rien pour le prêt ; mais à partir de cette date, il devra payer au taux de soixante pour cent par an : dix-sept pour cent de plus qu'il n'était permis aux juifs. Il est évident que si cette tolérance existait, tout ce qui était nécessaire au prêteur d'argent pour se mettre en sûreté, c'était d'accorder une période pendant laquelle le prêt était gratuit ; mais il était possible de rendre cette période très courte, et vraisemblablement le prêteur ne devait consentir d'autres prêts que ceux qui ne devaient pas être apparemment payés au jour nominalement fixé. Cependant il est intéressant de remarquer le soin avec lequel le prêteur fait renoncer l'emprunteur à toute protection de la loi canonique et des cours ecclésiastiques. La terminologie de la convention est pourtant un peu obscure. On ne voit pas tout à fait clairement si le paiement d'un marc pour 10 marcs est la seule obligation du débiteur en dehors de la restitution du capital ; mais il est probable que c'est bien là le sens, et que la répétition des mots « pertes et frais » est seulement destinée à fournir une justification apparente de l'intérêt mensuel. Ce n'était probablement pas la seule formule employée par les Cahorsins. On nous représente Grossetête se lamentant à son lit de mort sur les extorsions « des marchands et « changeurs de notre seigneur le Pape » : « Ils forcent « un homme, dit-il, qui leur emprunte cent marcs, et « leur promet de payer cent livres à la fin de l'année, « de signer une reconnaissance constatant qu'il a reçu « cent livres ; et ils sont plus durs que les juifs, car « si, dans un bref délai, l'emprunteur offre de restituer, ils ne veulent rien accepter que les cent livres « intégralement ; tandis que les juifs ne réclameraient l'intérêt que sur cent marcs, et pour le temps que l'emprunteur a gardé l'argent entre les mains (1).

La pression de la nécessité amenait alors les prélats et les communautés religieuses qui connaissaient parfaitement elles-mêmes la prohibition de l'usure, à emprunter de l'argent aux usuriers. Au même instant précisément, au moment où les papes étaient engagés dans leur lutte contre l'empereur Frédéric, ils étaient préoccupés de l'aide que les marchands Cahorsins pouvaient leur prêter, en levant de l'argent pour eux. On ne saurait guère douter, si prêts qu'ils aient été à tourner au vent, qu'ils aient été disposés à les protéger, pourvu que les usuriers ne se missent pas en désaccord avec la lettre de la loi canonique. Il est certainement tout à fait évident que la double législation pontificale et royale était due bien plus à l'enseignement des théologiens et à la force de l'opinion publique, qu'à une répugnance sérieuse contre l'usure de la part des législateurs eux-mêmes. Cela est prouvé d'une manière frappante par l'histoire des Juifs en Angleterre. Pour expliquer leur impopularité, il ne suffit pas simplement d'établir que, tandis que le roi les pillait, il leur permettait de piller la population chrétienne ; c'était plutôt parce que, afin d'obtenir protection pour eux-mêmes, ils étaient obligés de se faire les intermédiaires par le moyen desquels le roi pillait la nation (2). En 1194, Richard Ier ordonna que les prêts faits par les Juifs le seraient dans chaque ville uniquement en présence de deux chrétiens et de deux juifs désignés, et

(1) *Ibid.*, V, 404.

(2) Jusqu'ici les sources les plus sérieuses sur la position des Juifs en Angleterre avant leur expulsion étaient le *Demurrer* de Prynne, le chapitre sur l'échiquier des Juifs dans Madox, *Exchequer*, dont sont tirés tous les récits postérieurs, comme celui de Touvey dans l'*Anglia Judaica*. Mais elles sont dépassées par le remarquable article du Docteur Gross, *The Exchequer of Jews in England* (Londres, *Jewish Chronicle* Office, 1887), fondé principalement sur le manuscrit jusqu'alors négligé des *Rotuli Judæorum* (aux archives publiques).

de deux clercs ; la reconnaissance de la dette devait être en double ; une copie était donnée au juif prêteur, l'autre déposée dans une caisse ou dans un coffre, sous la garde des fonctionnaires mentionnés précédemment. Aucun changement ne pouvait être fait, sauf en la présence des gardiens du coffre. Quand la dette était payée, le créancier donnait une décharge au débiteur, qui devait la présenter aux gardiens, et, en conséquence, il recevait d'eux la copie (*carta*) de sa reconnaissance, qui était dans le coffre. Des coffres-forts de cette nature existaient dans vingt-six villes (1). Sur cette base et probablement vers la même époque, l'Echiquier des Juifs fut créé à Westminster. C'était une branche du grand Echiquier, avec ses juges et ses fonctionnaires spéciaux, et avec compétence dans tous les procès entre Juifs et Chrétiens. Par intervalles, les rois imposaient de lourdes tailles sur les juifs, équivalant en moyenne annuelle à environ le treizième du revenu de la couronne (2). Avant la publi-

(1) Pour les *Capitula de Judæis* de 1194, voyez *Select Charters*, 262. La liste des villes possédant des caisses est donnée par Gross, *The Exchequer of Jews*, 20 : Bedford, Berkhamestead, Bristol, Cambridge, Canterbury, Colchester, Devizes, Exeter, Gloucester, Hereford, Huntingdon, Lincoln, Londres, Marlborough, Northampton, Nottingham, Norwich, Oxford, Stamford, Sudbury, Wallingford, Warwick, Wilton, Winchester, Worcester, York. Les villes suivantes obtinrent de Henri III et d'Edouard I l'interdiction du séjour des Juifs : Derby, Leicester (concession de Simon de Montfort), Newbury en Berkshire, Newcastle, Romsey, Southampton, Winchelsea, Windsor, Wycombe, et les bourgs suivants du pays de Galles : Bala, Beaumaris, Carnavon, Convay, Criccieth, Flint, Harlech, Newborough, et Rhuddlan (*ib.*, 23). M. Gross remarque (p. 4) « qu'en Allemagne, les autorités municipales demandaient souvent au roi d'autoriser le séjour des Juifs ». Ce contraste s'explique parce que le pouvoir central était tellement plus faible en Allemagne, que les bourgeois recueillaient de la présence des Juifs les avantages que les rois gardaient pour eux en Angleterre.

(2) *Ib.*, 28.

cation de l'ordre royal, c'était la coutume de faire faire la recherche ou l'enregistrement de toutes les chartes de reconnaissances, contenues dans les coffres-forts des différentes villes ; puis, la chose terminée, les caisses étaient scellées. Un très grand nombre de Juifs étaient sûrement incapables de payer la taille ; sur quoi, les sommes *qui leur étaient dues* étaient confisquées. Les chartes de reconnaissances étaient envoyées à l'Echiquier des Juifs ; leurs créanciers étaient immédiatement sommés de payer les dettes au roi, ou de prendre avec lui des arrangements à terme (1). Le droit, que le roi prenait de tailler les Juifs, devenait donc le droit indirect de tailler le peuple, d'où les clauses de la Grande Charte qui ordonnait que l'intérêt ne pût s'accumuler pendant les minorités, et que les femmes des débiteurs décédés fussent mises en possession de leur douaire ; ces clauses étaient en réalité dirigées contre le roi. On doit placer l'expulsion des Juifs, en 1290, à côté de la « confirmation des chartes », parce qu'elle fut aussi concédée à une demande du Parlement. On avait accusé les grands seigneurs de faire des produits usuraires sur l'argent qu'ils plaçaient entre les mains des Cahorsins ; de la même façon précisément, les barons s'étaient plaints, en 1257, que les Juifs, sans doute pour acheter des protections, transférassent quelquefois les sommes qui leur étaient dues à des hommes puissants, lesquels saisissaient l'occasion qui s'offrait ainsi à eux, d'entrer en possession de terres hypothéquées aux Juifs, contre restitution de la dette (2).

Le taux de l'intérêt, que les Juifs étaient autorisés à prendre et prenaient ordinairement pendant le XIIIe siècle, était de deux pence par semaine et par livre, c'est-à-dire environ 43 un tiers pour cent par an (3). Ce fut

(1) *Ib.*, 30-34.
(2) *Select Charters*, 585, § 25.
(3) Gross, 40, cf. supra, p. 252, n. 2. Il semble donc que Lyte, *Hist.*

pour prévenir les troubles causés par les écoliers pauvres d'Oxford, qui empruntaient à ce taux exorbitant que Grossetête, pendant qu'il était chancelier, établit la première « caisse », celle de saint Frideswide. Elle servit à faire des prêts gratuits aux étudiants dont le revenu annuel était inférieur à deux marcs, et on y plaçait les vêtements ou les livres qu'ils donnaient en gage (1). Cet exemple fut suivi par des personnes bienfaisantes, jusqu'au xve siècle, où il y eut une douzaine et même plus de ces caisses (2).

## Section XXIII. — Le droit commercial.

En dernier lieu, il faut mentionner le grand service que le gouvernement rendit au commerce et au négoce en créant une procédure très simple pour assurer le paiement des dettes commerciales ordinaires. Ce fut par le statut des Marchands ou d'Acton Burnell en 1283. Les commerçants, ainsi commence le préambule, ont souvent été lésés parce qu'il n'existe pas de « loi expéditive » qui leur permette de recouvrer leurs dettes ; beaucoup d'entre eux par conséquent se sont abstenus de venir dans le pays. A l'avenir un marchand aura le pouvoir de citer son débiteur devant le maire ; s'il prouve la dette, le débiteur devra apposer son scel sur un « billet obligatoire », par lequel il s'engagera à payer à un jour fixé. S'il ne le fait pas, il peut être cité de nouveau devant le maire, qui fera alors vendre ses meubles jusqu'à concurrence du montant de la dette. Si on ne peut retrouver l'acheteur, ses meubles seront livrés au

*of Oxford*, 44, s'est trompé en supposant que l'ordonnance de 1248 sur ce sujet imposait une nouvelle restriction.

(1) *Lyte*, 40.

(2) *Ibid.*, 101.

créancier, jusqu'au montant de la somme due. Si le débiteur n'a pas de meubles dans l'étendue de la juridiction du maire, le maire doit envoyer les informations nécessaires au chancelier, qui fera parvenir un mandat écrit au sheriff du comté où le débiteur a ses biens meubles, avec l'ordre de les saisir. Si le débiteur n'a pas de meubles, il doit être emprisonné jusqu'à ce qu'il ait pris des arrangements à terme, ou que ses amis l'aient fait pour lui ; pendant ce temps le créancier doit lui fournir du pain et de l'eau, dont le prix sera ajouté à la dette. Si le débiteur s'est assuré des garants, on doit procéder contre eux de la même façon, à moins que le débiteur n'ait une propriété suffisante pour payer (1).

Le statut avait un caractère trop novateur pour ne pas rencontrer des difficultés d'exécution. Deux ans plus tard il fut publié de nouveau, avec plus de précision, « parce que les sheriffs, par malice ou fausse interpré-« tation, ont tardé quelquefois à exécuter le statut (2) ». En 1311, il fut décidé, entre autres ordonnances, que ce statut serait appliqué seulement aux commerçants et aux dettes contractées pour la vente des marchandises. Jusqu'alors les endroits où les procès de cette nature pouvaient être plaidés, étaient au nombre de trois, Londres, York, Bristol ; ces villes étaient mentionnées dans le statut du roi précédent ; à cette époque on les porta à douze : Newcastle, York et Nottingham « pour les comtés au delà du Trent et pour les marchand qui y venaient et qui y demeuraient » ; Exeter, Bristol et Southampton, pour le sud et l'ouest ; Lincoln et Northampton pour les marchands de ces villes ; Londres, Canterbury, Shrewsbury et Norwich (3).

Désormais, à partir de cette époque, les négociants

(1) *Stat. of Realm*, I, 54.
(2) *Ib.*, I, 99.
(3) *Ib.*, I, 165.

étrangers n'ont pas dû trouver grande difficulté à recouvrer les dettes qui leur étaient dues par les marchands nationaux ; surtout lorsque la « Carta Mercatoria » en 1303 eut établi la règle que, dans les procès entre étrangers et anglais, les jurys seraient composés de moitié d'Anglais, moitié de nationaux de la ville d'origine de l'étranger. Mais il y eut longtemps des difficultés pour le recouvrement des dettes dues à un Anglais par un étranger non résidant. Dans ces cas là, les autorités municipales anglaises avaient eu d'abord l'habitude de confisquer toutes les marchandises appartenant à tous les marchands de la même ville qu'il leur était possible de saisir. Ce violent système de talion fut abandonné graduellement. Henri III, dans les dernières années de son règne, accorda des lettres de protection à Gand, Bruges, Ypres, Douai, St-Omer, Lubeck. Il leur promettait que leurs citoyens ne seraient responsables que de leurs propres dettes, ou de celles pour lesquelles ils se seraient portés garants (1). Mais cette règle ne fut pas d'application universelle jusqu'en 1353. Un statut de cette année là décida que les commerçants ne seraient poursuivis que pour leurs propres dettes, ou celles des personnes dont ils s'étaient déclarés les « répondants ». Mais si les sujets anglais étaient lésés par le souverain de quelque pays étranger, ou par ses sujets, le roi menace d'exercer le droit de représailles, si le prince étranger, ayant été dûment averti, manque au devoir de faire rendre justice (2). Nous avons montré, dans un paragraphe précédent, quel était le procédé habituellement employé au milieu du siècle, lorsqu'un débiteur, résidant à l'étranger,

(1) Ochenkowski, *Englands wirthschaftliche Entwickelung*, 179.

(2) 27. Ed. III Stat. 2. c.17, *Stat. of Realm*, I, 339 Un statut plus ancien de 2 ans (25 Ed.III, *Stat. of Realm*, I, 324) décidait que les compagnies des marchands lombards seraient responsables des dettes de leurs membres, de façon que tout autre marchand, qui n'était pas de la compagnie ne pourrait être inquiété ni arrêté.

refusait de payer. Alors les autorités municipales anglaises écrivaient aux autorités de la ville étrangère, à laquelle le débiteur appartenait, et menaçaient de représailles si la dette n'était pas payée.

Nous sommes peut-être maintenant en mesure de résumer les traits caractéristiques de la période que nous avons étudiée. On y trouve une *économie de village* (village economy), c'est-à-dire une situation dans laquelle presque toute la vie économique était concentrée dans un grand nombre de groupes agricoles ; mais en dehors et à côté se forma une *économie de ville* (town economy), où les fabriques et le commerce étaient développés et monopolisés par les communautés urbaines, qui se séparaient de plus en plus de la population agricole, tout en stimulant l'agriculture destinée à approvisionner les marchés. Dans l'intérieur des groupes de manoir, bien qu'en apparence la vie quotidienne ait peu changé, le système de la transformation des services prépara le terrain à des révolutions futures plus violentes. A l'intérieur des villes, le monopole des bourgeois fut lentement brisé par les artisans nationaux et les marchands étrangers. Les rapports d'homme à homme étaient influencés par des principes qui ont presque entièrement disparu de la vie moderne, mais qui étaient alors, au moins dans une large mesure, soutenus par l'Eglise et par l'Etat. L'autorité royale assura à la société des moyens d'échange dignes de confiance ; et en aidant à supprimer les privilèges des communautés des villes, elle prépara la voie à l'idée d'une *économie nationale* (national economy), qui fait son apparition au XVIe siècle (1).

(1) Pour le développement général, voyez Schmoller, *Studien über die wirthschaftliche Politik, Friedrichs des Grossen*, II (*Jahrbuch für Gezetzgebung*, etc. *im deutschen Reich*, Jahrg. VIII, Hft. I, 1884).

FIN DU PREMIER VOLUME

# INDEX

## A



## B

## F



## G



## H



## I

## M



## N



## O



## P

# TABLE DES MATIÈRES



## LIVRE PREMIER

**Du douzième au quatorzième siècle.**

---

### CHAPITRE PREMIER

LE MANOIR ET LA COMMUNAUTÉ DU VILLAGE



### CHAPITRE II

LES GILDES DE COMMERCE ET DE MÉTIERS

## CHAPITRE III

### THÉORIES ET LÉGISLATION ÉCONOMIQUES



FIN DE LA TABLE

Imprimerie DESTENAY, Bussière frères. — Saint-Amand (Cher).

www.ingramcontent.com/pod-product-compliance
Ingram Content Group UK Ltd.
Pitfield, Milton Keynes, MK11 3LW, UK
UKHW012018240726
13965UKWH00002B/442